Os saberes
PSI
em questão

Dados Internacionais de Catalogação na Publicação (CIP)
(Câmara Brasileira do Livro, SP, Brasil)

Figueiredo, Luís Claudio
  Os saberes psi em questão : sobre o conhecimento em Psicologia e Psicanálise / Luís Cláudio Figueiredo, Ines Loureiro. – Petrópolis, RJ : Vozes, 2018.

  Bibliografia.
  ISBN 978-85-326-5863-0

  1. Conhecimento – Teoria 2. Epistemologia 3. Psicanálise 4. Psicologia clínica I. Loureiro, Ines II. Título.

18-18524   CDD-150.1

Índices para catálogo sistemático:
1. Conhecimento psicológico e psicanalítico :
Psicologia clínica   150.1

Maria Paula C. Riyuzo – Bibliotecária – CRB-8/7639

Os saberes PSI em questão

Sobre o conhecimento em Psicologia e Psicanálise

**Luís Claudio Figueiredo
Ines Loureiro**

EDITORA
VOZES

Petrópolis

© 2018, Editora Vozes Ltda.
Rua Frei Luís, 100
25689-900 Petrópolis, RJ
www.vozes.com.br
Brasil

Todos os direitos reservados. Nenhuma parte desta obra poderá ser reproduzida ou transmitida por qualquer forma e/ou quaisquer meios (eletrônico ou mecânico, incluindo fotocópia e gravação) ou arquivada em qualquer sistema ou banco de dados sem permissão escrita da editora.

CONSELHO EDITORIAL

Diretor
Gilberto Gonçalves Garcia

Editores
Aline dos Santos Carneiro
Edrian Josué Pasini
Marilac Loraine Oleniki
Welder Lancieri Marchini

Conselheiros
Francisco Morás
Ludovico Garmus
Teobaldo Heidemann
Volney J. Berkenbrock

Secretário executivo
João Batista Kreuch

Editoração: Fernando Sergio Olivetti da Rocha
Diagramação: Mania de criar
Revisão gráfica: Nilton Braz da Rocha / Nivaldo S. Menezes
Capa: Hidesign Estúdio

ISBN 978-85-326-5863-0

Editado conforme o novo acordo ortográfico.

Este livro foi composto e impresso pela Editora Vozes Ltda.

Sumário

Apresentação, 9

Arquitetura da obra, 15

Prólogo – O conhecimento como questão, 19

Parte I – O projeto epistemológico moderno, 29

1 A constituição do sujeito epistêmico, 31

2 Problemas epistemológicos: versões e desdobramentos, 41

   2.1 Sobre a epistemologia das ciências naturais, 43

   2.2 Sobre a epistemologia das ciências da cultura, 49

      2.2.1 A hermenêutica, 56

   2.3 Tentativas de restauração da epistemologia moderna, 63

      2.3.1 A fenomenologia de Edmund Husserl (1859-1938), 63

      2.3.2 Os logicismos: breves apontamentos, 68

Parte II – Os saberes "psi" como questão, 73

3 O conhecimento psicológico como questão, 75

   3.1 O psicológico e as psicologias: em busca do latente, 75

   3.2 Como situar a psicologia?, 80

   3.3 Esforços para resolver as contradições – e a tarefa de sustentá-las, 83

   3.4 Outros desafios ao conhecimento psicológico, 88

4 O conhecimento psicanalítico como questão, 93

   4.1 Iluminismo sombrio: a impertinência da psicanálise aos projetos modernos, 95

4.2 A psicanálise como alvo de críticas opostas, 97

4.3 Cenário de confronto entre epistemologias realistas e construtivistas, 101

4.3.1 O contraste realismo X construtivismo, 102

4.3.2 Serge Viderman: uma leitura construtivista da psicanálise, 105

Parte III – Epistemologias representacionais e psicanálise: desencontros, 113

5 Teorias correspondentistas da verdade e epistemologia fundacionista: o positivismo lógico, 115

5.1 O estatuto do conhecimento psicanalítico, 122

6 Uma alternativa ao fundacionismo: o racionalismo crítico de Karl Popper, 128

6.1 O estatuto do conhecimento psicanalítico, 134

7 Para além do correspondentismo e do fundacionismo: Thomas Kuhn, 143

7.1 O estatuto do conhecimento psicanalítico, 151

8 O criticismo kantiano: releituras, 165

8.1 O estatuto do conhecimento psicanalítico, 171

9 Balanço das posições realistas e construtivistas: a ponte, 182

Parte IV – Críticas radicais ao pensamento representacional: rumo à cultura pós-epistemológica, 191

10 Os pragmatismos, 193

10.1 Neopragmatismo e psicanálise: um encontro, 207

11 Arthur Schopenhauer (1788-1860), 213

11.1 Schopenhauer e a psicanálise: um encontro, 218

12 Friedrich Nietzsche (1844-1900), 223

12.1 Nietzsche e a psicanálise: um encontro, 234

13 Martin Heidegger (1889-1976), 238

13.1 Heidegger e a psicanálise: um encontro, 253

14 Emmanuel Lévinas (1906-1995), 257

14.1 Lévinas e a psicanálise: um encontro, 265

15 Outro balanço: realismo/construtivismo como figuras da metafísica da presença, 272

Considerações finais – Incidência das críticas à representação nas teorias e práticas clínicas, 279

Referências, 287

Apresentação

Este livro reúne e organiza o material produzido para uma disciplina ministrada por Luís Cláudio Figueiredo no Programa de Pós-Graduação em Psicologia Clínica da PUC-SP ao longo de uma década (1987-1996). Intitulado "Epistemologia e Psicologia", o curso passou por inúmeras transformações relativas não apenas à bibliografia utilizada ou tópicos abordados, como também às próprias concepções norteadoras do percurso. O deslocamento de ênfase da epistemologia à ética, o crescente interesse por diferentes matizes do pensamento não representacional (em detrimento de uma discussão mais propriamente epistêmica sobre a natureza do conhecimento psicológico) e o gradativo protagonismo da psicanálise são alguns exemplos das mudanças significativas ocorridas durante o trajeto. Este livro pretende, pois, resgatar e sistematizar a melhor versão de cada um dos assuntos discutidos no curso, nos diferentes formatos em que se configurou.

As aulas começaram a ser escritas a partir de 1991 e, ano a ano, foram sofrendo acréscimos e remanejamentos. Já em 1997 surgiu a ideia de retrabalhá-las com vistas à transformação em livro. Tendo frequentado o curso como aluna e monitora, coube-me a tarefa de ordenar e editar este material, tornando-o acessível para além do contexto imediato no qual (e para o qual) foi produzido – a sala de aula.

O principal desafio neste sentido era o de como disponibilizar para o futuro leitor as referências que balizavam os alunos de então. Era preciso retomar a bibliografia discutida no(s) curso(s) e apresentá-la, de algum modo, ao novo público; sem esse compartilhamento de referências corria-se o risco de uma compreensão empobrecida ou pouco clara dos assuntos. Por isso, os textos das aulas receberam o acréscimo de notas, citações e, sobretudo, de sínteses e resenhas produzidas sob medida para este fim. O período 1991-1996 corresponde, *grosso modo*, à terceira e quarta partes deste livro.

O curso de 1991 também marca uma inflexão na disciplina; a partir de então, ela deixa de incorporar os conteúdos trabalhados nos anos de 1980. Como era importante recuperá-los para integrar o conjunto do livro, foi necessário recorrer aos únicos registros deles existentes: as anotações de ex-alunos, que incluíam, felizmente, o conteúdo programático (títulos e sequência dos tópicos abordados) e a bibliografia mobilizada a cada aula[1].

Os numerosos artigos publicados à época por Luís Cláudio comparecem com destaque nessas bibliografias. Neles se encontram as bases – temas, interlocutores e argumentos – dos cursos ministrados entre 1987-1990. Assim, os capítulos que recobrem esta etapa (cap. 2, 3 e 4) foram inteiramente concebidos e redigidos para compor o presente volume.

Em virtude de sua extensa duração, a disciplina "Epistemologia e Psicologia" mantém uma relação de mão dupla com as publicações que lhe são contemporâneas: as aulas foram o laboratório de gestação de artigos que, na forma de rascunhos ou já publicados, passaram a compor a bibliografia das aulas. Desse modo, os quinze capítulos que se seguem restituem a trama comum a *Matrizes do pensamento psicológico* (1991), *Psicologia – Uma introdução* (1991), *A invenção do psicológico* (1992), *Modos de subjetivação no Brasil e outros ensaios* (1995) e *Reinventando as psicologias* (1996), nela "costurando" também os ensaios que permanecem dispersos por dentre vários periódicos.

---

1. Agradecemos às colegas que disponibilizaram material para consulta: Eliane Ribas, Adela Stoppel, Daisy Perelmutter, Elizabeth Lima e, especialmente, Ângela Vorcaro e Martha Gambini.

O leitor irá se deparar com estratégias de exposição que resultam em diferentes tipos de texto: ora mais sintéticos (praticamente dispensando referência direta aos textos-base), ora mais densos (com a mobilização de comentadores e citações); ora mais descritivos, ora mais críticos, ora ainda roteiros de leitura que seguem de perto um ou mais escritos de um dado autor. Tal diversidade corresponde às próprias transformações sofridas pela disciplina "Epistemologia e Psicologia", assim como às vicissitudes do processo de produção e edição deste material. Optamos por manter os vários estilos expositivos, ao invés de uniformizá-los artificialmente, até como testemunho de apreço a uma história que não apaga seus rastros.

Em meio às urgências e descaminhos da vida, sempre acreditei que seria um desperdício manter inédito este material. Foi um curso que me abriu muitos horizontes e que se revelou de importância decisiva para mim e muitos colegas daquela época. Por isso, insisti em reativar o projeto do livro quando, há cerca de três anos, as circunstâncias finalmente se mostraram favoráveis a sua consecução. Tempo perdido, tempo reencontrado e missão cumprida.

Ines Loureiro

* * *

Duas décadas depois o objetivo geral do curso (e que "amarra" todas as suas versões) permanece *absolutamente atual*: promover a reflexão acerca das conflituosas relações entre *epistemologia* e *psicologia*, com especial atenção para o conhecimento psicológico produzido e investido nas práticas clínicas, aqui representadas pela *psicanálise*.

Cabem esclarecimentos. Não se tratará de avaliar o conhecimento psicológico a partir de um determinado modelo de "conhecimento válido", de forma a julgar a "cientificidade" da psicologia ou da psicanálise; veremos, ao contrário, como costumam ser malsucedidas as tentativas desse gênero. Não se tratará, igualmente, de buscar a epistemologia "adequada" ao conhecimento psicológico ou psicanalítico como se este saber exigisse uma legitimação, uma garantia ou fundamentos provenientes do campo da filosofia. Mais do que isso: as próprias ideias de "legitimação", "garantia" e "fundamento" estarão sendo constantemente interrogadas.

Como veremos, o pensamento epistemológico tem uma história, durante a qual não só variaram os critérios de *validação do conhecimento* como variou a própria importância desta questão. Atualmente as pretensões *normativas* (que implicam o estabelecimento das normas de produção e validação do conhecimento) e as pretensões *fundacionais* (que implicam a identificação das bases seguras e das garantias das crenças válidas) encontram-se em profunda crise.

De fato, a própria centralidade e a relevância da *epistemologia* no pensamento filosófico e científico, que caracterizaram a Modernidade ocidental desde o século XVII, estão postas em questão. As epistemologias foram abaladas pelos novos modos de pensar o sujeito (provenientes das humanidades) e pela falência dos modos de subjetivação que produziram o sujeito moderno. A partir de então, testemunhamos um *desencontro histórico* e um *radical mal-entendido* entre epistemologias e psicologias/ciências humanas.

Este livro situa-se, pois, em tal contexto problemático e sinaliza na direção de uma *ultrapassagem da epistemologia* a partir, entre outras coisas, de seu confronto com o pensamento psicanalítico. Afinal, a Psicanálise é um dos saberes que melhor expressou e que mais contribuiu para a falência do sujeito moderno e de suas aspirações à unidade, autonomia e autotransparência (ainda que, por muito tempo, tenha insistido em implorar por legitimação junto aos tribunais epistemológicos, ao invés de a eles contrapor sua compreensão radicalmente distinta da subjetividade).

Uma *cultura pós-epistemológica*: ao longo dos séculos XIX e XX pode-se acompanhar a formulação de críticas radicais à hegemonia do pensamento representacional, à centralidade da epistemologia e do sujeito do conhecimento, à superestimação da ciência e da técnica. Autores tão diversos quanto os filósofos pragmatistas Schopenhauer, Nietzsche, Heidegger e Lévinas questionaram a tradição metafísica ocidental, subvertendo as noções usuais de verdade e realidade, consciência e sujeito, temporalidade e experiência. Ao lado de outros filósofos contemporâneos (como Foucault, Deleuze, Derrida e Rorty) e apesar das diferenças significativas entre eles, parecem convergir minimamente quando concebem as falas como dispositivos que constituem os sujeitos e seus objetos. Ora, se a linguagem é dotada de eficácia constitutiva, impõe-se pensar na dimensão ética das teorias, decisiva para a qualidade dos sujeitos/objetos por elas configurados, no âmbito das experiências sociais e privadas. Cada teoria gera um *ethos* como correlato. Daí que a ética emerja como uma problemática central para todos os críticos da "metafísica da presença" (Heidegger) e como o próprio cerne da obra de Lévinas, autor de uma "ética das éticas" (Derrida) e com o qual se encerra este percurso.

Luís Cláudio Figueiredo

Arquitetura da obra

O livro divide-se em quatro grandes partes. O "Prólogo" introduz alguns temas desde sempre presentes na problematização do conhecimento, tomando como base um instigante texto de Paul Feyerabend. A Parte I, "O projeto epistemológico moderno", retoma a constituição do sujeito epistêmico (cap. 1) e fornece uma visão sumária das diferentes versões e desdobramentos deste projeto (cap. 2). Mostra como a questão da ciência e do método acabaram por se converter em verdadeiros critérios ontológicos que alcançaram o século XX. Em seguida, introduz as principais "famílias" epistemológicas e suas inflexões no campo das ciências naturais e das então incipientes ciências humanas; a hermenêutica recebe destaque, pois que, nascida neste contexto, extrapola em muito as fronteiras da epistemologia e alcança as discussões contemporâneas sobre a interpretação, inclusive na seara da psicanálise. O segundo capítulo termina com as tentativas de restauração do projeto epistemológico moderno por parte da fenomenologia e do logicismo, apenas brevemente abordados.

A Parte II, "Os saberes 'psi' como questão", compõe-se do capítulo 3 (que enfoca as peculiaridades do conhecimento psicológico, tradicionalmente dilacerado entre os parâmetros em vigor nos campos das ciências naturais e das ciências humanas) e um quarto capítulo, mais específico, dedicado ao conhecimento psicanalítico como questão. Embora este tema atravesse virtualmente todo o livro, a psicanálise é aqui introduzida como paradigma das dificuldades enfrentadas pelos saberes e práticas psicológicas. Ao mesmo tempo em que desafia as correntes epistêmicas tradicionais, a psicanálise atua como um importante ingrediente na própria crise da epistemologia. O capítulo 4 se encerra com o contraste entre epistemologias realistas e construtivistas, cujo confronto no campo da psicanálise iremos acompanhar na Parte III.

Em linhas gerais, as posições *realistas* avaliam as representações e teorias em relação à "coisa" à qual se referem; e se a referência existe de fato, na realidade, então um conteúdo representacional é julgado verdadeiro na medida em que corresponde a ela (*correspondentismo*). Em contrapartida, a visão *construtivista* toma as próprias representações como objeto de conhecimento; segundo ela, o fato de as representações carecerem ou prescindirem de fundamentos empíricos não implica sua falsidade; ao contrário, os conhecimentos representacionais teriam o poder de configurar realidades cognoscíveis. A noção de verdade predominante não é mais a de correspondência com a realidade e sim a de *coerência* e consistência entre as representações (*coerentismo*). Em outras palavras: o realismo afirma a existência de objetos independentes de qualquer sujeito humano, de modo que o conhecimento se definiria como a captura destes objetos já dados; o construtivismo, por sua vez, põe em dúvida o estatuto natural dos objetos de conhecimento: ao invés de tomá-los como dados da realidade, concebe-os como produtos de um processo de construção em que as teorias, os métodos e as técnicas de pesquisa engendram seus próprios objetos e problemas de investigação. Tais definições, por sua relevância, serão retomadas mais de uma vez ao longo do texto.

Intitulada "Epistemologias representacionais e psicanálise: desencontros", a Parte III mostra que as questões epistemológicas atravessaram de diversos modos o caminho dos saberes psicológicos e psicanalíticos, muito frequentemente desqualificando-os como conhecimentos legítimos ou colocando-lhes o que talvez não passem de falsos problemas. Iremos então acompanhar alguns exemplos desse *desencontro* entre epistemologia e psicanálise.

Procurou-se manter a mesma estrutura para todos os capítulos: apresentação comentada dos princípios e valores próprios a uma dada corrente epistêmica, seguida da discussão sobre qual seria o estatuto do conhecimento psicanalítico conforme a referida corrente. É assim que o capítulo 5 ("Teorias correspondentistas da verdade e epistemologia fundacionista: o positivismo lógico") expõe as principais teses do pensamento positivista, seguindo-se das objeções que levantam à psicanálise como teoria e prática; se o conhecimento verdadeiro é apenas aquele potencialmente redutível a um referente empírico e observável, então a maneira como a psicanálise constrói seus conceitos (não observáveis e verificáveis empiricamente) só poderia ser alvo das críticas deste grupo. Idem em relação ao capítulo seguinte, "Uma alternativa ao fundacionismo: o racionalismo crítico de Karl Popper"; diante de um pensamento que descrê nas evidências e cuja ênfase recai sobre a construção e validação de crenças, o conhecimento psicanalítico é tido como pseudociência, uma vez que seus postulados não se prestam a ser testados, sendo virtualmente irrefutáveis. O capítulo 7 ("Para além do correspondentismo e do fundacionismo: Thomas Kuhn") sistematiza as principais teses do autor de *A estrutura das revoluções científicas*; a noção de paradigma e suas consequências para pensar a ciência tal como efetivamente praticada alimentam discussões estimulantes sobre a natureza do saber psicanalítico, bem como sobre a diversidade de escolas que reina neste campo. O capítulo 8 examina alguns aspectos do criticismo kantiano, certamente uma postura que se presta a leituras realistas, construtivistas ou ainda pragmáticas. O debate efetuado pelos epistemólogos inspirados pelo kantismo será direcionado para a natureza dos conceitos psicanalíticos. O nono capítulo é dedicado à realização de um balanço das posições realistas e construtivistas por meio de uma sugestiva metáfora – a da construção de uma ponte entre sujeito e objeto – que sintetiza os impasses envolvidos no campo do conhecimento. Um novo balanço entre posições realistas e construtivistas será feito no capítulo 15, o último do livro, à luz dos autores percorridos na Parte IV.

"Críticas radicais ao pensamento representacional: rumo à cultura pós-epistemológica" é o título da Parte IV. Tem por objetivo apresentar, de modo resumido, algumas das alternativas filosóficas contemporâneas que pretendem repensar o estatuto do "conhecimento" para além dos limites do campo da representação. Cada capítulo é dedicado a uma das tendências que formularam críticas radicais ao pensamento representacional: os pragmatismos, Arthur Schopenhauer, Friedrich Nietzsche, Martin Heidegger e Emmanuel Lévinas, com destaque para temas como verdade, realidade, consciência e linguagem. É importante sublinhar o caráter preliminar desses capítulos: são exposições condensadas que visam formar um repertório mínimo para uma primeira interlocução com a psicanálise, servindo também como preâmbulo ao estudo aprofundado dos autores em questão.

Após a apresentação, um item intitulado "Um encontro" trará uma amostra do modo como tal posição foi apropriada – e transformada – a partir de interpelações lançadas pela psicanálise ou em direção a ela. Trata-se de *selecionar um exemplo dentre os muitos encontros possíveis* entre tais tendências filosóficas e o campo psicanalítico, tentando acentuar os possíveis efeitos "liberadores" desses diálogos. Vale alertar que não se pretende traçar uma cartografia das aproximações já efetuadas e/ou tampouco apontar aquelas supostamente mais relevantes ou bem-sucedidas – até porque isso remeteria a uma bibliografia invencível. Ao contrário, o interesse é "pinçar" alguns casos de interlocução profícua tão somente como um vislumbre da fecundidade desse tipo de aproximação. Pede-se, pois, que esses subtítulos sejam lidos como: "um encontro (apenas um, dentre tantos possíveis)".

O propósito destes itens é convidar o leitor para atualizar o acervo dos diálogos já promovidos e encorajá-lo a estabelecer suas próprias conversações, já que – esta é a aposta – tais filósofos abrem caminhos para os saberes "psi" e a psicanálise repensarem-se sob novas e criativas perspectivas. É esta, igualmente, a intenção dos autores no que se refere à proposta deste livro como um todo.

Prólogo

O conhecimento como questão

> *Este mundo não é uma entidade estática povoada por formigas pensantes que, rastejando por toda a parte, descobrem aos poucos as suas características sem chegarem a afetá-las de qualquer forma. É uma entidade dinâmica e multifacetada, que afeta e reflete a atividade dos seus exploradores. Foi em tempos um mundo cheio de deuses; tornou-se depois um mundo material e espera-se que mude ainda, transformando-se num mundo pacífico em que a matéria e a vida, os pensamentos e os sentimentos, a inovação e a tradição colaborem para o benefício de todos.*
> PAUL FEYERABEND. *Adeus à razão.*

Um dos principais nomes da filosofia da ciência do século XX, o austríaco Paul Feyerabend (1924-1994) defende o anarquismo no campo da ciência em todas as dimensões – teórica, metodológica e política. Seu artigo "O conhecimento e o papel das teorias"[2] serve como uma excelente introdução às problemáticas abordadas neste livro, particularmente à questão do conhecimento – ou do conhecimento como questão – descrita já sob o ponto de vista deste autor, que é um dos expoentes do *pensamento pós-epistemológico*[3].

Feyerabend parte da noção de um *mundo imenso e infinitamente variado*. Embora tenha elaborado uma concepção de infinitude espacial (um universo sem limites), a infinitude das

---

2. FEYERABEND, P. *Adeus à razão*. Lisboa: Ed. 70, 1991, p. 127-152. As citações seguintes referem-se a esta paginação.

3. O autor tem uma obra de citação obrigatória no campo da filosofia da ciência contemporânea. Seu livro mais importante é *Against method*, de 1975. Edição brasileira: *Contra o método*. Rio de Janeiro: Francisco Alves, 1989.

variações qualitativas foi, para a ciência moderna, um inimigo a ser reduzido e, se possível, extirpado. As diferenças qualitativas deveriam ser transformadas em diferenças de quantidades, e estas, reduzidas a leis gerais e funções matemáticas; a passagem da alquimia à química moderna ilustra bem este movimento. Porém, como veremos, a ontologia da Modernidade só admite como verdadeiramente reais os objetos aptos à representação. Nesta medida, não só ficam excluídas as diferenças qualitativas entre objetos, pois não satisfazem facilmente a exigência de um sistema de representações claras e distintas (perfeitamente idênticas a si mesmas), como, principalmente, fica excluído tudo aquilo que, no mundo, não é da ordem do objeto e não é passível de representação[4].

Um segundo pressuposto do autor diz respeito à *relatividade dos mundos*: "nem todos vivem no mesmo mundo. Os acontecimentos que rodeiam um guarda florestal diferem dos acontecimentos que rodeiam um citadino perdido num bosque. São acontecimentos diferentes, não apenas aspectos diferentes dos mesmos acontecimentos" (p. 127). Os mundos da vida diferem em função dos recursos interpretativos dos homens, em particular de seus recursos linguísticos, e não há como escapar destas linguagens na direção de uma língua transparente e universal. Também aqui constatamos uma outra ruptura com o projeto epistemológico da Modernidade, já que, veremos a seguir, a epistemologia moderna acreditava que era possível construir e tinha como meta a construção de um conhecimento do mundo absolutamente universal, sempre o mesmo para todos e sempre o mesmo para cada um ao longo de suas experiências.

Exemplar desse projeto é a proposta, originalmente concebida por Leibniz (1646-1716), de elaborar uma *linguagem uni-*

---

4. As ditas "pesquisas qualitativas" procuram exatamente criar dispositivos que comportem as diferenças de qualidade *sem abrir* mão destes pressupostos fundamentais, vale dizer, da crença básica de que tudo deve caber em sistemas de representações claras e distintas.

versal que tivesse duas propriedades básicas: a de ser utilizável por todos os homens, independentemente de quaisquer diferenças que pudessem haver entre eles; e que estivesse exclusivamente comprometida com a razão, com a lógica argumentativa (cf. cap. 2, item sobre os logicismos). Seria, portanto, uma linguagem completamente apta ao exercício de um conhecimento universalmente válido e subjetivamente seguro. A epistemologia, veremos adiante, justifica(va)-se exatamente pela necessidade de homogeneização das crenças, bem como das normas e critérios de ação; também se sustenta(va) na crença de um único mundo constituído pelos *sempre mesmos objetos* que deveriam ser *ditos* por todos da mesma maneira, ou seja, na mesma língua e, se possível, no mesmo idioma[5].

O autor trabalha com uma noção ampliada e totalmente pragmática de "conhecimento": *é conhecimento qualquer dispositivo apto a dar inteligibilidade aos fenômenos.* Diz ele: "para viver num determinado mundo, um indivíduo precisa de conhecimentos. Uma significativa parte do conhecimento reside na *capacidade de captar e interpretar fenômenos* como as nuvens, o aspecto do horizonte numa viagem por oceano, os sons característicos de um bosque, o comportamento de uma pessoa que se presume estar doente [...]. A sobrevivência dos indivíduos, tribos e civilizações inteiras depende deste tipo de conhecimento" (p. 129 – grifos nossos). Tal concepção abrangente do conhecimento inclui uma dimensão básica e original do conhecer, onipresente na vida cotidiana e de especial relevância para a atividade dos psicólogos: o *conhecimento tácito.*

---

5. Nos séculos XVII e XVIII tomava-se o francês como a língua universal da civilização. Muitas vezes, era o idioma obrigatório para todas as elites, tanto na escrita como na fala coloquial em seus próprios países. Posteriormente, o inglês assumiu esse lugar. No campo das atividades científicas, a procura por uma língua universal, neutra, precisa e objetiva, sempre esteve na ordem do dia; como veremos, os positivistas lógicos empenharam-se fortemente nessa tarefa.

Proposta por Michael Polanyi (1891-1976)[6], a noção de "conhecimento tácito" alude àquele saber que reconhecemos *impregnado no corpo* e resistente à articulação no discurso. Remete ao campo do não representacional ou pré-representacional – ainda não é conhecimento, ou já não é conhecimento de um objeto, nem reside em um sujeito; na verdade, se dá num plano anterior à separação sujeito/objeto. O conhecimento tácito seria o conjunto das habilidades perceptivas e de execução entranhadas no corpo e que atuam em um nível pré-reflexivo, ou seja, sem autoconsciência. Uma bailarina, por exemplo, traz incorporada a habilidade da dança – seu corpo "sabe" bailar, ainda que ela não consiga explicar o que é ou como se dança. Trata-se daquilo que no campo da psicologia clínica chamaríamos de *saber de ofício*: um conhecimento estritamente pessoal, em grande medida intransferível e dificilmente comunicável. Em contraposição, o "conhecimento explícito" se organiza como um sistema de representações (em geral, uma teoria) que pretende descrever e explicar objetivamente um aspecto da realidade. Ele já supõe a diferenciação sujeito/objeto, possui caráter reflexivo e, nesta medida, é passível de formalização e de transmissão; sendo compartilhável, torna-se acessível a críticas e correções. Como veremos a propósito da clínica psicológica, a conversão de conhecimentos tácitos em explícitos e vice-versa apresenta enormes dificuldades, mas a este ponto retornaremos bem mais adiante" (cf. "Considerações finais").

Por ora basta assinalar que Feyerabend põe radicalmente em xeque a separação entre conhecimento e realidade. Ele está realçando a primazia disso que Polanyi chama de conhecimento tácito – no qual a distinção entre sujeito conhecedor e objeto conhecido torna-se esmaecida. O "saber-olhar", "saber-escutar",

---

6. Cf. POLANYI, M. *Personal knowledge*. Illinois: University of Chicago Press, 1960. Nascido em Viena e posteriormente radicado na Hungria, M. Polanyi produziu importantes trabalhos na área de físico-química antes de enveredar pela filosofia da ciência.

"saber-falar", "saber-lembrar" e os diversos níveis do "saber-fazer" não são "propriedades" de um sujeito na sua "relação" com objetos, como se sujeitos e objetos já existissem com total independência uns dos outros e só então fossem postos em relação. *Este saber é a base original da constituição de sujeitos e objetos.*

Feyerabend vai além e afirma que mesmo os conhecimentos disponíveis como sistemas e recursos representacionais e, portanto, aparentemente mais descolados da ação, exercem *funções constitutivas*, estabelecendo com os seus objetos uma relação mais complexa do que a de mera reprodução: "as práticas e as ideias de grande alcance têm sido sustentadas por uma 'realidade' que foi primeiramente moldada por elas" (p. 131). Em suma, as teorias ajudam a *moldar* seus objetos.

Ele também examina as consequências do advento da escrita, seja para a concepção de "conhecimento", seja para a concepção de aprendizagem. Com a escrita o conhecimento explícito ou representacional ganha um suporte que lhe confere uma estabilidade e uma autonomia tanto em relação a suas condições de origem como a suas condições de uso; em outras palavras, o conhecimento adquire uma fisionomia impessoal e objetiva. Feyerabend sugere, contudo, que hoje assistimos a uma revalorização dos aspectos mais personalizados tanto dos conhecimentos como dos processos de aprendizagem. Trata-se, segundo ele, de um certo retorno às *tradições orais*, com tudo o que isso implica em formas de transmissão pessoais, artesanais e contextualizadas. Em contraposição ao ensino como aquisição de enunciados logicamente consistentes, estaria havendo uma valorização das modalidades de ensino interativo, histórico e experiencial-dialógico.

Como Feyerabend observa, "O conhecimento ordena os acontecimentos. Diferentes formas de conhecimento dão origem a diferentes esquemas de ordenação" (p. 135). O que merece ser aqui destacado é a inclusão no conceito de "conhecimento" de formas que costumamos desqualificar ou, ao menos, ver como níveis imperfeitos de conhecimento, tais como: as *listas* (em que os itens de um conjunto são meramente registrados e justapostos), os *esquemas classificatórios* (em que estes itens começam a ser organizados de acordo com algum princípio – proximidade, semelhança de forma ou de função etc.), as *histórias* (em que os fenômenos são colocados num plano de sucessividade temporal, quase sempre a serviço de uma interpretação ou explicação do presente) e, finalmente, as *narrativas dramáticas* (quando se introduz na história uma dimensão conflitiva que desempenhará a função de motor dos acontecimentos).

Todos estes formatos ou níveis de representação mantêm-se muito próximos das experiências e, nesta medida, recolhem em si muito da diversidade e da abundância destas experiências. Poderíamos afirmar que tais modalidades de conhecer emergem com relativa facilidade dos *conhecimentos tácitos* e a eles podem retornar com igual facilidade, enquanto que os sistemas representacionais "teóricos" exigem muitas mediações para efetuar estes trânsitos, se é que o conseguem (ao menos em certas áreas, como a vida psíquica, cuja imensa complexidade não pode ser reduzida sem graves consequências).

Feyerabend assinala como a crença metafísica nas essências permanentes e estáveis, simples e unas (e a procura metafísica destas essências) se contrapõe à pluralidade, supostamente ilusória e efêmera, das aparências. Na história da filosofia teria ocorrido uma vitória das "realidades eternas" sobre as "irrealidades passageiras". Nesta medida, toda a tradição metafísica do Ocidente pode ser entendida como uma forma de *conjuração do tempo*. Esta tradição – que adiante veremos denominada de "metafísica da presença" – privilegia o agora presente como modo superior do ser: o que é plenamente, *é-agora*; assim, a plenitude máxima será então alcançada pelo que *é-sempre-agora*, pelo que *é-eterno*: as Ideias platônicas, o Deus (na tradição judaico-cristã) e o Sujeito Transcendental (na Modernidade) são as grandes figuras desta tradição a que Heidegger também chamou de *onto-teologia* (cf. cap. 13, 14 e 15). É importante observar que a epistemologia poderia desde então ser entendida como a herdeira dissimulada da metafísica da presença e, ao mesmo tempo, sua promotora. No dizer de Feyerabend, há muito a metafísica deixou de ser popular, mas sua sombra epistemológica permanece conosco... (p. 149).

Desse modo, o nascimento da filosofia e do racionalismo estaria associado a uma recusa da infinitude e da abundância. Tal recusa traduz-se na crença de que para além da variedade haveria uma unidade e uma simplicidade a serem perseguidas, de que para além do passageiro haveria uma eternidade a ser capturada, de que para além das aparências haveria uma essência a ser contemplada. São estas as cisões a partir das quais se constitui o território da metafísica: nele, a tarefa de uma teoria do conhecimento válido seria a de dirigir a investigação rumo a esta realidade propriamente real – estável, permanente, invariável e una. É neste contexto que se explica a emergência de tradições teóricas em contraposição às tradições históricas/empíricas, tão mais rentes ao mundo das aparências e mais dóceis ao tempo, aos contextos e aos acontecimentos.

O autor remonta ao nascimento da metafísica ocidental (com Parmênides) para mostrar o momento da separação entre os mundos e das vias que lhes dão acesso: o mundo *necessário* – objeto de conhecimento verdadeiro – e o mundo *contingente* – objeto das opiniões nascidas das experiências e hábitos. No primeiro caso, alcançaríamos algo supra-humano, totalmente "descontaminado" da realidade humana; no segundo, por mais rigorosos que fossem os processos elaborativos, estaríamos inevitavelmente lidando com produtos humanos, e com tudo que isso implica de incerto e limitado. Feyerabend opõe-se claramente a tal separação, enfatizando o que ela tem de fictícia: as pretensões de universalidade, objetividade, verdade (por correspondência), confiabilidade e certeza.

25

Mais do que isso: se atentarmos não tanto para os discursos teóricos mas para os usos e interpretações que deles se fazem, veremos que nestes planos reaparecem com todo o vigor aquelas dimensões recalcadas da experiência e que são mais facilmente recolhidas nas tradições históricas/empíricas.

Assim, vê-se que Feyerabend contrapõe claramente as tradições teóricas, racionalistas e epistemológicas de um lado e, de outro, as tradições empíricas e históricas. Dentre muitas diferenças, elas se opõem no modo de admitir e de lidar com a relatividade e a pluralidade das experiências, dos conhecimentos e dos mundos de vida[7].

A partir da Idade Moderna, instaura-se o império das tradições teóricas – como demonstra o enorme e crescente papel desempenhado pelas tecnologias de base científica. Crítico da Modernidade, Feyerabend coloca-se frontalmente contra o domínio imperialista e excludente das tradições teóricas e epistemológicas, reivindicando para as tradições históricas e empíricas (como, p. ex., a da clínica médica) um reconhecimento que as fortaleça ante às tentativas de desqualificação.

É interessante cotejar as teses desse artigo com a interpretação dos inícios da Modernidade proposta por Stephen Toulmin[8]. O autor compara os temas privilegiados e os estilos filosóficos dos séculos XVI e XVII concluindo, exatamente como Feyerabend, que o que marcou a instalação da Modernidade, no sentido estrito, foi uma perda de alcance, uma *renúncia* à variedade e uma radical descontextualização das atividades reflexivas e filosóficas. A proliferação de perspectivas existenciais que se abriram no período suscita reações de defesa e contenção – aquilo que Toulmin chama de *política da certeza*: tentativas de reor-

---

7. Toda essa questão da metafísica ocidental e das cisões por ela instauradas será retomada na Parte IV.

8. TOULMIN, S. *Cosmopolis* – The hidden agenda of Modernity. Chicago University Press, 1992.

denar o mundo, de modo a criar condições estáveis para a vida em sociedade. A reforma do pensamento que levou à criação da filosofia e da ciência modernas ocupa lugar central neste projeto. A busca obsessiva pela cientificidade esteve historicamente associada e subordinada à política da certeza, que "reencarnou" sucessivamente em vários projetos científico-filosóficos cujos ecos, como veremos, ressoam ainda no século XX.

PARTE I

O projeto epistemológico moderno

1

A constituição do sujeito epistêmico

Iremos acompanhar, muito brevemente, como na Idade Moderna o *projeto epistemológico* ganhou uma posição central e quase exclusiva no campo da filosofia. Ou seja, veremos como e por que as "tradições teóricas e epistemológicas" (nos termos de Feyerabend) passaram a exercer o seu domínio duradouro sobre a cultura ocidental. Veremos também como este domínio foi concebido e exercido, assim como suas consequências para outros territórios e campos de experiência.

Estamos designando por "Idade Moderna" o período que se abre ao final do Renascimento (mais particularmente no século XVI), que se instala no século XVII e entra em crise acentuada desde o final do século XIX até nossos dias, quando as referências a um "pós-moderno" proliferam no campo da filosofia e das artes[9]. É claro que ao longo desses séculos a cultura ocidental não esteve livre nem de transformações significativas nem de crises. Porém, algo se manteve ao longo do tempo, reaparecendo sob diversas formas; em outras palavras, o período da Modernidade constitui-se numa série (sucessiva ou contemporânea) de *projetos modernos* que, apesar de suas diferenças, conservam algo em comum.

---

9. Acerca da datação da Idade Moderna, e concordando basicamente com a que é aqui proposta, cf. discussão em Toulmin, *Cosmopolis*, op. cit; cf. em particular o capítulo "What is the problem about Modernity?"

Uma apresentação relativamente detalhada da emergência da Modernidade e de suas "vicissitudes de berço" pode ser encontrada na introdução e nos primeiros ensaios do livro *A invenção do psicológico*[10]. Na introdução, intitulada "A desnatureza humana ou o Não no centro do mundo", a análise de alguns textos do final do século XV mostra o homem assumindo uma nova posição no cosmos: a de um ser sem natureza nem posição previamente definidas – seja no universo, seja na sociedade – e que pode (deve) escolher livremente para si mesmo uma natureza e uma posição; um ser, portanto, que (ao menos é esta a pretensão...) *nada é, mas tudo pode.* Para realizar esta fantasia de onipotência, ele deveria entrar em contato com todas as tradições filosóficas, religiosas e científicas para daí, com seu próprio esforço e com seus próprios recursos e métodos, decidir seu destino e responsabilizar-se por ele.

O primeiro ensaio, "Uma santa católica na Idade da Polifonia", oferece uma visão panorâmica do século XVI a partir de uma gama muito variada dos produtos culturais da época (obras literárias, filosóficas, científicas, peças musicais e de artes plásticas etc.), com toda a sua inquietação, variedade, turbulência e fertilidade polifônicas. O objetivo neste ensaio é o de surpreender alguns momentos cruciais da emergência de novas formas de subjetivação a partir de uma problemática marcada pelas experiências de desagregação e deterioração das condições culturais então vigentes. Acompanha-se em especial o nascimento dos variadíssimos projetos de reforma (reformas de costumes, de padrões artísticos, musicais e literários, de vida religiosa, de organização política etc.) que caracterizaram esta época, concentrando-se mais particularmente nas figuras

---

10. FIGUEIREDO, L.C. *A invenção do psicológico* – Quatro séculos de subjetivação (1500-1900). São Paulo: Escuta/Educ, 1992. Esta recapitulação é baseada em resumos que constam de *Modos de subjetivação no Brasil e outros escritos*. São Paulo: Escuta/Educ, 1995 e *Revisitando as psicologias*. 2. ed. revista e ampliada. São Paulo/Petrópolis: Educ/Vozes, 1996.

dos reformadores católicos Santo Inácio de Loyola e Santa Teresa d'Ávila.

O século XVI assistiu, juntamente com as diversas consequências disso no plano da vida psíquica de seus homens e mulheres, a falência das "tradições empíricas e históricas" (Feyerabend) e o início, tumultuado e conflituoso, das tentativas de escapar desta conflagração recorrendo exclusivamente ao terreno das experiências subjetivas; é a instituição e a consagração do *sujeito como fundamento autofundante das suas crenças, das suas normas e valores e, no limite, do próprio mundo.* Ao mesmo tempo que o homem podia se reconhecer e apresentar como um centro unificador de *saber* e como um centro livre de *poder*, ele se via diante da tarefa de escolher, decidir, sistematizar, reformar e validar suas crenças e modos de ação sem mais poder recorrer aos saberes e práticas tradicionais.

Diante da ameaça inevitável de ceticismo (expressa em obras extraordinariamente lúcidas, como as de Michel de Montaigne) e das ameaças muito presentes de desagregação social, física e psíquica, era indispensável que se procurasse para além das tradições empíricas e históricas, para além destes depósitos de conhecimentos tácitos, uma nova *unidade – geradora e sustentadora de novas identidades.* Era preciso que esta unidade fosse buscada longe da incerteza, das tradições e das autoridades consagradas; uma unidade que se apresentasse como indiscutível e obrigatória a quem quer que se pusesse adequadamente no rumo da investigação. Isto implicava um certo recuo para o plano das experiências individuais (sensoriais e/ou racionais) enquanto um fundo compartilhado de discernimento dos homens – o "bom--senso" de que fala Descartes no *Discurso do método* (1637) – ou seja, uma volta ao substrato comum a todos os homens, sem as marcas de suas particularidades históricas e psicológicas. Era necessário constituir uma nova autoridade, uma nova *fonte de garantias.* Temos aí o sujeito proposto como *fundamento.*

No entanto, a diversidade e a variabilidade das experiências individuais tais como ocorriam espontaneamente traziam uma sombra para este projeto cultural. Impunha-se que tais experiências subjetivas fossem submetidas a um processo de *expurgo* ou *ascese* que não apenas as livrassem completamente dos resíduos das tradições e de todas as marcas das suas particularidades e variações, como impusessem a elas "regras de boa conduta", ou seja, uma disciplina; trata-se, obviamente, da questão do *método*. O método é o *exercício autorregulado da vontade para o estabelecimento da certeza subjetiva como critério de verdade e como garantia do conhecimento*.

Como deveria proceder o método? Cindindo e demarcando, no campo das experiências subjetivas, o terreno confiável (razão e sentidos purificados) do terreno suspeito – o das paixões, desejos, emoções, fantasias, preconceitos, vieses, partidarismos, e assim por diante. Apenas a *razão* e os *sentidos purificados* nos dariam acesso a *conhecimentos imediatos*, ou seja, a conhecimentos não comprometidos pelas mediações "subjetivas", no sentido negativo da palavra. Da cisão imposta pelo método deveria emergir uma nova subjetividade, totalmente purificada, totalmente transparente para si mesma, sem a espessura e nem as rachaduras dos sujeitos empiricamente existentes, totalmente reflexiva, autocoincidente e autodominada. Em outras e resumidas palavras, temos o surgimento do *sujeito epistêmico*: uma subjetividade concebida como *pura consciência* e *vontade soberana*. Tal subjetividade estaria, supostamente, livre de toda particularidade para poder pairar acima de qualquer contexto. Vontade e razão, liberdade e atividade – eis o sujeito fundando-se a si mesmo como base (supostamente) sólida para as crenças e ações.

Assim, o empreendimento epistemológico aposta na necessidade e na possibilidade de uma nítida separação entre *ilusão* e *conhecimento*, entre conhecimentos *mediados* (e por isso sempre suspeitos) e conhecimentos *imediatos* (bases inquestionáveis da ciência), entre *subjetividade empírica* (variável e inconstante, contextualizada e particular) e *subjetividade transcendental* (universal e regular), entre *corpo* (campo dos padecimentos e dos condicionamentos) e *espírito* (exercício da liberdade, sede do livre-arbítrio). É importante frisar que, embora a cisão "corpo-mente" não seja um fenômeno exclusivamente moderno, foi sobretudo no século XVII que tal cisão precisou ser instituída teórica e procedimentalmente com absoluto rigor; em última instância, pode-se dizer que o sentido profundo do "método" foi o de dissociar corpo e mente, sem o que a separação sujeito-objeto, indispensável para o exercício do controle, jamais estaria assegurada[11]. O projeto moderno em sua versão racionalista concebe uma subjetividade ideal: uma *interioridade* nitidamente distinta do mundo externo, à qual apenas o sujeito tem acesso direto, sede das representações claras e distintas, da razão e da vontade puras; a *mente* passa a ser concebida como a parte mais essencial do sujeito, única origem confiável das representações verdadeiras e das ações eticamente justas.

O ensaio seguinte de *A invenção do psicológico*, "Identidade e esquecimento: aspectos da vida civilizada", examina estes processos de cisão e exclusão que, já no século XVII, engendraram as subjetividades civilizadas. Mostra-se aí, entre outras coisas, não apenas a constituição (metódica) de *identidades fictícias*, como a imediata *ressurgência dos excluídos*, ali designados como *os avessos da representação*. De fato, a cisão, ao mesmo tempo que opera *excluindo*, opera *instituindo* uma outra realidade sob uma forma negativa, subterrânea. Nos moldes do sintoma como retorno do reprimido, tal excluído estará sempre a forçar a passagem, exigindo reconhecimento e acolhimento.

Este é o tema do ensaio que enfoca o século XVIII e se chama, exatamente, "A representação e seus avessos". Nele acompa-

---

11. Para maior detalhamento da questão do corpo na Modernidade, cf. "O silêncio e as falas do corpo". In: *Modos de subjetivação no Brasil e outros escritos*. Op. cit.

nhamos o inevitável reaparecimento de todas as "impurezas" das quais o sujeito metódico tentava se livrar. A nítida separação entre as esferas da vida privada/doméstica e da vida pública corresponde à necessidade de abrir certos espaços em que esses "murmúrios do excluído" pudessem se manifestar. Pois bem, caberá aos movimentos românticos expressar e valorizar isto que se encontrava banido do ideal epistêmico; por isso, irão empreender uma reabilitação dos corpos, das particularidades dos indivíduos e povos, da história e da natureza, agora entendida e experimentada como um organismo dinâmico (e não mais como um mecanismo de precisão, passível de tradução em leis físicas e fórmulas matemáticas). As paixões e a imaginação, o sexo e a carnalidade, a doença e a morte, a criança e o selvagem, a loucura e o sonho – eis algumas das figuras extensamente abordadas pelos romantismos em sua exploração dos reversos da racionalidade. Não à toa encontramos aí as sementes daquilo que florescerá ao longo do século XIX, e ainda antes de Freud, como uma riquíssima tematização do *inconsciente* por parte de cientistas, filósofos e artistas[12].

A filosofia e a ciência romântica elegem o termo "unidade" como uma de suas principais palavras-chave. Homem e mundo são organismos constituídos da mesma substância vital (monismo vitalista), de modo que o conhecimento de um é o conhecimento do outro[13]. A epistemologia romântica, crítica do atomismo/mecanicismo e desconfiada dos poderes da linguagem em dizer o mundo, sustenta como anseio fundamental a unificação das ciências, e dessas com as artes e a filosofia, rumo à totalização do conhecimento; daí sugestões como as de Friedrich Schlegel

---

12. Há uma extensa literatura de extração romântica sobre o inconsciente que inclui títulos como *A simbólica do sonho* (1814), de G.H. Schubert, *Psyché – Sobre o desenvolvimento da alma* (1846), do médico e pintor C.G. Carus, e o tratado de Eduard von Hartman, *Filosofia do inconsciente* (1869).

13. "Quanto mais nos retiramos em nós mesmos, desviando-nos das aparências, mais penetramos na natureza das coisas que existem fora de nós", escreve o médico e filósofo I-Paul Troxler (1780-1866).

(1772-1829) – "se quiser penetrar no íntimo da física, inicie-se nos mistérios da poesia".

Apesar de ter efetuado uma "troca de sinais" no que se refere à Razão, o pensamento romântico preserva o sujeito como fundamento autofundante: ainda que nele privilegie a dimensão corporal e uma interioridade "profunda" (sede de forças intensas e contraditórias), o sujeito *permanece sendo a fonte tanto do conhecimento verdadeiro quanto daquilo que verdadeiramente é*. A subjetividade continua centrada em si mesma, em torno daquilo que define sua identidade e é desde este centro que ela serve de fundamento epistêmico e ontológico a tudo mais. Nesta medida, o Romantismo é parte integrante da Modernidade, e não sua derrocada ou encerramento.

Desse ponto em diante, *A invenção do psicológico* envereda pelas crises que no século XIX abalam o projeto epistemológico e colocam em xeque o sujeito como fundamento autofundante. Todos os aspectos que, ao longo da história e especialmente na Modernidade, foram sendo excluídos do campo das representações e das identidades – todos os "dejetos" que sobram das operações de representação e que resistem a elas – irão aos poucos constituindo o solo a ser ocupado pelas psicologias. O espaço psicológico surge como um território delimitado pela articulação entre três polos, que correspondem a diferentes modalidades de subjetivação: o polo *Liberal*, em que dominam as exigências e os valores de uma identidade claramente estabelecida, autônoma e autotransparente; o polo *Romântico*, em que dominam as exigências e valores de espontaneidade, autenticidade, singularidade e enraizamento na dinâmica das forças naturais/históricas; e o polo *Disciplinar*, em que dominam as exigências e valores de controle, eficiência, contenção e submissão dos indivíduos e das massas, por meio do emprego de técnicas de poder administrativo-burocrático (cf. os dispositivos disciplinares tão bem-estudados por Michel Foucault em obras como *Vigiar e punir*, de

1975). Estes polos estabelecem entre si relações contraditórias e ambíguas, marcadas por alianças e conflitos. Pois bem, as diversas teorias e práticas psicológicas, desde as nascidas no final do século XIX até as correntes atuais, irão se implantar no âmbito de tal território, situando-se nele de acordo com suas afinidades ou incompatibilidades com este ou aquele de cada um dos três eixos axiológicos. Mas estamos nos adiantando: esses conteúdos serão retomados, com detalhamento e vagar, na Parte II.

Para os propósitos atuais, nossa recapitulação pode se deter por aqui. Deste brevíssimo percurso, importa *realçar aqueles aspectos do projeto epistemológico que o caracterizam em sua versão predominante na Modernidade* (bastante nítidos, p. ex., no individualismo iluminista). Primeiramente, sublinhemos que à metodologia cabe a separação efetiva entre as duas "partes" do indivíduo de forma a conceder a uma delas, a parte dominante, o elevado e quase divino estatuto de *sujeito conhecedor* (capaz de estabelecer um contato privilegiado com seus objetos); a parte restante – impura, variável, contingente, inapta para a atividade do conhecimento – será relegada como o campo a ser explorado pela literatura e as artes, pela filosofia e as "humanidades" de modo geral.

É importantíssimo ressaltar que a *certeza* não foi desde então apenas um critério epistemológico, um ingrediente no processo de validação das crenças mediante a prévia purificação do sujeito epistêmico (na verdade, este sujeito devia ser *constituído* através desta ascese). *A certeza converteu-se também num critério ontológico*: os fenômenos que verdadeiramente *"são"* seriam apenas os disponíveis para o conhecimento entendido como representação exata, ou seja, os *representáveis com clareza e distinção*, ou seja, os que se deixam *objetivar*. Nesta medida o *"ser-objetivo"* dos objetos – a sua *objetividade* – seria concebido em termos da sua *representabilidade. Ser é ser representável,* isto é, ser objetivável numa representação. Tudo aquilo que escapa ou se furta a uma representação clara e distinta estaria destituído de estatuto ontológico. Em outras palavras: haveria um mundo real disponível para o conhecimento – composto de objetos representáveis – e um mundo ilusório, no qual se enraizariam e se "atolariam" as subjetividades residuais. *Ser representável (estar disponível para a representação) é existir, na medida e sobre o fundamento do sujeito epistêmico e de seus procedimentos metódicos.*

É neste contexto que podemos situar a questão da matematização do conhecimento. Ela não significa apenas ou principalmente a *quantificação* no seu sentido mais estrito (há muita pesquisa dita "qualitativa", p. ex., que ainda assim pertence plenamente à tradição epistemológica e compartilha de seus pressupostos, entre os quais a da representabilidade essencial dos fenômenos). Pensar o mundo como formando um *sistema de objetos* e conceber tal sistema como organizado matematicamente ("escrito em linguagem matemática", como dizia Galileu numa afirmação justamente célebre) é, antecipada e aprioristicamente, afirmar a possibilidade de reduzir o "verdadeiramente real" a um sistema de representações claras e distintas. Antes de ser um instrumento, a matemática é um pressuposto que modela, fixa e limita *a priori* o campo das investigações possíveis. Toda a pesquisa científica na Modernidade é entendida como uma exploração metódica dos sistemas de objetos reais, aptos à representação.

Este cenário também é indispensável para entender a questão da técnica. No sentido moderno da palavra, o de *fabricação como imposição de forma a uma matéria*, a técnica é claramente um dispositivo de domínio; através das técnicas, os homens *controlam* os objetos. O senso comum nos leva a pensar a tecnologia apenas como conhecimento aplicado. No entanto, vale ressaltar que o domínio sobre o "real" exercido pelas técnicas atravessa, como intencionalidade constitutiva, a própria elaboração dos sistemas de representação; *a representação clara e distinta já é em si mesma uma forma de domínio, uma forma de redução do "real" à condição de algo à disposição de um sujeito.* Representar com clareza e distinção já é habilitar-se ao cálculo, à previsão e ao controle dos objetos.

Antes de passarmos a algumas das versões e desdobramentos do projeto epistemológico, reiteremos que a tese a ser desenvolvida neste livro diz respeito (1) aos repetidos fracassos do método: as cisões pretendidas foram permanentemente desfeitas, mas continuamente voltaram a alimentar os sonhos de domínio da realidade mediante dispositivos representacionais aperfeiçoados. Diz respeito, também, (2) à crise da Modernidade enquanto uma crise profunda na concepção de sujeito própria desta época; em decorrência, refere-se igualmente (3) à situação cada vez mais insustentável do projeto epistemológico moderno.

Nem por isso assistimos a uma pacífica derrota e/ou recuo da epistemologia. Ao contrário, as tentativas de recuperar o prestígio do tribunal epistemológico e de efetuar, finalmente, a cisão pretendida entre conhecimento e ilusão tornaram-se particularmente vigorosas à medida que as condições socioculturais denunciavam a precariedade do projeto epistemológico. É o que atestam perspectivas tão diferentes, mas ao mesmo tempo tão "fraternas", como a fenomenologia husserliana e os logicismos, por exemplo.

2
Problemas epistemológicos: versões e desdobramentos

As teorias do conhecimento sempre tiveram que se haver com perguntas cruciais, como as sobre as *fontes primeiras* do conhecer, a *atividade do sujeito* perante o objeto a ser conhecido, o *processo* de formulação de juízos, o *âmbito do cognoscível*, dentre outras. Algumas dessas indagações persistem no cerne dos problemas discutidos pela filosofia da ciência nos últimos 150 anos: a) *natureza das teorias*: Elas procedem dos fatos ou são pressupostas a eles, sendo a própria condição para que algo se mostre como fato? b) *função das teorias*: Conexões entre fenômenos seriam de cunho descritivo/classificatório, ou explicativas, ou de ordem metafórica (não descrevem nem explicam, e sim dão visibilidade a processos/mecanismos até então invisíveis), ou jogos de linguagem que permitem conversação entre membros de uma comunidade científica? c) *estatuto dos fenômenos* estudados: Seriam simples evidências (exigindo registros exatos e objetivos) ou indícios a serem interpretados? Dados do/pelo objeto (e a princípio incorrigíveis) ou construtos (passíveis de correções e redescrições)? Fatos ou ficções? d) *estatuto do pesquisador*: Sujeito individual, dotado de razão soberana e postado diante de objeto "natural", ou membro de uma comunidade, com mente e sensibilidade historicamente moldadas, referido a seus interlocutores e às voltas com objetos eles próprios "sociais"? Por quais interesses seria movido?[14]

Tais perguntas e problemas reaparecerão no decorrer de praticamente todos os capítulos seguintes. No momento, vamos apresentar, de modo esquemático e acentuando seus contrastes, duas grandes linhagens epistemológicas: a teoria como verdade das coisas X a teoria como verdade do sujeito[15]. Adiantemos um panorama do capítulo.

A teoria como verdade das coisas pretende ser uma *representação verdadeira* da realidade, tal como ela existe em si mesma, independente dos sujeitos. Implica, portanto, uma ontologia *realista* e uma noção de verdade por adequação ou correspondência entre o objeto e a ideia que o representa (*correspondentismo*). Já a teoria como verdade do sujeito compõe-se de correntes muito diversas, mas todas admitem o caráter interessado e relativo do conhecimento. Quanto mais se enfatiza a importância do sujeito na constituição do conhecimento – suas estruturas cognitivas, valores e expectativas, ancoragem histórico-cultural, modos de uso da linguagem – mais nos aproximamos de uma ontologia *construtivista*: não existe uma realidade independente do sujeito; é ele quem, em última instância, constitui o mundo e seus objetos. Consequentemente, aqui as teorias não são cópias da realidade, e sim dispositivos para configurá-la e torná-la inteligível, funcio-

---

14. Cf. FIGUEIREDO, L.C. "Investigação em Psicologia Clínica". In: *Revisitando as psicologias*. 2. ed. revista e ampliada. São Paulo/Petrópolis: Educ/Vozes, 1996.

15. Este capítulo tem como base o livro de L.C. Figueiredo: *Matrizes do pensamento psicológico* (Petrópolis: Vozes, 1991), bem como artigos publicados na década de 1980: "A verdade das coisas e a nossa verdade" (*Arquivos Brasileiros de Psicologia*, 36 (2), abr.-jun./1984, p. 39-50. Rio de Janeiro); "Prolegômenos a uma teoria do conhecimento psicológico" (*Arquivos Brasileiros de Psicologia*, 37 (3), jul.-set./1985, p. 49-69. Rio de Janeiro); "Um capítulo na história do conhecimento científico do indivíduo: a metodologia experimental de caso único" (*Psicologia*, 11 (2), 1985, p. 1-25); "Novas reflexões acerca da teoria do conhecimento Psicológico" (*Arquivos Brasileiros de Psicologia*, 38 (2), abr.-jun./1986, p. 84-98. Rio de Janeiro).

nando como modelos ou metáforas explicativas. Assim, surgem outros critérios de verdade (coerência interna, utilidade heurística etc.), as teorias são sempre parciais, provisórias, corrigíveis – uma perspectiva a partir da qual o mundo se conforma.

A meio-caminho entre a primeira e a segunda linhagem, poder-se-ia situar o kantismo e suas derivações: nossa experiência do mundo, bem como o conhecimento teórico que dele podemos obter, são constituídos a partir das estruturas *a priori* (formas da sensibilidade e categorias do entendimento) do sujeito transcendental. A *condição de possibilidade* dos objetos está inscrita em nós, e não nos próprios objetos. Ou seja, as coisas já se nos apresentam como fenômenos necessariamente "formatados" por tais disposições prévias (*a priori*) a qualquer experiência sensível. Em *A crítica da razão pura* (1781) Kant empreende uma espécie de "recuo": ao invés de se deter sobre os sujeitos empíricos às voltas com o conhecimento concreto do mundo, irá postular e descrever a *subjetividade transcendental* – condição de possibilidade, universal e necessária, para a formulação de juízos (cf. cap. 8).

Grosso modo, historicamente é possível associar a primeira linhagem (verdade das coisas) às reflexões e práticas em vigor no campo das ciências naturais, fortemente inspiradas pelo pensamento iluminista. A segunda linhagem (verdade do sujeito) é contemporânea ao surgimento, na esteira da tradição romântica, das ciências históricas e sociais. Vejamos.

2.1 Sobre a epistemologia das ciências naturais

Desde Platão e Aristóteles a relação entre conhecimento e realidade vem sendo tematizada, gerando várias concepções acerca da verdade. A primeira e mais difundida delas é a da verdade como correspondência entre objeto e ideia, o modelo e sua cópia. As chamadas *teorias contemplativas do conhecimento* perguntam-se como captar essa realidade, e se dividem em uma vertente racionalista/idealista e uma vertente empirista. Na primeira delas, o conhecimento se constrói com base na apreensão racional de objetos ideais, sobre os quais se aplicam os procedimentos dedutivos da lógica formal; a matemática é uma espécie de paradigma e de meta a ser alcançada por todo conhecimento. Na vertente empirista, o conhecimento deve partir da observação de casos concretos e singulares; por meio da aplicação cautelosa de procedimentos indutivos, vai-se progredindo rumo a conceitos e leis gerais que sintetizam as regularidades comuns aos eventos. Tanto na vertente racionalista quanto na empirista, o principal problema das teorias contemplativas é o da *origem* do conhecimento, para o qual ambas procuram *fundamentos imediatamente seguros*; isto é, para que um fundamento possa ser indubitável, ele deve ser um conhecimento imediato – primeiro, direto, sem as mediações que poderiam contaminá-lo com erros ou vieses. Tais pretensões *fundacionistas* alcançaram o século XX – conforme veremos na fenomenologia de Edmund Husserl (1859-1938).

Porém, já nos inícios da Modernidade encontramos elementos que caracterizam, por contraste, as *teorias operantes do conhecimento*. Nelas predomina a concepção de que o conhecimento deriva de uma atividade racional de cunho instrumental – produtora de conceitos, leis e teorias com valor adaptativo (na medida em que permitem previsão e controle do ambiente natural). Mesmo em empiristas contemplativos detectamos indícios de crença na índole pragmática do conhecimento científico, bem como em uma faculdade racional atuante na elaboração de procedimentos experimentais. Francis Bacon (1561-1626), por exemplo, está longe de ser o empirista ingênuo costumeiramente retratado. "Os que se dedicam às ciências foram ou empíricos ou dogmáticos. Os empíricos, à maneira das formigas, acumulam e usam provisões; os racionalistas, à maneira das aranhas, de si mesmo extraem o que lhes serve para a teia. A abelha representa a posição intermediária: recolhe a matéria-prima das flores do jardim e do campo e com seus próprios recursos a transforma e digere. Não é diferente o labor da verdadeira filosofia, que não se serve unicamente das forças da mente, nem tampouco se limita ao material fornecido pela história natural [...]. Mas ele deve ser modificado e elaborado pelo intelecto. Por isso, muito se deve esperar da aliança estreita e sólida (ainda não levada a cabo) entre essas duas faculdades, a experimental e a racional" (BACON. *Novum organum*, 1620/1984, p. 63).

Também em Thomas Hobbes (1588-1679) encontramos a valorização da atividade racional concebida como um mecanismo de cálculo indispensável à ciência, assim como a ideia de um conhecimento interessado em controle e dominação: "para todo o *discurso* governado pelo desejo de conhecimento existe pelo menos um *fim*, quer seja para conseguir ou para evitar alguma coisa" (HOBBES. *Leviatã*, 1651/1983, p. 40).

Pois bem, nesses filósofos modernos encontramos uma dialética entre empírico/racional que é a semente de uma gradativa mudança na epistemologia: a busca do conhecimento imediato e indubitável foi cedendo lugar à análise da *lógica da investigação experimental* – caminho tomado por nomes tão diversos quanto Charles Peirce (1839-1914), John Dewey (1859-1952) e Karl Popper (1902-1994) (cf. cap. 6 e 10).

Antes de passar à descrição dessa lógica, cabe observar que Popper mapeia as teorias do conhecimento de modo bastante compatível com essa distinção entre epistemologias contemplativas/operantes, designando-as por teorias do balde e do holofote[16]. Teorias do balde são aquelas que supõem nosso conhecimento derivado do acúmulo de percepções (tal como no empirismo ingênuo) ou de percepções "processadas" – assimiladas, separadas e classificadas (como propõe Kant: não há percepções puras, senão já "tratadas" por nossa mente). Embora Popper se reconheça mais próximo do ponto de vista kantiano, recusa a noção

---

16. POPPER, K. "O balde e o holofote: duas teorias do conhecimento". In: *Conhecimento objetivo*. Belo Horizonte: Itatiaia, 1975 [publicação original, 1949].

central da teoria do balde, a saber, que o estoque de percepções forma a matéria-prima com a qual se constrói a experiência ou a ciência. Segundo Popper, não é a percepção e sim a *observação* que desempenha o papel decisivo no conhecimento científico. A observação é uma percepção preparada/planejada e tem um caráter *ativo* (como se diz, nós "fazemos" uma observação). E uma observação é sempre precedida de um interesse, pergunta ou problema, que atua como um princípio de seleção. Existe, portanto, sempre algum tipo de *hipótese* orientando a observação, conduzindo-a. Este é o âmago da teoria do holofote endossada por Popper: "as observações são secundárias às hipóteses. As observações, porém, desempenham um papel importante como *testes* que uma hipótese deve experimentar no curso do exame crítico que fizermos dela. Se a hipótese não passar no exame, se for mostrada falsa pelas nossas observações, então temos de procurar uma nova hipótese" (POPPER, 1975, p. 318). Nessa perspectiva, a ciência nunca é livre de pressupostos; pelo contrário, a cada instante coloca-se em jogo um horizonte de expectativas a serem confirmadas ou desiludidas. Isso nos levará aos quesitos metodológicos da testabilidade e da falseabilidade, comentados no capítulo 6.

Já se anunciam aqui algumas características da lógica da investigação experimental. Segundo ela, o conhecimento possui um caráter *mediado* e *construído*. Isto é, a "realidade" e os "fatos" não se apresentam no início, mas no *final* da investigação, suscitando novos desafios de pesquisa que geram uma cadeia interminável de testagens, correções e refutações. O cientista exerce uma postura ativa e racional na construção de problemas, hipóteses, delineamentos experimentais, instrumentos, conceitos e modelos. O conhecimento teria também um caráter *autocorretivo* (crítico das expectativas originais e sempre passível de retificações). Além de conjectural, todo conhecimento possui um cunho *histórico*, pois projeta-se em um processo contínuo de novos testes e correções.

A lógica da investigação experimental estabelece com o mundo uma relação baseada em três pressupostos: a) o mundo existe independentemente do investigador – sempre ultrapassa o conhecimento que dele se tem e pode dar respostas negativas às nossas expectativas; b) o mundo é ordenado, de modo que possibilita o encontro de regularidades; daí a importância dos delineamentos experimentais bem descritos e controlados para que possam ter reproduzidos seus procedimentos e resultados; c) o mundo está disponível para produção, controle e manipulação (prática ou simbólica) de variáveis experimentais. Claro que tal disponibilidade não é irrestrita, mas de qualquer forma existe sempre um interesse tecnológico embutido na lógica da investigação.

Neste ponto, interessa assinalar que tanto as teorias contemplativas (racionalistas ou empiristas) quanto boa parte da lógica da investigação experimental (desenvolvida também por positivistas e empiristas lógicos) fazem parte de uma linhagem epistemológica mais ampla: a da *teoria como verdade das coisas*. Ainda que com argumentos diferentes, todos concordariam que a teoria é, em alguma instância, *representação dos objetos e da realidade tal como existem em si mesmos*. Discute-se como aceder a estes objetos – contemplação racional das ideias, observação empírica e indução, procedimentos hipotético-dedutivos, experimentação ativa, intuição das evidências primeiras... Mas no fundo de todas essas variantes subjaz a convicção de Husserl expressa nas *Meditações cartesianas* (1931): "do ponto de vista da intenção final, a ideia de ciência e de filosofia implica uma ordem de conhecimentos anteriores em si, relacionados a outros em si posteriores e, no fim das contas, um começo e um progresso não fortuitos, mas, ao contrário, *fundados na natureza das coisas em si*".

É no âmbito da teoria como verdade das coisas que se coloca a importância central do método, tal como apresentada no capítulo 1: o sujeito conhecedor deve se submeter a uma disciplina de "purificação" para se tornar, apenas e tão somente, um fiel porta-voz do mundo dos objetos. E se há um mundo objetivo a ser captado pela teoria, existem também critérios para avaliar sua falsidade ou veracidade em relação à "natureza das coisas". Ou seja, a teoria é julgada verdadeira conforme sua adequação à realidade, mesmo quando as noções de "realidade" e de "verdade" se tornem, como veremos em Popper, simples ideias reguladoras do ideal científico.

Tal é a índole predominante da filosofia da ciência na Idade Moderna, levada adiante pelo projeto iluminista e encampada pelos positivismos. A verdade objetiva é o ideal que norteia o campo das ciências naturais e o problema de como alcançá-la ocupa o centro de suas preocupações epistemológicas. Em poucas palavras: "[...] A gnosiologia clássica da era moderna – seja no racionalismo, seja no empirismo, desde Kant até o neopositivismo – não é em si outra coisa senão uma teoria do conhecimento e metodologia da ciência natural" (CORETH, 1973, p. 98)[17].

Lembremos, no entanto, que o positivismo se torna uma tendência muito vigorosa também no campo das ciências humanas. Na década de 1820, Auguste Comte (1798-1857) esboça as feições da Sociologia como o estudo científico da sociedade; então concebida como uma *física do social*, seu objeto estaria submetido a leis naturais invariáveis. Mas é com Émile Durkheim (1858-1917) que ela adquire o estatuto de uma disciplina especial, que aspira à solidez e à objetividade das ciências experimentais. Conforme a primeira de *As regras do método sociológico* (1895), o *fato social* dever ser considerado como "coisa", isto é, como objeto exterior e independente da consciência e vontade individuais. Tal como os fenômenos físicos, os sociais devem ser passíveis de observação, análise, síntese e explicações causais. E se o social se presta a ser pensado e manipulado como um objeto natural, trata-se simplesmente de adequar para este campo os métodos experimentais já

---

17. CORETH, E. *Questões fundamentais da hermenêutica.* São Paulo: EPU/Edusp, 1973.

consolidados. Assim, plenamente alinhado com o projeto epistemológico moderno, o positivismo recusa as especificidades epistêmico-metodológicas das ciências da cultura.

2.2 Sobre a epistemologia das ciências da cultura

Em contraposição à teoria como verdade das coisas, divisa-se uma segunda grande linhagem epistemológica – a *teoria como verdade do sujeito* – sob a qual se abrigam tendências variadas. Aqui se admite que o processo de conhecimento nunca estará isento da interferência de fatores subjetivos de diversas ordens (social, afetivo-emocional etc.). O sujeito encontra-se irremediavelmente implicado no ato de conhecer, de modo que a *teoria é sempre, em alguma medida, expressão de uma subjetividade* individual ou coletiva. Discute-se os diferentes fatores que condicionam e particularizam as expressões dos sujeitos: sobrevivência e fins adaptativos (darwinistas, Nietzsche, Schopenhauer, James), econômicos e políticos (Marx e Engels), sexuais (Freud), histórico-culturais (Dilthey), tradição e preconceitos (Gadamer), e assim por diante. Porém, todos esses autores concordariam em que o *interesse epistêmico encontra-se subordinado a outros interesses e injunções*[18], o que reduz ou mesmo elimina suas pretensões de atingir a verdade objetiva.

Desse modo, vemos despontar novas atitudes no campo epistêmico nas quais a impregnação radical do conhecimento pela subjetividade é assumida com clareza[19]. O critério para a

---

18. Tais interesses podem ser pensados como sendo empírico-sociológicos (como veremos em Thomas Kuhn, p. ex.) ou como quadros transcendentais que predefinem a natureza dos objetos e dos métodos das ciências (como em Habermas). Husserl sustenta a posição oposta: haveria uma total descontinuidade entre interesses vitais e epistêmicos, entre as atitudes prática e teórica.

19. Incluem-se aqui tendências tão variadas como existencialismo, marxismo e pragmatismo. Todos negam uma consciência que simplesmente espelha/reflete o mundo em distância teórica. Cf. adiante referência à obra seminal de Richard Rorty: *A filosofia como espelho da natureza*. Rio de Janeiro: Relume-Dumará, 1994.

avaliação de uma teoria passa então a incluir o *reconhecimento da implicação subjetiva*: como o sujeito nunca pode se furtar à sua própria expressão, a validade teórica estaria ligada a uma disposição autorreflexiva e responsável, empenhada em explicitar os fatores "extraepistêmicos" envolvidos no processo cognitivo.

Este é o enfoque majoritário nas filosofias da cultura, herdado por muitas das ciências sociais ou do espírito, futuramente designadas como ciências humanas. Atenta à subjetividade em suas várias dimensões, aos fenômenos expressivos e às peculiaridades de indivíduos/povos, não é difícil detectar a tradição romântica na origem das ciências da cultura e em sua busca por uma epistemologia própria.

Ainda no século XVIII, Giambattista Vico (1668-1744) e J.G. Herder (1744-1803) introduzem a ideia de que os fenômenos históricos são de natureza expressiva – produtos humanos, individuais ou coletivos, através dos quais os sujeitos se manifestam e se comunicam. Ora, se existe uma relação interna entre o sujeito conhecedor e os produtos culturais, se estes revelam algo da subjetividade daquele, tais produtos vão requerer um modo próprio de apreensão. Em contraste com a neutralidade exigida do cientista natural, solicita-se ao estudioso da cultura que lance mão da empatia e da imaginação para melhor captar o mundo investigado. Outras ideias românticas deixam-se entrever nas obras de Vico e Herder: o *holismo*, que enfatiza o caráter orgânico dos eventos socioculturais e por isso tende a invalidar os procedimentos analíticos; e o *relativismo*, que sublinha o caráter particular dos objetos estudados, cuja diversidade vai exigir outra racionalidade que não aquela empregada na abstração do mundo natural.

O paulatino crescimento e diferenciação das ciências da cultura gerou tentativas de identificar e justificar suas peculiaridades. O historicismo de Wilhelm Dilthey (1833-1911) é a principal tendência a insistir na heterogeneidade entre ciências da natureza (*Naturwissenchaften*) e ciências do espírito (*Geisteswissen-*

chaften). Nesta medida, ele se afasta das pretensões românticas de unificação dos saberes ao postular a existência de dois reinos distintos: o da natureza, regido pela causalidade determinista, e o das produções humanas, esfera da liberdade e da historicidade. Vejamos como chegou a isso.

No final do século XIX, a História desponta na Alemanha como a primeira disciplina do campo das ciências humanas a ser alvo de grandes desenvolvimentos. Toda uma estirpe de historiadores, como Droysen (1808-1884), Windelband (1848-1915) e Rickert (1863-1936), fomenta uma intensa discussão epistêmica e metodológica em torno dos estudos históricos. Este é um primeiro elemento a compor o contexto de produção das obras de Dilthey, que se propõe uma tarefa de índole kantiana, qual seja, a de realizar uma "crítica da razão histórica". Ao mesmo tempo, fortemente ligado à filosofia da vida[20], interessa-lhe exatamente aquilo de que se encontra destituído o sujeito transcendental – o enraizamento na cultura e na história. Afinal, Dilthey acredita que "nas veias do sujeito do conhecimento construído por Locke, Hume e Kant não circula sangue de verdade" (apud GADAMER, 1960/1996, p. 267)[21].

Um segundo componente deste cenário intelectual é a ascensão do positivismo no campo da filosofia – entendendo-se por isso, genericamente, o fato de a explicação empírica adotada nas ciên-

---

20. Tendência geralmente associada ao final do século XIX e a autores como Nietzsche, Dilthey e Bergson. Tem raízes no protesto contra os excessos do pensamento abstrato e mecanicista, que desconsidera o indivíduo em sua existência concreta, corpórea e com dimensões não racionais (sentimento, imaginação e vontade). Valoriza a experiência vivida e considera as forças da vida (*Leben*) como fontes dinâmicas da criatividade e do sentido. Nesta acepção ampla – para nós, de índole claramente romântica – é possível apontar afinidades com outros filósofos como Rousseau, William James, Karl Marx e John Dewey. Cf. PALMER, R. *Hermenêutica*. Lisboa: Ed. 70, 1986 [publicação original, 1969].

21. Cf. GADAMER, G. *Verité et méthode* – Les grandes lignes d'une herméneutique philosophique. Paris: Seuil, 1976 [versão resumida], 1996 [versão integral] [publicação original, 1960] [Edição brasileira: *Verdade e método*. Petrópolis: Vozes, 1997].

cias naturais ter sido alçada a modelo geral de inteligibilidade. Segundo Ricoeur[22], "o único modo de se fazer justiça ao conhecimento histórico parecia consistir em conferir-lhe uma dimensão científica, comparável à que as ciências da natureza haviam conquistado. Assim, foi para *replicar ao positivismo* que Dilthey tentou dotar as ciências do espírito de uma metodologia e de uma epistemologia tão respeitáveis quanto as da ciência da natureza" (RICOEUR, 1977, p. 24 – grifos nossos). Logo, preeminência da historiografia e escalada do positivismo num ambiente epistemológico pós-kantiano constituem o pano de fundo para a pergunta diltheyana: como é possível o conhecimento histórico, e mais genericamente, o das ciências do espírito? Solo fértil para a implantação da grande oposição entre *explicação* da natureza e *compreensão* da história[23]. A verdadeira antinomia que se criou entre o explicar (*erklären*) e o compreender (*verstehen*) acabou se tornando célebre como a "querela dos métodos" (*Methodenstreit*), de ampla repercussão. É este o embate que Freud, por exemplo, terá em vista quando insistir na pertinência da psicanálise ao campo das ciências naturais; também Karl Jaspers, em 1913, irá estendê-lo ao âmbito da psicopatologia.

Segundo tal contraste, os objetos das ciências naturais requerem *explicação*, isto é, explicitação do conjunto de suas causas e a formulação de leis que descrevam regularidades universais; no plano explicativo, o particular é subsumido no geral e o elemento subjetivo, anulado em prol da plena objetividade. Diferentemente do mundo físico ou natural, cujos objetos lhe são radicalmente distintos, na ordem humana o homem toma a si mesmo como objeto de conhecimento. As ciências do espírito assumem como tarefa a

---

22. RICOEUR, P. "A tarefa da hermenêutica". In: *Interpretação e ideologias*. Rio de Janeiro: Francisco Alves, 1977.

23. A oposição entre os métodos explicativo e compreensivo – próprios às ciências naturais e históricas, respectivamente – foi esboçada pelo historiador alemão J.G. Droysen (1808-1884).

compreensão dos produtos do mundo espiritual que vão se sedimentando ao longo da história; ao invés de uma apropriação externa e racional, as ciências humanas solicitam que o investigador penetre e transponha-se para seu objeto, que nele traz incorporada uma vivência humana. As instituições sociais, as leis, as religiões e as obras de arte são exemplos de expressões do espírito humano, de objetivações da vida. Como manifestações vitais, solicitam uma compreensão baseada na vivência. Daí que o procedimento compreensivo mire as particularidades, os objetos em sua singularidade.

Paul Ricoeur nos lembra de que Dilthey pertence a uma geração para quem o indivíduo singular, ainda que considerado em suas relações sociais, é o pivô de todas as ciências humanas. Por isso, a compreensão psicológica e a psicologia descritiva estariam na base das demais ciências do espírito. Inicialmente, sob forte influência do teólogo protestante Friedrich Schleiermacher (1768-1834), Dilthey postula que a apreensão da singularidade do objeto significativo se daria por meio da simpatia ("sentir com/junto"); ou seja, a afetividade do cientista seria mobilizada como meio de se transpor para a vida psíquica de outrem, de modo a penetrar e reconstruir seu universo simbólico. Dentre os métodos preconizados, destaque para as revivências empáticas – colocar-se no lugar do outro para tentar reexperimentar os sentimentos e as intenções de um autor quando da criação de sua obra, por exemplo, ou dos agentes quando vivenciaram uma certa situação histórica, e assim por diante. A biografia e a autobiografia figuram como modelos de uma ciência idiográfica[24]. Porém, sendo impossível fazer ciência sem algum nível de generalização, Dilthey tenta superar oposição singular/universal

---

24. Também no campo da história, Windelband (1848-1915) propõe que as ciências da natureza seriam *nomotéticas* (estabelecem leis gerais), enquanto as do espírito seriam *idiográficas*, pois tentam registrar o singular (*idios*) – o que envolve apreender significado e valor da ação.

por meio da construção de tipologias: no "típico", o universal encarnar-se-ia no particular. Nesse momento, o psicologismo de Dilthey parece supor um sujeito autotransparente, cuja vivência é reputada um dado imediato.

Numa segunda etapa de sua obra, entre 1900-1911, instigado pela crítica ao psicologismo e pela noção de intencionalidade elaborada por Husserl, Dilthey é conduzido para um rumo mais objetivo. A partir de então, não se trata de reviver diretamente a constelação psíquica do outro, mas de interpretar suas intenções que se fixam e se objetivam como expressões da vida. Ou seja, trata-se ainda de interpretar as mensagens do outro, mas mediatizadas pelo sistema simbólico, o que pode resultar na descoberta de significados inacessíveis ou não cogitados pelo emissor. "Torna-se impossível, pois, apreender a vida psíquica de outrem em suas expressões imediatas; deve-se reproduzi-la, reconstruí-la interpretando os signos objetivados" (RICOEUR, 1977, p. 26). Até o próprio autoconhecimento só é possível através de mediações – dos sinais e obras que são objetivações da vida do sujeito[25].

Mas como garantir algum consenso interpretativo se a historicidade condiciona sujeito e objeto da compreensão? Seria possível formular regras interpretativas que conciliassem as exigências de universalidade com as de singularidade? Às voltas com este tipo de indagação, Dilthey empenha-se em conquistar a objetividade, lançando-se à procura de uma "validade universal da interpretação, base de toda certeza em história" (DILTHEY, apud RICOEUR, 1977, p. 26-27).

Apesar de nuançar os alcances da autoconsciência e do conhecimento imediato, Dilthey não chega a se libertar por comple-

---

25. Neste como em outros aspectos, Ricoeur endossa a leitura de Gadamer: a obra de Dilthey abriga um conflito latente entre a filosofia da vida e o idealismo especulativo de Hegel. Embora tentasse escapar do hegelianismo, a noção de "vida" em Dilthey se assemelha à ideia hegeliana de um "espírito" que se objetiva na história (cf. RICOEUR, 1977, p. 27-29).

to do psicologismo, pois subsiste a ideia de que a compreensão se funda na vivência, bem como o objetivo de acessar a experiência do outro, supostamente incorporada na obra expressiva. Ao fim e ao cabo, a interpretação continua a visar "[...] não *aquilo* que diz o texto, mas *aquele* que nele se expressa, [...], o vivido que nele se exprime" (RICOEUR, 1977, p. 28 – grifos do autor).

Veremos adiante a incidência das ideias diltheyanas no campo da hermenêutica. Por ora, basta assinalar que outros autores se engajaram na busca de atender cientificamente aos interesses de tipo compreensivo. Max Weber (1864-1920) foi um dos que tentou conferir independência método-epistemológica às ciências sociais ao estabelecer a *ação significativa* como seu objeto. Todavia, o estudo da ação social deve ser suficientemente objetivo e generalizável para que possa também servir a interesses tecnológicos (o conhecimento dos efeitos de uma ação orienta a tomada de decisões políticas, p. ex.). O cientista encontra-se histórica e culturalmente situado, e é a partir desta perspectiva particular que ele seleciona os fenômenos relevantes e ordena configurações de sentido; nem por isso pode prescindir da objetividade, e a noção weberiana de *tipo ideal* responde à tentativa de conciliação entre perspectivismo e objetivismo. Construção racional do que seria um "caso puro" (acentuando os traços distintivos, tal fosse um retrato exagerado), o *idealtipo* vai servir como padrão de referência para o pesquisador no cotejamento com a realidade concreta. O conceito não a descreve, nem a define: esclarece alguns de seus aspectos e encobre outros, funcionando com uma "ficção útil" capaz de captar ao menos parte da complexidade dos fenômenos culturais – em sua singularidade, totalidade e dinâmica.

Também Karl Popper se dedica à epistemologia das ciências sociais, atribuindo-lhes, como Weber, interesses tecnológicos e compreensivos. Para compreender situações históricas, ele propõe o método de conjecturas imaginativas, por meio do qual se reconstrói hipoteticamente uma situação de problema. "Admitidamente, nenhuma ação criativa pode ser jamais plenamente explicada. Não obstante, podemos tentar, conjecturalmente, dar uma reconstrução idealizada da *situação de problema* em que o agente se encontrou e, até essa extensão, tornar a ação 'compreensível' (ou 'racionalmente compreensível'), isto é, *adequada à situação dele tal como ele a viu*. Este método de análise situacional pode ser descrito como uma aplicação do *princípio de racionalidade*"[26] (POPPER, 1975, p. 171 – grifos do autor).

São vários os pontos de contato entre as visões de Weber e Popper acerca da compreensão. Preocupados em interpretar as ações sociais significativas e eventos culturais singulares sem abrir mão das exigências metodológicas de objetividade, ambos propõem a construção de idealizações. O cientista estrategicamente se afasta da realidade empírica e a ela retorna portando seus construtos: com um relativamente baixo grau de abstração, estes auxiliam a organização e o exame dos dados empíricos.

Para além das fronteiras da epistemologia e metodologia das ciências do espírito, a consolidação da *compreensão* como atributo delas peculiar acaba alcançando a problemática mais ampla da *interpretação*. Com isso, as discussões hermenêuticas, até então centradas na exegese de textos religiosos e jurídicos, atingem um novo patamar.

2.2.1 A hermenêutica

Nossa abordagem da hermenêutica será feita a partir deste ângulo específico: de que modo a relevância método-epistemológica assumida pela compreensão no âmbito das ciências históricas e da cultura vem a repercutir sobre uma teoria geral da

---

26. Cf. POPPER, K. "Sobre a teoria da mente objetiva". In: *Conhecimento objetivo*. Belo Horizonte: Itatiaia, 1975.

interpretação[27]. Assim, este breve panorama terá como base a chamada *hermenêutica teórica* (Bleicher)[28] ou *hermenêutica geral* (Palmer)[29].

Com variações nas descrições e na nomenclatura, *grosso modo* é possível distinguir uma sequência de tendências dominantes no campo da hermenêutica: a) hermenêuticas bíblica e jurídica (exegeses regionais), voltadas à interpretação destes textos específicos e seus problemas; b) filologia clássica: estudo linguístico-histórico de documentos literários e filosóficos da Antiguidade, delineia regras de interpretação aplicáveis a vários tipos de texto; c) teoria geral da interpretação (Schleiermacher), capaz de abarcar um horizonte mais amplo de fenômenos/documentos históricos e artísticos; d) base epistemológica de todas as ciências do espírito (Dilthey); e) ontologia da compreensão (Heidegger): o próprio modo de ser-no-mundo já tem um caráter interpretativo.

Ao longo deste movimento, Ricoeur distingue uma dupla mudança: a) das hermenêuticas regionais para uma geral e, em seguida, para uma fundamental; b) das preocupações meramente metodológicas para as epistemológicas (que tomam o compreender como um modo de conhecer), e destas para as ontológicas, que veem na compreensão uma maneira de ser e de relacionar-se com o Ser (RICOEUR, 1977, p. 18). Com Hans-George Gadamer (1900-2002) teria havido um princípio de retomada das questões epistemológicas a partir da ontologia heideggeriana e, por fim, o

---

27. Para uma exposição abrangente sobre estes temas e autores, cf. a parte histórica de Gadamer (1960/1996, op. cit.); P. Ricoeur (1977, op. cit.); R. Palmer (1986, op. cit.); E. Coreth (*Questões fundamentais da hermenêutica*. São Paulo: EPU/Edusp, 1973); J. Bleicher (*Hermenêutica contemporânea*. Lisboa: Ed. 70, 1992 [publicação original, 1980].

28. "A teoria hermenêutica debruça-se sobre a problemática de uma teoria geral da interpretação, como metodologia das ciências humanas (ou *Geisteswissenschaften*, que incluem as ciências sociais)" (BLEICHER, 1992, p. 14).

29. A ela Palmer contrapõe o que ele denomina "hermenêutica filosófica", inaugurada por Heidegger.

interesse pela exegese textual foi em parte reativado pelo próprio Paul Ricoeur (1913-2005).

Schleiermacher dá início ao projeto de uma hermenêutica geral, concebida como técnica da interpretação válida para qualquer tipo de texto. Pretende esboçar uma *Kunstlehre* – arte ou tecnologia (enquanto "uso prático") da interpretação – que unifique a variedade dos procedimentos interpretativos (RICOEUR, 1977, p. 20). Durante toda sua obra, sempre postulou duas formas complementares de interpretação: a gramatical (geral e objetiva, se detém sobre o discurso comum à cultura) e a técnica (psicológica, visa aquilo que é próprio da subjetividade do criador e como este coloca a linguagem a serviço de sua individualidade). Este segundo tipo vai ganhando proeminência e passa a ser chamado de *interpretação psicológica*. Seu principal instrumento é a adivinhação (ou compreensão divinatória), de caráter intuitivo, tornada possível graças à empatia existente entre os espíritos do intérprete e do sujeito interpretado.

Dilthey, biógrafo de Schleiermacher, nele se apoia para ampliar o escopo das discussões hermenêuticas. Conforme visto, com Dilthey a compreensão torna-se o modo de conhecer peculiar às ciências do espírito. Ao subordinar as questões exegético-filológicas à problemática histórica, torna-se uma espécie de fiador do "pacto entre hermenêutica e história" (RICOEUR, 1977, p. 23). Afinal, "antes da questão de como compreender um texto do passado, deve-se colocar uma questão prévia: como conceber um encadeamento histórico. Antes da coerência de um texto, vem a da história, considerada como o grande documento do homem, como a mais fundamental *expressão da vida*" (RICOEUR, 1977, p. 23 – grifos do autor).

A "virada ontológica" ocorre com o Heidegger de *Ser e tempo* (1927)[30] – marco inicial de uma hermenêutica propriamente

---

30. HEIDEGGER, M. *Ser e tempo*. Petrópolis: Vozes, 1988. Gadamer refere-se ao projeto heideggeriano nesta obra como sendo o de uma "fenomenologia herme-

filosófica. Aqui a compreensão e a interpretação são concebidas como modos fundantes do existir humano, ou seja, como atributos do próprio *Dasein*, e estreitamente vinculadas com a temporalidade. Heidegger irá se debruçar sobre uma compreensão originária (anterior à dualidade epistemológica entre explicar/compreender) e própria a uma *essência hermenêutica da existência*, que se interpreta a si mesma no mundo e na história (CORETH, 1973, p. 23). No decorrer de sua obra, o horizonte da compreensão será cada vez mais concebido linguisticamente, de modo que "o Heidegger dos últimos tempos não fala mais de hermenêutica, mal se referindo também a tempo e história. Seu pensamento se concentra, antes, no acontecimento da linguagem, o qual procura esclarecer a partir do ser" (CORETH, 1973, p. 24).

Gadamer assume as posições de Heidegger – de quem foi aluno na década de 1920 – e da fenomenologia, mas também retoma a tradição de Dilthey e Schleiermacher. Em *Verdade e método* (1960) enfoca o problema filosófico da compreensão/interpretação no âmbito das ciências históricas e humanas, mas agora a partir de uma visada ontológica. *Não haveria possibilidade de compreensão – do mundo, do outro, do texto – fora do horizonte de antecipações fornecido pelos preconceitos e pela tradição*; ou seja, o sentido só emerge perante um sistema interpretativo previamente dado. O que ele chama de "preconceito" seria a manifestação, no plano epistemológico, da estrutura de antecipação constitutiva da experiência humana (pré-compreensão). Nesta medida, não existe interpretação inteiramente objetiva[31]. A objetividade possível nas

---

nêutica": nem historicismo/filosofia da vida de Dilthey, nem sujeito transcendental de Husserl – formulação que talvez fique mais clara com a leitura do item seguinte deste capítulo.

31. A objetividade da interpretação é o centro da controvérsia entre Gadamer e o jurista italiano Emilio Betti (1890-1968). Seguindo a tradição diltheyana, Betti propõe uma teoria geral da interpretação (título de seu livro de 1955), onde já se coloca como defensor de uma hermenêutica objetivista e normativa. Em obra posterior, *A hermenêutica como metodologia geral das ciências do espírito* (1962), critica

ciências humanas requer o combate ao distanciamento alienante (do intérprete em relação ao interpretado) e, ao contrário, que se admita a ancoragem de ambos no solo ontológico. Tanto as reflexões hermenêuticas quanto a filosofia prática de Gadamer possuem como característica central o caráter *dialógico*: trata-se sempre de conversações (envolvendo, portanto, o uso comum da linguagem e a inelutável presença de outrem) em busca da construção de entendimentos; neste aspecto, deixa entrever algum parentesco com pensadores neopragmáticos, como Davidson e Rorty (cf. cap. 10).

Para Ricoeur, o livro de Gadamer confronta o conceito heideggeriano de verdade com o diltheyano de método, o que lhe sugere que "verdade *ou* método" talvez fosse um título mais adequado (RICOEUR, 1977, p. 38). Por sua vez, em *Da interpretação* (1965), o próprio Paul Ricoeur parece remontar à exegese textual: "por hermenêutica entendemos a teoria das regras que governam uma exegese, quer dizer, a interpretação de determinado texto ou conjunto de sinais susceptíveis de serem considerados como textos" (apud PALMER, 1986, p. 52). No coração de qualquer hermenêutica residiria um nó semântico a entrelaçar múltiplos sentidos. Por isso, Ricoeur designa seu projeto como uma "semântica das expressões multívocas", isto é, simbólicas[32]. Nele se articulam estreitamente as noções de símbolo e interpretação, como mostra um excerto esclarecedor que vale citar na íntegra: "*chamo de símbolo toda estrutura de significação em que*

---

o relativismo instaurado pelo subjetivismo ontológico de Gadamer. A posição de Betti pode ser assim sintetizada: "[...] qualquer que seja o papel da subjetividade na interpretação, o objeto mantém-se objeto e podemos tentar fazer dele e realizar com ele uma interpretação objetivamente válida. Um objeto fala, e pode ser ouvido de um modo correto ou incorreto, precisamente porque nele há um significado objetivamente verificável" (PALMER, 1986, p. 64-65). Para uma exposição detalhada dessa polêmica, cf. R. Palmer, 1986, p. 55-75.

32. Cf. RICOEUR, P. "Existência e hermenêutica". In: *O conflito das interpretações –* Ensaios de hermenêutica. Rio de Janeiro: Imago, 1978 [publicação original, 1969].

um sentido direto, primário, literal, designa, por acréscimo, outro sentido indireto, secundário, figurado, que só pode ser apreendido através do primeiro. Essa circunscrição das expressões de duplo sentido constitui, propriamente, o campo hermenêutico. [...] *A interpretação é o trabalho de pensamento que consiste em decifrar o sentido oculto no sentido aparente, em desdobrar os níveis de significação implicados na significação literal.* Guardo assim a referência inicial à exegese, isto é, à interpretação dos sentidos ocultos. Símbolo e interpretação tornam-se, assim, conceitos correlativos: há interpretação onde houver sentido múltiplo; e é na interpretação que a pluralidade dos sentidos se manifesta" (RICOEUR, 1969/1978, p. 15 – grifos do autor).

Um problema clássico atravessa essas diferentes abordagens: o paradoxo do "círculo hermenêutico", segundo o qual, muito esquematicamente, *o sentido só se mostra mediante interpretação, mas esta é condicionada por uma compreensão prévia do sentido.*

A estrutura essencialmente circular da compreensão já fora captada por Droysen: "o indivíduo se compreende pelo todo, e o todo, pelo indivíduo" (apud CORETH, 1973, p. 20). Também Schleiermacher se refere ao "círculo" em que se move a compreensão, entre o particular e o geral (p. 81), enquanto Dilthey assinala a mesma dinâmica entre a parte e o todo (p. 20).

É Heiddegger, porém, quem formula expressamente a noção de "círculo hermenêutico" com base na ideia de *pré-compreensão* (par. 32 de *Ser e tempo*). Quando nos voltamos para a dimensão mais originária do Ser, isto é, para o solo ontológico, vemos que o compreender possui uma *estrutura antecipatória.* Ela se mostra na própria experiência da temporalidade – o presente se configura a partir de um ponto de vista futuro, onde o sujeito já se encontra lançado, enquanto o futuro só se dá a ver por meio de uma compreensão antecipada no presente. O mesmo ocorre entre interpretação e compreensão: "toda interpretação, para produzir compreensão, deve já ter compreendido o que se vai interpretar" (HEIDEGGER, apud CORETH, 1973, p. 23).

Gadamer explicita como o círculo hermenêutico se efetua na situação de leitura: "quem queira compreender um texto tem sempre um projeto. Desde que se esboça um primeiro sentido no texto, o intérprete antecipa um sentido para o todo. Por seu turno, este primeiro sentido só se esboça porque já se lê o texto guiado pela expectativa de um sentido determinado" (1960/1976, p. 104). Em Gadamer, a pré-compreensão de Heidegger é retomada na noção de *preconceito* – conjunto de pré-suposições/préjuízos historicamente transmitido e cientificamente irrefletido (CORETH, 1973, p. 24). Claro que é preciso tentar distinguir entre preconceitos legítimos e arbitrários, mas o convite é para assumir e experimentar metodicamente a tradição na qual nos inserimos. Tem-se aqui a valorização do preconceito e da tradição, na contramão da crítica iluminista que os considerava inimigos da racionalidade; do ponto de vista gadameriano, eles deixam de ser simples obstáculos e se convertem em *condição de possibilidade* do conhecimento e da interpretação.

Este breve percurso pela hermenêutica já prenuncia a existência de uma dupla matriz para se pensar a interpretação. De um lado, o objetivismo almejado por Dilthey e Betti, por exemplo, postula uma interpretação que recupere e reproduza o sentido intrínseco (real) do texto. De outro, no rastro de Heidegger e Gadamer, surgem os autores neopragmáticos e desconstrucionistas para quem a interpretação tende a ser vista como criação e construção de sentido, a partir da subjetividade do intérprete e de seus propósitos de leitura[33]. Assim, vemos emergir em filigrana o confronto entre concepções realistas e construtivistas, de forte incidência no campo da psicanálise, como iremos constatar nas partes II e III[34].

---

33. Tais posições, juntamente com uma terceira (a interpretação como resposta), são apresentadas por L.C. Figueiredo em "A fabricação do estranho: notas sobre uma hermenêutica 'negativa'". In: *Boletim de Novidades da Pulsional*, 1994, 57, p. 17-22.

34. Para um exame da repercussão de tais posições hermenêuticas no campo da psicanálise, cf. PHILLIPS, J. "Hermeneutics in Psychoanalysis: review and reconsideration". *Psychoanalysis and Contemporary Thought*, 14 (3), 1991, p. 371-424.

2.3 Tentativas de restauração da epistemologia moderna

2.3.1 A fenomenologia de Edmund Husserl (1859-1938)[35]

Acabamos de ver que a questão da verdade se coloca como um poderoso obstáculo às ciências compreensivas: De que maneira produzir, identificar e fundamentar uma interpretação verdadeira? A fenomenologia se apresenta como mais uma iniciativa filosófica que tenta dotar as disciplinas compreensivas de rigor epistemológico, tornando-as estritamente científicas.

Porém, sua ambição ultrapassa em muito esse terreno – basta lembrar que os primeiros trabalhos de Husserl versam sobre a fundamentação das matemáticas. A partir da aritmética ele constata existirem conceitos que se referem a objetos ideais, que não são nem físicos nem psíquicos; mas como temos acesso a objetos que transcendem nossa vida psíquica? Daí a necessidade de, antes de examinar os conceitos científicos, perguntar como nossa consciência pode ter acesso ao mundo dos objetos (ideais, da matemática, mas também da física e de nosso mundo sensorial). Por isso a proposta de examinar a vida perceptiva, na qual teria origem a consciência de qualquer tipo de objeto.

Os dois tomos das *Investigações lógicas* (1900-1901) inauguram a elaboração de uma "fenomenologia descritiva", por vezes resumida sob o mote "volta às coisas mesmas"[36]. Husserl se debruça apenas sobre aquilo que é passível de experiência: os *fenômenos*, definidos como tudo o que se mostra e se revela por si mesmo. Discípulo do filósofo e investigador da psicologia empí-

---

35. O intuito aqui é apenas indicar em que medida a fenomenologia seria um prolongamento do projeto epistemológico moderno, e não introduzir o pensamento de Husserl. Para esta finalidade, cf. DARTIGUES, A. *O que é a fenomenologia*. Rio de Janeiro: Eldorado, 1973. • KELKE, A. & SCHÉRER, R. *Husserl*. Lisboa: Ed. 70, 1982 [publicação original, 1954]. • PENNA, A.G. *Introdução à história da psicologia contemporânea*. 3. ed. Rio de Janeiro: Zahar, 1982.

36. HUSSERL, E. "Investigações lógicas". In: *Husserl*. São Paulo: Abril, 1985 [Col. Os pensadores].

rica Franz Brentano (1838-1917)[37], de quem empresta o conceito de intencionalidade, para Husserl a consciência é sempre *intencional*, isto é, consciência *de algo*; mais do que uma superfície ou recipiente preenchível por objetos, a consciência é concebida como *ato*, inclinação permanente em direção aos objetos. Mas Husserl ultrapassa a psicologia empírica de Brentano, cujo foco era o conteúdo psíquico dado à percepção interna. Na esfera fenomenológica, os fenômenos são vividos e não se confundem com os objetos que aparecem para nós; a busca então é pelo *a priori* último do vivido, base do pensamento lógico e do conhecimento em geral.

Na década de 1910, Husserl se encaminha em direção a uma "fenomenologia transcendental", que almeja ser a filosofia primeira – uma ciência eidética (sobre as essências) absolutamente rigorosa e capaz de fundamentar todas as demais ciências. Trabalhos como "Filosofia como ciência rigorosa" (1911) e *Ideias para uma fenomenologia pura e para uma filosofia fenomenológica* (1913) intentam nada menos do que efetuar uma nova crítica da razão. "São, com efeito, a questão kantiana das condições de validade do conhecimento e, ao mesmo tempo, a exigência cartesiana da indubitabilidade do ponto de partida que determinam a nova reflexão husserliana sobre o método. Em lugar de 'regressar às coisas', é, antes, necessário para compreender nosso conhecimento das coisas, portanto o que as coisas do mundo são para nós, *regressar à consciência* que temos do mundo ou, ainda, ao *a priori* da correlação essencial: consciência e coisas; em suma, à própria subjetividade cognoscente como fonte de todo o conhecimento objetivo" (KELKEL & SCHÉRER, 1982, p. 35-36).

O método em questão é o da *redução fenomenológica* ou *époché*, que consiste em colocar o mundo exterior entre parênteses, suspendendo nosso julgamento e nossa atitude natural (modo

---

37. Brentano é autor de *A psicologia do ponto de vista empírico* (1874). Freud frequentou seus cursos de filosofia entre 1874 e 1876.

espontâneo e cotidiano de lidarmos com o mundo). O objetivo é ter acesso às operações da consciência, apreendê-la em seu funcionamento e sua estrutura. Pode-se dizer que é uma redução eidética, pois busca essências (*eidos*) ou significados ideais (não empíricos); mas é também redução transcendental na medida em que visa a essência da própria consciência como constituidora das demais essências ideais. Outra via importante para a obtenção das essências é o procedimento das *variações imaginárias*: submete-se um objeto a modificações arbitrárias, as quais serão, contudo, limitadas, pois há condições sem as quais o objeto não subsiste como modelo; os traços que não podem ser suprimidos sem descaracterizá-lo, aqueles que resistem como invariantes em meio às alterações imaginadas, dizem respeito à essência deste objeto. Como se vê, reencontramos em Husserl a preocupação especial com o método que distingue a epistemologia moderna.

Em suma, apenas uma ciência da consciência e de seus objetos imanentes poderia ser absolutamente rigorosa e servir de fundamentação para as demais ciências empíricas, inclusive a psicologia. A fenomenologia, pois, assume como tarefa uma investigação transcendental: a elucidação das condições de possibilidade e dos processos constitutivos do mundo a partir da consciência.

É sobretudo nesta medida que a fenomenologia husserliana pode ser considerada como uma reação ao ceticismo e um esforço para *restaurar o projeto epistemológico moderno*: pretende fazer a análise crítica dos fundamentos e das condições de possibilidade do conhecimento, de modo a *(re)fundar todo o conhecimento sobre uma base indubitável, imediata e segura*. Tal base seria a da descrição, tão precisa e isenta de pressupostos quanto possível, da *estrutura da consciência e de seus objetos*.

Vejamos um trecho de *A crise das ciências europeias e a fenomenologia transcendental* (1936), última de suas obras publicadas em vida. Temos um horizonte do mundo no qual experimentamos as coisas de modo espontâneo e relativamente compartilhado com o meio social, por vezes com finalidades práticas, de modo que não há grandes discordâncias sobre os fatos estabelecidos. Mas, quando em contato com outras culturas, vemos que esses fatos, que pensávamos universais, não são os nossos. "Todavia, se nos propomos como fim uma verdade respeitante aos objetos, absolutamente válida para todos os sujeitos, partindo daquilo em que, apesar de tudo, estão de acordo, para lá de toda a relatividade, os europeus normais, os hindus normais, os chineses normais etc. – daquilo que torna, apesar de tudo, identificáveis, para eles como para nós, ainda que em apreensões diferentes, os objetos comuns do mundo da vida, isto é, forma espacial, movimento, qualidades sensíveis etc. – entramos na via de uma ciência objetiva. Ao propormo-nos esta objetividade (a de uma 'verdade em si'), fazemos um gênero de hipóteses que nos levam a ultrapassar o puro mundo da vida. [...] Apesar de tudo, este mundo da vida, em todas as suas relatividades, tem a sua *estrutura universal*. Esta estrutura universal, à qual está ligado todo o ser relativo, não é ela mesma relativa. Podemos encará-la na sua universalidade e, tomando as convenientes precauções, estabelecê-la de uma vez por todas e como igualmente acessível para cada um. O mundo, enquanto mundo da vida, tem já, na vida pré-científica, as 'mesmas' estruturas que as ciências objetivas, de acordo com o seu suposto [...] de um mundo sendo 'em si', determinado em 'verdades em si', pressupõem a título de estruturas *a priori* e desenvolvem sistematicamente nas ciências que se constroem sobre um *a priori*, nas ciências do *Logos*, das normas metódicas universais, às quais deve ligar-se todo o conhecimento do mundo que existe 'objetivamente e em si'" (HUSSERL, 1936, apud KELKEL & SCHÉRER, 1982, p. 104-105 – grifos do autor). Busca de uma verdade absolutamente válida para todos os sujeitos; acordo inquestionável sobre estruturas *a priori* universais, comuns tanto ao mundo da vida quanto às ciências; mundo pré-dado e seus *a priori* como solo de validade de quaisquer conhecimentos, os quais também se constroem com base em *a priori* objetivos e lógicos – eis alguns traços que denunciam a índole claramente moderna do projeto husserliano, além das prescrições metodológicas acima mencionadas.

Nesses últimos escritos, Husserl já se encontra em um momento que alguns autores chamam de "filosofia idealista constitutiva" ou "fenomenologia transcendental constitutiva" (Kelkel e Schérer), caracterizada pela ênfase no conceito de mundo da vida (*Lebenswelt*) – fundo a partir do qual, por meio de abstrações, qualquer representação ou conceito passa a existir – bem como pela abertura para a intersubjetividade e a história. Movimento semelhante é assinalado por Coreth: na virada transcendental ocorrida em *Ideias para uma fenomenologia...* vai-se dos fenômenos simples e considerados em si para a ação da pura consciência que constitui o objeto e cria o sentido; a imediatez do fenômeno se mostra já como mediata graças à pura subjetividade, o que justificaria a ideia husserliana da fenomenologia como um idealismo transcendental. Contudo, nas obras derradeiras, o eu ou a consciência não pode ser apreendido e interpretado em sua pura imediatez, mas apenas em relação ao todo concreto de seu horizonte prévio que remete, em última instância, ao mundo da vida[38]. Toda experiência tem uma estrutura de horizonte – círculo de coobjetos em cujo contexto o dado é experimentado e compreendido; os objetos remetem uns aos outros e, por extensão, à totalidade do mundo. Na leitura de Coreth, já não se trata então de puro idealismo: "[...] não existe uma subjetividade pura, concebida modernamente como sem mundo e sem história, como não há uma objetividade pura, ou seja, pensada sem sujeito e cuja apreensão seria o ideal e a meta da ciência moderna. Antes, os

---

38. Gadamer (1960/1996) compara as posições de Dilthey e Husserl em um item de título sugestivo: "A ultrapassagem da interrogação epistemológica pela investigação fenomenológica", p. 262-271.

dois aspectos estão incluídos num evento açambarcador, no qual, porém, o conhecimento e a compreensão se consumam, ainda que condicionados pelo mundo e pela história" (p. 41).

A fenomenologia traz avanços para as discussões então hegemônicas no campo das ciências humanas. Contribui, por exemplo, para a ultrapassagem do psicologismo diltheyano, pois não se trata de compreender a vivência interna do outro (ainda que objetivada na forma de obras), e sim de apreender a forma particular de este homem se relacionar com seus objetos imanentes. Aliás, aqui a compreensão não chega a se confundir com interpretação[39], considerada já como uma mediação construída sobre a intuição das essências dos fenômenos.

2.3.2 Os logicismos: breves apontamentos

No início deste capítulo mencionamos a linhagem epistemológica da "teoria como verdade das coisas", baseada em uma ontologia realista e na noção de verdade por correspondência. Pois bem, no começo do século XX, ela aflora em nova roupagem, agora apontando a questão da *linguagem* como fulcro da reflexão filosófica. É o princípio da chamada "virada linguística" (*linguistic turn*) na filosofia, que coincide com o surgimento da filosofia analítica anglo-saxônica[40]. Aqui nos interessa tão somente destacar em que medida tal "virada", ao menos em seus primórdios, constitui uma tentativa de restauração do projeto epistemológico moderno.

---

39. Para Schleiermacher, p. ex., interpretação e compreensão se encontram intimamente ligadas, tal como a fala interior e a fala em voz alta (cf. GADAMER, 1960/1996, p. 203). Como visto, as complexas relações entre compreensão e interpretação podem ser adotadas como eixo organizador de todo campo hermenêutico.

40. Para visão abrangente do assunto, cf. OLIVEIRA, M.A. *Reviravolta linguístico--pragmática na filosofia contemporânea.* São Paulo: Loyola, 1996. O autor agrupa Platão, Aristóteles, Husserl, Frege, Carnap e o primeiro Wittgenstein sob a rubrica "semântica tradicional", em relação à qual se contrapõe a "virada" pragmática e hermenêutica (de Gadamer, Apel e Habermas).

Encontramos no matemático e lógico polonês Alfred Tarsky (1901-1983) uma boa síntese da teoria como verdade das coisas transcrita em termos linguísticos. "'A verdade de uma oração consiste em seu acordo ou correspondência com a realidade'. Por outro lado, se decidirmos estender o uso popular do termo 'designa' aplicando-o não só a nomes, mas também a orações e se concordarmos em falar dos *designata* das orações como 'estados de coisas', possivelmente poderíamos usar para os mesmos fins a oração seguinte: 'uma oração é verdadeira se designa um estado de coisas existente'"[41]. Eis-nos de volta à discussão sobre as relações entre ideia e realidade, doravante investigada como a natureza das *conexões entre linguagem, mundo e pensamento.*

Claro que a tematização da linguagem já fazia parte da filosofia, tendo sido alvo de abordagens empiristas e racionalistas (ou intelectualistas). Apesar das discordâncias (sobre a origem da linguagem, p. ex.), estas tradições têm algo em comum: consideram-na *apenas em sua função indicativa ou denotativa, como instrumento de representação de objetos e ideias.* No entanto, a língua ordinária (linguagem natural usada cotidianamente) é carregada de aspectos conotativos e expressivos, repleta de ambiguidades e múltiplos sentidos; também se transforma com o tempo e adquire diferentes feições nas várias culturas. Em suma, a polissemia característica da linguagem torna imprecisos todos os enunciados, sendo fonte constante de equívocos e mal-entendidos.

Mas é especialmente com os enunciados científicos – sua exatidão, veracidade, comunicabilidade e verificabilidade – que se preocupam os *logicismos.* Este termo abrange parte dos trabalhos de Gottlob Frege (1848-1925) e Bertrand Russell (1872-1970) – ambos matemáticos de formação – além de G.E. Moore (1873-1958) e a primeira fase da obra de Ludwig Wittgenstein (1889-1951), cujo marco é seu *Tractatus logico-philosophicus*

---

41. TARSKY, A. *La concepción semántica de la verdad y los fundamentos de la semántica.* Buenos Aires: Nueva Visión, 1972.

(1921-1922). Também nessa linha segue Rudolf Carnap (1891-1970), físico integrante do Círculo de Viena e que reencontraremos adiante, no capítulo dedicado a um parente próximo dos logicismos: o positivismo lógico (também chamado empirismo lógico ou neopositivismo).

Muito genericamente pode-se dizer que estes autores, cada qual a seu modo, pretendem depurar a linguagem de sua equivocidade fundamental, alcançando assim uma *linguagem ideal*. O objetivo é revelar a estrutura lógica subjacente à linguagem natural, tornando-a transparente e, assim, ter acesso àquilo que de fato é pensado de modo verdadeiro. Para isso, sustentam que o caminho é o da decomposição/análise da linguagem em estruturas lógicas elementares. A princípio, qualquer sentença pode ser reduzida a enunciados simples e formais (desprovidos de conteúdo), formulados e articulados em termos lógicos; o cotejamento de tais enunciados permitiria aferir as condições em que tal sentença é verdadeira ou falsa.

O cenário filosófico já abrigara outras tentativas de *purificação* da linguagem, ou seja, de torná-la apta para a representação clara e unívoca daquilo que designa. Eis o correlato, em filosofia da linguagem, das ambições mais caras ao projeto epistemológico moderno... Dois séculos antes, G. Leibniz (1646-1716) propusera uma espécie de língua artificial que garantisse a exatidão do pensamento, calculada com base na combinatória; assim como a álgebra tem seus próprios símbolos, unívocos e universalmente compreensíveis, a lógica deveria se constituir como uma linguagem perfeita, inspirada na linguagem matemática.

No final do século XIX, ambiente dos logicismos, as relações entre Lógica, Matemática e Linguagem encontram-se em ebulição. A Matemática (cujos objetos são puras idealidades) passa gradativamente a ser vista como *ramo da Lógica*, já que mobiliza o vocabulário[42] e a sintaxe por ela fornecidos. A Lógica,

---

42. No qual cada signo é um algoritmo (signo que possui um único sentido).

por sua vez, tende a se tornar *puramente formal*, dedicando-se a cálculos simbólicos nos quais pouco importa o conteúdo das proposições. Como um discurso que se constrói a si mesmo e a seu objeto (as proposições e as conexões entre elas), converte-se em uma *ciência formal da linguagem*. Atribuindo-se a função de analisar a linguagem como representação ou expressão do pensamento, a Lógica se habilita para julgar a verdade ou a falsidade dos próprios pensamentos. E na qualidade de uma linguagem que se refere e avalia outras linguagens (científica, filosófica, artística, cotidiana) converte-se, pouco a pouco, em uma densa e especializada *metalinguagem*.

É neste panorama que Bertrand Russell se lança, entre tantas outras questões, à busca da linguagem ideal. Para ele, todo conhecimento se baseia na familiaridade, isto é, na experiência imediata que temos dos dados sensoriais (*sense data*); este seria o alicerce do conhecimento indubitável. Em 1918, Russell nomeia sua teoria de *Atomismo Lógico*: "atomismo" na medida em que todas as modalidades de um objeto (no caso, a linguagem) podem ser explicadas pela combinação dos elementos simples e irredutíveis no qual ele é decomposto; "lógico", porque esses elementos últimos nos quais desembocaria uma análise da linguagem seriam os átomos lógicos (que correspondem, por sua vez, aos fatos atômicos dos quais o mundo é constituído). Reconhece-se aqui, evidentemente, a intenção fundacionista característica da epistemologia moderna.

É também no terreno da linguagem ideal que se move o primeiro Wittgenstein, adotando uma abordagem igualmente atomista: sentenças da linguagem natural seriam passíveis de análise em frases elementares que refletiriam figurativamente (picturalmente) o mundo não como fatos ou coisas, mas como "estado de coisas" (fatos atômicos) cuja combinação constitui o mundo em toda sua complexidade. Haveria um isomorfismo entre a estrutura lógica da linguagem e a estrutura da realidade. Em última instância, poderíamos dizer que as relações entre linguagem, pensamento e mundo seriam da ordem do espelhamento[43].

Não é o caso de entrar em maiores detalhes sobre tais teorias. Esses apontamentos bastam para nosso propósito, qual seja, o de assinalar que os logicismos encampam integralmente a intenção fundacionista e os pressupostos realistas-correspondentistas do projeto epistemológico moderno. Seriam como que uma *reconfiguração* deste projeto, agora no âmbito da filosofia da linguagem e tendo na lógica seu principal instrumento[44].

Adiante voltaremos a nos deparar com correntes que prosseguem nas trilhas logicistas e com outras que emergem da virada linguística, mas tomam rumos diferentes (como o neopragmatismo, p. ex.). Antes disso, na Parte II, faremos um percurso pelos saberes "psi", situados no cruzamento entre as ciências naturais e sociais. Veremos que os problemas epistemológicos apresentados neste capítulo se replicam nos campos da psicologia e da psicanálise, ambas firmemente interpeladas pelos tribunais epistêmicos.

---

43. Sabe-se que o filósofo vienense irá rever radicalmente tais concepções nas *Investigações lógicas* (1953), publicadas após sua morte. Diferentemente do *Tratactus*, o interesse agora é pela linguagem ordinária e seus múltiplos contextos de uso. O significado das palavras advém do modo como são empregadas nos jogos de linguagem que têm lugar em diferentes formas de vida. A linguagem pensada a partir de sua *utilização* – eis a inspiração pragmática que guia os autores mencionados no cap. 10.

44. Referindo-se à filosofia analítica, Richard Rorty não hesita em alinhá-la às tentativas de restauração da epistemologia: "[...] o tipo de filosofia que deriva de Russell e Frege é, como a fenomenologia clássica de Husserl, simplesmente mais uma tentativa de colocar a filosofia na posição que Kant desejava que ocupasse – a de *julgar* outras áreas da cultura com base em seu conhecimento especial dos *'fundamentos'* dessas áreas" (RORTY, 1979/1994, p. 23-24 – grifos nossos).

PARTE II

Os saberes "psi" como questão

3

O conhecimento psicológico como questão

3.1 O psicológico e as psicologias: em busca do latente

No capítulo 1 acompanhamos a constituição do sujeito epistêmico. Os resíduos gerados pelas cisões metódicas – experiências que ao longo da história foram sendo excluídas do campo das representações identitárias – irão aos poucos constituindo o território a ser ocupado pelas teorias e práticas psicológicas. Pode-se dizer que este território é composto por aquilo que, do ponto de vista epistemológico, seria o *dejeto* restante da purificação do sujeito; desde então, às práticas psicológicas caberá receber e tratar o "lixo" gerado pela ordem médica, escolar e do trabalho.

Ao final do primeiro capítulo, mencionamos os três polos que delimitam o perímetro desse território: o polo *liberal*, que afirma uma identidade claramente estabelecida, autônoma e autotransparente; o *romântico*, que aspira à espontaneidade, autenticidade, singularidade e inserção nas forças naturais/históricas; e o *disciplinar*, que prescreve o controle e a eficiência dos indivíduos e das massas. Estes polos ou conjuntos axiológicos correspondem, em linhas gerais, a três tipos de subjetivação que estabelecem entre si relações de alianças e conflitos. São os vértices de um triângulo (ou de um volume triangular) em cujos lados (ou superfícies) irão se instalar as diferentes correntes de psicologia. Essas seriam as grandes linhas de uma *genealogia do psicológico*, tal como traçada em *A invenção do psicológico: quatro séculos de subjetivação*.

Nosso segundo capítulo mostrou como as ciências naturais e as histórico-culturais, enraizadas em ideais iluministas e românticos respectivamente, processaram problemas epistemológicos de maneira totalmente distinta. Tais ciências encontram-se na base das *matrizes* geradoras das diversas correntes psicológicas: as matrizes *cientificistas* e as matrizes *românticas* (às quais se pode acrescentar as *pós-românticas*, que adotam uma concepção menos ingênua das teorias).

Cabe explicitar que matrizes são conjuntos de valores, normas, crenças metafísicas, concepções epistemológicas e metodológicas que subjazem às teorias e às práticas psicológicas, assim como as consequências éticas delas derivadas. "Matriz" é um termo proposto por Thomas Kuhn que, a exemplo de outros (como "episteme", de Foucault), aponta para pressupostos e implicações que operam em um registro latente.

As matrizes *cientificistas* concebem a psicologia como ciência natural, construída segundo modelo de ciências como a física e a química. Como estas, deveria fornecer conhecimento útil para previsão e controle dos eventos psíquicos e comportamentais; o método tem importância decisiva na medida em que assegura a objetividade, a neutralidade e a validade universal do conhecimento. Já as matrizes *românticas* entendem que o objeto da psicologia são as formas expressivas, ou seja, as ações, produções e obras de uma subjetividade que através delas se dá a conhecer. A meta é a compreensão, isto é, apreender o(s) sentido(s) das formas expressivas; com isso, almejam ampliar a capacidade de comunicação entre os homens e de cada um consigo mesmo. As matrizes *pós-românticas* preservam a preocupação romântica com a compreensão, mas renunciam à esperança de uma captação fácil e imediata do sentido. Desconfiam das aparências e supõem a existência de outros sentidos por detrás dos sentidos, engendrados por processos que não se apresentam espontaneamente à nossa consciência; por isso a necessidade de elaborar métodos e critérios interpretativos que ultrapassem a compreensão ingênua dos outros e de nós mesmos[45].

A arqueologia das matrizes revela a origem da diversidade das psicologias, absolutamente heterogêneas entre si: não visam os mesmos objetos, não possuem os mesmos objetivos e nem os mesmos valores. Discordam quanto a noções de realidade, homem ou psiquismo. Detêm diferentes concepções acerca do que é a teoria, o conhecimento e a verdade. Por isso, os critérios de avaliação do conhecimento e dos métodos/procedimentos adequados variam enormemente.

Desse modo, é impossível julgar as psicologias com os mesmos parâmetros ou compará-las em termos de maior ou menor "grau de cientificidade". Daí que o questionamento pelas *condições de possibilidade* das diferentes teorias se mostre mais profícuo do que a tentativa de confrontá-las no plano epistemológico, pois permite imprimir alguma organização – exatamente esse desenho das matrizes, proposto no livro *Matrizes do pensamento psicológico* – num cenário aparentemente caótico de dispersão.

Nosso foco aqui se restringe à *duplicidade fundamental* da psicologia que se revela já nos primeiros projetos de constituição de uma ciência independente, no final do século XIX. Do ponto de vista da genealogia do psicológico, eles são contemporâneos de um "adensamento da interioridade" decorrente da profunda crise que desestabilizou as subjetividades individuais. A derrocada da ideologia e do Estado liberais, a consolidação do capitalismo administrado, fenômenos como massificação, urbanização, mecanização do trabalho, padronização do consumo, burocratização, militarização etc. – enfim, uma série de fatores fez com que, em todos os

---

45. Note-se o reaparecimento, agora no âmbito da psicologia, das três grandes tarefas cognitivas mencionadas no cap. 2: explicar, compreender e interpretar.

âmbitos, os indivíduos percebessem o caráter limitado e ilusório da autoconsciência, da liberdade individual e da aspiração à singularidade. Este é o contexto propício para o nascimento de uma ciência psicológica capaz de enfrentar dois ângulos da mesma interrogação: quais as *causas* e os *significados* ocultos das ações do indivíduo e de suas experiências subjetivas? – lembrando que causas e significados só se tornam problemas quando desaparece a consonância entre práticas sociais e correlatos subjetivos. Em suma, a forte sensação de *heteronomia*, no mundo privado e na vida social, coloca em xeque os modelos identitários até então em vigor.

É em tal panorama que surge a psicologia científica, cujas pretensões de autonomia quanto a objetos e métodos próprios se veem dificultadas pelo estreito compartilhamento de questões com as ciências físico-biológicas, com as ciências da sociedade e com a própria filosofia. Até hoje as afinidades entre as linhas da psicologia são frequentemente menores do que as existentes com outras áreas do saber; não é difícil vislumbrar a proximidade do "parentesco" entre o psicólogo experimentalista e o biólogo, o psicólogo social e o antropólogo, o estudioso da cognição e o filósofo. É precisamente nesta condição de *saber híbrido* que a psicologia irá contribuir para abalar tanto a concepção de ciência quanto o próprio projeto epistemológico moderno[46].

Para melhor acompanhar a implantação da psicologia no solo fronteiriço aos das ciências naturais e da cultura, convém assinalar uma importante diferenciação ocorrida no âmbito das ciências da natureza: tendo passado por grandes avanços, as cha-

---

46. A esse respeito, cf. FIGUEIREDO, L.C. "Reflexões acerca dos projetos de psicologia como ciência independente". *Psicologia*, 1986, 12 (3), p. 1-9. • *Psicologia*: uma introdução. São Paulo: Educ, 1991. • "Reflexões acerca das matrizes do pensamento psicológico", 1991 [datilografado]. • "Convergências e divergências: a questão das correntes de pensamento em psicologia". In: *Trans-in-formação* 4 (1, 2, 3), jan.-dez./1992, p. 15-26. Cf. tb. PENNA, A.G. *História das ideias psicológicas*. 2. ed. Rio de Janeiro: Imago, 1991.

madas "ciências da vida" trouxeram questões suscitadas por suas especificidades para o centro dos debates epistemológicos. Algumas delas: a biologia pode ser investigada com base na mesma racionalidade e nos mesmos conceitos empregados no âmbito da física e da química? Quais os limites entre a matéria inorgânica e os seres orgânicos, dotados de funções como metabolismo e reprodução? Cabe aplicar concepções mecanicistas aos organismos que mantêm ativa interação com o meio ambiente visando ao equilíbrio e à adaptação? Ou seria a vida um fenômeno com características irredutíveis aos elementos físico-químicos e dotado de leis próprias (concepção vitalista)? As pesquisas biológicas também envolvem dilemas metodológicos peculiares: até que ponto as condições artificiais da experimentação em laboratório são capazes de reproduzir o funcionamento da vida tal como ocorre no ambiente natural? Os resultados das experiências com animais e/ou cadáveres podem ser generalizados para seres humanos e/ou viventes? – e assim por diante.

No século XIX, o interesse pela fisiologia, predominante desde o XVII, estende-se às funções vitais e aos comportamentos passíveis de observação, ambos regidos por finalidades adaptativas[47]. O organismo humano, inserido na cadeia dos gêneros/espécies e em ativa interação com o meio, é o objeto comum que torna adjacentes (quando não sobrepostos...) os territórios da biologia e da psicologia. É nesta medida que a biologia dos processos evolutivos descortinou um novo quadro de referências teórico-metodológico para a psicologia: o ponto de vista funcionalista, caracterizado pela ênfase nos processos de ajustamento e adaptação, e na prevalência da investigação do "como" e "por que" dos fenômenos; por isso, suas análises tendem a preservar como unidade mínima significativa os fenômenos tais como ocorrem no processo de ajustamento do indivíduo/organismo ao ambiente.

---

47. Cf. FIGUEIREDO, L.C. "Alguns reflexos da teoria da evolução no desenvolvimento da psicologia como ciência biológica". *Psicologia*, 1978, 4 (3), p. 19-37.

3.2 Como situar a psicologia?

As perguntas pela cientificidade da psicologia e pelo eventual lugar que ela ocupa dentre as ciências vêm de longa data. Basta mencionar dois casos significativos – na medida em que, de algum modo, a psicologia incipiente tentou se posicionar em relação a esses autores. Em *A crítica da razão pura* (1781) Kant nega a possibilidade de a Psicologia obter conhecimentos *a priori*, estando destinada, portanto, a não ser mais do que uma disciplina empírica. Em 1786 afirma que, além de não ser ciência propriamente dita (não procede *a priori*), a psicologia empírica nem chega a ser uma ciência impropriamente dita, pois não emprega cálculos matemáticos. Deveria, assim, preencher várias condições antes de reivindicar o estatuto de cientificidade: a) como a química, descobrir seu elemento próprio, objetivo, e com ele ser capaz de realizar análises e sínteses; b) estudar esse elemento de forma objetiva, sem misturar sujeito e objeto; entre os obstáculos à utilização do método experimental, destaque para a impossibilidade do sujeito ser, ao mesmo tempo, o objeto do experimento; c) elaborar uma matematização capaz de apreender a dimensão temporal que caracteriza os fenômenos psíquicos.

A objetividade é igualmente o critério pelo qual August Comte (1798-1857) rejeita conceder um lugar para a psicologia em seu quadro das ciências positivas, uma vez que ela não seria capaz de produzir conhecimento sobre fatos empíricos, controláveis e publicamente observáveis. Se for investigar as condições orgânicas das quais depende a consciência, recai para a fisiologia; caso se volte para a observação dos produtos da atividade moral e intelectual, confunde-se com a sociologia.

Além desse tipo de crítica de teor naturalista, a psicologia nascente é censurada pelos motivos opostos. Fiquemos apenas em dois nomes, também nossos "conhecidos" do capítulo anterior. Husserl investe contra o "psicologismo" de sua época, isto é, critica a psicologia empirista e atomista, pois nossa experiência sensorial não é de elementos discretos, e sim de totalidades. Mas a psicologia da forma (antiatomista) é igualmente criticada por Husserl. Ambas partilhariam o mesmo preconceito *naturalista*, entendido como ideologia científica que reduz todos os fenômenos a seu aspecto de natureza física; deste ponto de vista, o psíquico seria apenas uma variável dependente do físico. A psicofísica despreza a análise da consciência e da intencionalidade, que requereria um outro método – o da redução fenomenológica – sem o que a psicologia pode desistir de ser ciência. Dilthey segue na mesma trilha de reprovar o viés naturalista, associacionista e explicativo da psicologia científica, rejeitando o método experimental por ela empregado.

O projeto de Wilhelm Wundt (1832-1920) é absolutamente exemplar desta *posição intermediária* da psicologia, simultaneamente vinculada às ciências naturais e sociais. À frente do primeiro Laboratório de Psicologia da Universidade de Leipzig (1879), Wundt é considerado o fundador da psicologia científica, cujas complexas inserções se mostram na própria trajetória intelectual do autor: formado em Medicina, estudou Matemática, Física e Química, aprofundando-se na área de fisiologia; as primeiras publicações psicológicas foram sobre percepção sensorial e o reconhecimento acadêmico veio com *Elementos de psicologia fisiológica* (1873). Mas Wundt é também autor de obras de filosofia, inclusive de tratados sobre lógica e ética publicados na década de 1880, ou seja, contemporâneos à pesquisa experimental; a partir de 1900, dedica-se aos dez volumes que compõem a psicologia dos povos, empreendimento no qual articula seus extensos conhecimentos humanísticos sobre arte e etnologia, por exemplo.

Para Wundt, o objeto psicológico por excelência seria a investigação da *experiência imediata* do sujeito – a experiência tal como se dá para o sujeito antes de ele se pôr a refletir sobre ela, conhecê-la ou comunicá-la. Às ciências físicas caberia o estudo da experiência mediata, isto é, o das coisas isoladas (mediante abstração) do sujeito que as representa. Por conta do caráter originário de seu objeto (a experiência imediata), a psicologia assume um estatuto importante dentre os outros saberes – de complemento às ciências físicas, fundamento das ciências do espírito e condição necessária para a filosofia.

Porém, a psicologia deve ir além da mera descrição da experiência imediata. Para o estudo dos processos básicos da vida mental do indivíduo, Wundt utiliza o método experimental, capaz de acessar as condições fisiológicas que determinam as funções psíquicas menos complexas, como a percepção; o objetivo é decompor a experiência imediata em seus elementos constitutivos. No entanto, os processos mentais superiores, como a imaginação e o pensamento (de índole ativa, sintética e produtiva), não se deixam apreender em termos elementares, nem se prestam à experimentação. Nestes casos, caberia recorrer à observação histórica e comparada dos fenômenos culturais, enquanto manifestações dos processos mentais superiores no nível coletivo. A *Völkerpsychologie* (psicologia dos povos) é a vertente da obra de Wundt que investiga as produções da arte, mitologia, religião, linguagem e costumes, empregando, para esse fim, os métodos comparativos da antropologia e da filologia.

Assim, o projeto inaugural da psicologia já assinala toda sua complexidade, mostrando-se capaz de assumir e conservar a *unidade contraditória* que a caracteriza: psicologia fisiológica *e* social, experimental *e* inacessível à experimentação, individual *e* coletiva. Uma disciplina *compósita* e, como tal, duplamente implantada no solo das ciências naturais *e* no das ciências culturais.

Não é de estranhar, pois, que a psicologia permaneça sob fogo cruzado; críticas de índole fenomenológica reprovam a pesquisa empirista e objetivista do comportamento, enquanto as natural-positivistas condenam a pura descrição das experiências subjetivas, sempre relativas, imprecisas e inverificáveis. Ambas questionam a cientificidade da psicologia: para estas, falta ciência; para aquelas, falta psicológico. As críticas naturalistas argumentam que há formas objetivas de definir e fazer psicologia, enquanto as fenomenológicas se justificam dizendo que existem outras maneiras de conceber e praticar ciência. Temos também aqueles enfoques que, sem negar o psicológico, avançam para além dele, partindo da fenomenologia em direção a metapsicologias. É o caso, por exemplo, de Piaget e de Freud, nos quais se vê a predominância do método clínico na captação da experiência tal como se dá para o sujeito; porém, superam o patamar descritivo rumo a um "além da fenomenologia", elaborando teorizações metapsicológicas[48]. Isso não impede que a psicanálise também siga desagradando a gregos e troianos, como veremos no próximo capítulo.

É por essas e outras que o veredito sobre a cientificidade dos saberes "psi" chega a ser impiedoso, como atesta o célebre juízo do epistemólogo francês Georges Canguilhem (1904-1995)[49]: "De muitos trabalhos de psicologia extrai-se a impressão de que misturam uma filosofia sem rigor, uma ética sem exigência e uma medicina sem controle" (CANGUILHEM, 1968, p. 366).

3.3 Esforços para resolver as contradições – e a tarefa de sustentá-las

A unidade contraditória da psicologia explode na diversidade de objetos, métodos e buscas de fundamentação epistemológica que lhe é característica. Traço patente até hoje, está longe de resultar de caprichos pessoais ou contingências históricas: há que se reconhecer que os saberes psicológicos são *intrinsecamente diversos*.

---

48. Motivo pelo qual Paul Ricoeur afirma que a psicanálise não é uma fenomenologia. Cf. Livro III, cap. 1 de *Da interpretação* – Ensaio sobre Freud. Rio de Janeiro: Imago, 1977 [publicação original, 1965].

49. Cf. CANGUILHEM, G. "Qu'est-ce que la Psychologie?" In: *Études d'histoire et de philosophie des sciences*. Paris: Vrin, 1968.

Uma das maneiras de enfrentar o problema da (falta de) cientificidade da psicologia tem sido através das *tentativas de unificação* de suas teorias e/ou práticas (estratégia, ademais, também recorrente na esfera das psicanálises). Os projetos de unificação do campo pressupõem que seja possível conciliar, superar ou dissolver as contradições abrigadas no cerne dos saberes "psi". Basta que se mencione duas iniciativas, aliás de alcance e teor bastante distintos.

Daniel Lagache (1903-1972), psicanalista com formação filosófica, talvez seja o nome mais emblemático desses esforços; datado de 1949 e revisto vinte anos depois, seu opúsculo tornou--se referência indispensável nas discussões relativas à multiplicidade da psicologia e um exemplo da esperança de contorná--la[50]. A primeira frase é incisiva: "podemos falar de psicologia ou temos que falar de ciências psicológicas?" (LAGACHE, 1980, p. 11). Em seguida, descreve o panorama vigente nas décadas de 1930-1940, descrição que vale reproduzir a título de consolidação do que vimos dizendo até aqui.

Ante o dilema colocado pela vinculação às ciências da natureza ou ciências do homem, produziram-se enfoques naturalistas e humanistas, antagônicos no modo de conceber e lidar com fatos psicológicos. "O naturalismo tende a eliminar a consciência e a tratar os fatos psicológicos como coisas; este 'coisismo' encontra sua forma mais radical e coerente no condutivismo watsoniano; o objeto da psicologia é a conduta naquilo que apresenta como exterior e material. O humanismo, mais tradicional, admite que os fatos psicológicos são 'consciências' (Sartre), 'vivências' (Stern) ou 'expressões' (Jaspers, Lagache), nas quais lemos as vivências do próximo; a psicologia humanista se concentra não sobre a conduta observada, e sim sobre a existência vivida" (LAGACHE, 1980, p. 27). Eles se opõem ponto por ponto. O naturalismo defende a anterioridade dos elementos que, combinados, formam o todo

---

50. Cf. LAGACHE, D. *La unidad de la psicologia*. Buenos Aires: Paidós, 1980.

(que por isso é decomponível pela análise), enquanto o humanismo advoga que o todo é anterior e qualitativamente diferente da soma das partes (de modo que o procedimento analítico é artificial e desfigura o fenômeno estudado). As psicologias naturalistas constroem leis semelhantes às das ciências naturais e as expressam por meio de relações quantitativas que expliquem os fatos; ao contrário, as psicologias humanistas se apoiam em tipos ideais, sínteses que servem à compreensão das relações qualitativas entre os fenômenos. Também diferem quanto aos alicerces da vida psíquica: atendo-se aos dados materiais objetivamente comprovados, o naturalismo só admite o substrato orgânico, ao passo que o humanismo dá importância à exploração das "camadas profundas" do psiquismo. Por fim, a posição naturalista tende a negar finalidades e valores, tal como sustenta a tendência humanista, para a qual o ser vivo visa a funcionalidade/adaptação em um mundo também impregnado de valores (LAGACHE, 1980, p. 26-29).

Claro que nas diferentes correntes estes enfoques se apresentam nuançados e mesclados. No campo dos naturalismos é possível encontrar quem trabalhe com introspeção (experimental), que conceda primazia ao todo (*Gestalt*) ou admita o postulado funcionalista (condutivismo); inversamente, entre os humanismos existe hostilidade em relação ao inconsciente (Sartre) e tendências naturalistas na psicanálise (LAGACHE, 1980, p. 30-31). Isso mostra que não se trata de posições irredutíveis e que existem zonas partilhadas, o que permite a Lagache acreditar que a situação está em aberto e os conflitos, em vias de superação (p. 35). Na verdade, o enfrentamento concreto entre naturalismo e humanismo se dá, sobretudo, no *modo de trabalhar*. É então que Lagache distingue duas grandes maneiras de abordar os problemas psicológicos: a do experimentalista e a do clínico (p. 37). A experimentação não dá conta da conduta humana concreta (irrepetível e dificilmente controlável por motivos éticos ou técnicos), de modo que cabe à psicologia clínica "[...] encarar a conduta em sua própria perspectiva, detectar tão fielmente quanto possível as maneiras de ser e de reagir de um homem concreto e completo frente a uma situação; tentar estabelecer seu sentido, estrutura e gênese, descobrir os conflitos que a motivam e os passos que tendem a resolver esses conflitos" (p. 39-40). Se a atitude experimental desemboca em relações universais e atemporais, a atitude clínica foca o estudo intensivo de casos individuais em sua dimensão histórica.

Lagache entende que experimentalistas e clínicos estão "em completo acordo" quanto ao objeto em comum; para ambos, a psicologia é a *ciência da conduta* (p. 62). Mais ampla que a noção de comportamento, a conduta seria "o conjunto de respostas significativas por meio das quais o ser vivente em situação integra as tensões que ameaçam a integridade e o equilíbrio do organismo" (p. 83). Está claro que a iniciativa de Lagache se apoia sobre a matriz do funcionalismo. "A interpretação funcional da conduta é exatamente a mesma [na clínica e na experimental]: o sentido da conduta é sempre o de restabelecer a unidade do organismo quando este se acha ameaçado pela tensão inerente a uma necessidade fisiológica ou adquirida" (p. 68). É, pois, no campo das visões funcionalistas que se daria "acordo" entre investigações humanistas e naturalistas, bem como entre práticas clínicas e experimentais.

O belga Joseph Nuttin[51] sustenta a tese de que a complexidade do objeto da psicologia está na base de sua duplicidade constitucional. O ponto de partida do autor é uma crítica à oposição entre as ciências de orientação biológica e as chamadas ciências humanas no que diz respeito ao estudo do comportamento. A ênfase unilateral em uma abordagem naturalista do comportamento (concebido como o encadeamento de "fatos" de natureza

---

51. NUTTIN, J. "O comportamento humano: o homem e seu mundo fenomenal". In: GADAMER, G. & VOGLER, P. (orgs.). *Nova antropologia*. São Paulo: EPU/ Edusp, 1977.

psicofisiológica) ou em uma abordagem "humana" (que acentua o caráter singular dos comportamentos humanos, desvinculando-os por completo de determinações de ordem natural), revela--se inadequada para a psicologia.

Segundo Nuttin, o funcionamento comportamental implica necessariamente um duplo aspecto: o comportamento humano é "penetrado de uma intencionalidade compreensível e de uma ação das leis da natureza viva" (NUTTIN, 1977, p. 121). Assim, se por um lado a questão da intencionalidade e do sentido é sempre pertinente ao problema do comportamento humano personalizado (o que exige da psicologia uma abordagem compreensiva), por outro não se pode deixar de reconhecer que esse comportamento deve ser concebido como o modo de funcionamento de um organismo psicofisiológico (o que remeteria à atividade "explicativa" das ciências naturais). Porém, as relações de "significado" e de "processo orgânico" não devem ser concebidas sob a forma de dualismo. Ora, o problema que Nuttin não chega a responder é precisamente o de como e em que linguagem articular estas duas dimensões...

A tentativa de resolver as contradições internas à psicologia recebeu soluções opostas às de unificação e/ou de sustentação de sua dupla face. Koch[52] é um dos autores que, admitindo como inevitável a diversidade da psicologia, propõe fragmentá-la em estudos psicológicos que seriam anexados às disciplinas mais próximas, como as biológicas e as sociais.

A postura defendida neste capítulo situa-se na *contramão* desses esforços para conciliar ou dissolver as contradições. Conforme dito no início, tratar-se-ia, ao contrário, de *assumir e de sustentar o paradoxo da unidade contraditória própria à psicologia*. O posicionamento perante a diversidade exige uma outra racionalidade que permita avaliar, comparar e escolher entre teo-

---

52. KOCH, S. "Psicologia e ciências humanas". In: GADAMER, G. & VOGLER, P. (orgs.). *Nova antropologia*. São Paulo: EPU/Edusp, 1977.

rias e práticas: *ao invés de julgá-las no plano epistemológico, convém cotejá-las no plano ético.*

Eis-nos de volta a uma das teses centrais deste livro – a da ultrapassagem da perspectiva epistemológica em favor de um ponto de vista ético –, mas agora em condições de explicitar os critérios a serem considerados no exame e comparação das teorias/práticas "psi". De modo muito esquemático, é preciso ponderar: a) a posição que ocupam nos eixos LRD – Liberalismo, Romantismo e Disciplinas (*Invenções do psicológico*); b) as concepções e valores, pressupostos e implicados, nas matrizes a elas subjacentes (*Matrizes do pensamento psicológico*); c) o modo como propiciam o trânsito entre a dimensão fenomenal e a metafenomenal (*Revisitando as psicologias*). Aqui o que está em jogo é ver como cada teoria entende e propõe a ponte entre o campo dos fenômenos (representações e experiências em que nos reconhecemos) e o metafenomenal (aspectos constitutivos de nossa experiência, mas que não se mostram diretamente nela); o metafenomenal remete ao que está para além (ou aquém) daquilo que é experienciado e que, por isso, permanece vedado e obscuro para nós. A metapsicologia é o discurso que diz respeito ao metafenomenal, de onde seu caráter essencialmente metafórico.

Como se vê, cada um desses parâmetros subentende uma dimensão latente. Assim, é importante atentar para o fato de que, ao adotar uma linha de psicologia estaremos, mesmo que involuntária e inadvertidamente, tomando partido em um campo que transcende o científico e o psicológico.

3.4 Outros desafios ao conhecimento psicológico

Desde seus inícios a psicologia teve que se haver com aporias ainda atuais, frequentemente relativas à gênese e às determinações dos comportamentos humanos e que seguem recebendo diferentes denominações: corpo/mente, inato/adquirido, hereditário/aprendido, constitucional/histórico, genético/ambiental, natural/

social, individual/coletivo, e assim por diante. Mas as observações a seguir referem-se a dois desafios de caráter epistemológico, de algum modo correlatos à dupla filiação da psicologia.

O primeiro deles pode ser traduzido em uma pergunta: é possível realizar uma ciência do comportamento *individual*? Vimos que a psicologia nascente se depara com diferentes modalidades de individuação, na trilha dos modelos ilustrado (agente autônomo, racional, responsável), romântico (microcosmo de forças naturais e culturais) e disciplinar (membro da massa a ser controlada). Se a progressiva problematização da individualidade é assunto irrelevante ou pouco significativo para as ciências naturais, vai assumindo protagonismo com a consolidação da biologia e das ciências culturais, ambas interessadas em diferenciações qualitativas. Daí a exigência de uma reflexão mais acurada sobre um problema clássico da filosofia, a saber, o das relações entre *o singular, o particular e o universal*.

No século XIX, a biologia evolutiva de Darwin (1809-1882) traz importantes contribuições para pensar esta lógica: o ser vivo é, simultaneamente, organismo em geral (seleção como princípio universal), representante de uma espécie (particular e qualitativamente diferenciada) e indivíduo único (singular). No campo da psicologia, desde o início é possível encontrar delineamentos experimentais com um único ou poucos sujeitos, tratados caso a caso. Em Wundt, os sujeitos experimentais eram tomados como representantes da espécie; por isso a vertente fisiológica de sua psicologia era por ele indistintamente tratada como individual ou geral. Mas com a afirmação darwiniana da variabilidade individual, a universalização passou a ser buscada por meio de compensações e anulações das diferenças. Surgem então noções como as de "sujeito médio", obtido por amostras grupais e análises estatísticas, ou de "tipo puro", que dispensa o critério da frequência.

A distinção entre psicologia geral e psicologia diferencial aponta a insistência do problema: de que modo a psicologia pode conceber o comportamento individual como submetido a leis gerais sem perder de vista a singularidade do caso? É este o obstáculo enfrentado por várias correntes, como a análise experimental do comportamento (Skinner), que submete um único sujeito a condições experimentais controladas, de modo a apreender as peculiaridades daquele indivíduo dentro do espectro das leis gerais que regem o comportamento. Em pensadores tão diferentes quanto Skinner, Freud ou Piaget, testemunha-se o empenho em abstrair o geral na forma de conceitos, mediante a análise aprofundada de casos singulares e concretos.

Um segundo desafio não é exclusivo da psicologia – ao contrário, ela o compartilha com todas as ciências humanas –, mas que se coloca claramente no campo "psi": como pensar as *relações entre teoria e prática*, ou seja, a natureza dos vínculos entre o teorizar e o intervir? Lembre-se que esta é uma das importantes e tradicionais dicotomias que a dialética hegeliano-marxista se propõe a superar.

O conhecimento psicológico envolve tanto a *compreensão* quanto a *transformação* do outro, mas não é mera justaposição de momento compreensivo (apreensão dos significados e valores que constituem o mundo do sujeito) e momento explicativo-tecnológico (identificação de regularidades e de relações funcionais entre eventos, técnicas de previsão e controle). Situada na imbricação entre o momento de *representar* e o de *agir*, a dimensão prática sempre implica a pergunta pelos valores e ideologias, implícitos ou explícitos, que a balizam: transformar o que, para que(m), em qual direção? É nessa medida que traz consigo a exigência de uma reflexão sobre os *interesses* que emolduram necessariamente qualquer investigação.

No capítulo anterior chegamos a mencionar a existência de interesses que norteiam e impregnam qualquer produção de conhecimento – são inerentes à pesquisa e podem ser situados em diferentes dimensões. Jürgen Habermas trata os interesses cognitivos (originados nas necessidades prático-existenciais) como horizontes transcendentais a partir dos quais se constituem a natureza dos objetos e dos métodos da ciência. Interesses de domínio tecnológico, compreensão do outro, autoconhecimento-autolibertação são como que "molduras invisíveis" que funcionam como condição de possibilidade de qualquer investigação. Já Isabelle Stengers destaca os interesses histórico-sociais em torno dos quais se organizam comunidades científicas; explora, portanto, os interesses tal como operam num patamar empírico-sociológico, o que inclui uma dimensão política, ou seja, de relações de força entre redes de interesses. Este caráter social das atividades científicas já havia sido assinalado por autores como Thomas Kuhn e Richard Rorty: o cientista integra uma comunidade no seio da qual realiza sua formação e treinamento, e que lhe apresenta as regras, problemas, teorias e técnicas que fazem sentido para aquele grupo. Esses conjuntos de crenças compartilhadas não são os mesmos para todas as comunidades e variam ao longo da história; é aproximadamente este o conceito kuhniano de paradigma (e, posteriormente, matriz disciplinar) – espécie de "óculos" a partir dos quais o cientista enxerga o mundo. Tudo isso, claro, conjuminado a interesses de cunho meramente pessoal, orientados para a obtenção de benefícios e vantagens de todos os tipos.

Além dos interesses que as cercam, as relações entre teorias e práticas remetem a uma outra questão, qual seja, a de como efetuar *o trânsito entre as duas dimensões*. A articulação entre ambas é intrincada e passa ao largo de simplificações grosseiras como a noção de "aplicação (da teoria sobre a prática)" e/ou a visão espontaneísta de que "a teoria emerge da prática". No âmbito da clínica psicológica as coisas parecem se complicar ainda mais, uma vez que a prática mobiliza conhecimentos teóricos e representacionais, mas também saberes experienciais que ainda não acederam à representação (ou jamais se converterão em teoria), e que permanecem atuando em nível tácito[53]. Na seara clínica o próprio estatuto das teorias se torna especialmente controverso, como veremos nos capítulos seguintes. Logo, deixemos para enfrentar o problema das relações teoria/prática após percorrermos diferentes concepções sobre a natureza das teorias (Parte III), bem como sobre o próprio conhecimento quando pensado para além ou para aquém da visada epistemológica que o reduz ao formato teórico (Parte IV). O assunto será retomado, portanto, nas "Considerações finais".

Virtualmente todas as questões e dicotomias discutidas neste capítulo fazem sentido (e constituem problemas...) também para a psicanálise: ciência natural e social; Iluminismo e Romantismo; explicação, compreensão e interpretação; unidade e multiplicidade; naturalismo e humanismo; organismo e significado; teorização e intervenção; prática clínica e metapsicologia; singular e universal. Passemos, pois, ao campo da psicanálise, aqui tomado como paradigma das dificuldades "psi".

---

53. Cf. no "Prólogo" as discussões sobre as dimensões não representacionais do conhecimento, incluindo a noção de conhecimento tácito (Polanyi).

4

O conhecimento psicanalítico como questão

Daniel Lagache dedica algumas palavras sugestivas à psicanálise. Segundo ele, dentro do campo das psicologias a psicanálise ocuparia um lugar à parte, até porque tem origem na medicina e na psicopatologia. Mas em relação às demais ciências (exatas, biológicas e humanas), os psicanalistas encontram-se em posição comparável a outros psicólogos: não podem se dar ao luxo de ignorá-las, nem de prescindir de formação humanista e científica, pois nesses domínios encontram informações, hipóteses, ideias teóricas ou metodológicas (LAGACHE, 1980, p. 20-22). Deles provêm, sobretudo, as metáforas empregadas na formulação dos discursos metapsicológicos.

Como a psicologia, a psicanálise confronta em muitos aspectos a(s) epistemologia(s) tal como se apresentava(m) no início do século XX. Para mencionar apenas dois deles: ela rejeita a *cisão entre mente-corpo*, assim como não separa o momento da *representação/teorização* e o da *intervenção*.

Vimos rapidamente na Parte I que a cisão mente-corpo é requisito fundamental para a constituição do sujeito epistêmico. Essa dicotomia perpassa a divisão convencional entre ciências da natureza e ciências humanas, bem como outras correlatas, como a entre conhecimento "externo" (observação neutra, cálculo, estabelecimento de relações funcionais, explicação) e conhecimento "interno" (implicação do intérprete, relações de sentido, compreensão), por exemplo. Um argumento basta para mostrar que a psicanálise recusa a dualidade mente-corpo: o *conceito de pulsão*, pelo qual Freud tenta dar conta da mediação entre o somático e o psíquico. Conceito-limite que aponta simultaneamente para a demarcação e a permeabilidade, a contiguidade e o cruzamento entre os dois domínios; limite também ao avanço do próprio trabalho de pensamento.

Tendo a atividade clínica em suas raízes, a psicanálise não poderia deixar de negar o intervalo entre o representar e o intervir, com o que se afasta de todas as epistemologias ditas "contemplativas". Para estas, como vimos, o conhecimento como representação verdadeira deve estar isento de todo compromisso e interesse prático; ao momento puramente teórico, deveria suceder o da "aplicação". Psicanalistas e marxistas, contudo, acreditam que *é intervindo que se conhece*, e que a representação tem uma eficácia imediata que não se confunde com a aplicação tecnológica. A estreita vinculação do representar com o intervir significa também a impossibilidade de conceber a dimensão cognitiva do conhecimento separadamente das questões éticas.

A ciência ocidental desenvolveu-se com base em dicotomias – entre universo dos fatos X dos valores, descrições X prescrições, razão teórica X moralidade, determinações objetivas X decisões subjetivas. Com isso, tentou se manter à parte dos conflitos de interesses e renunciou a pensar as implicações éticas do conhecimento. No entanto, psicanálise e marxismo contestam tais divisões ao demonstrar a presença de interesses, pontos de vista ou desejos particulares infiltrados em construções teóricas que se pretendem neutras e universais. A psicanálise, ademais, tenta articular no plano terapêutico linguagem naturalista e linguagem dos valores, discurso da ciência e discurso da ética.

Retomemos agora uma (suposta) bipartição situada à montante de todas estas distinções e que talvez esteja na origem da "vocação" psicanalítica para embaralhar as tão nítidas categorias epistemológicas. Sobre a (ou na) psicanálise incidem motivos iluministas e românticos, que aí coexistem em permanente tensão – de onde a dificuldade em reduzir o saber psicanalítico a esta ou aquela tradição moderna.

4.1 Iluminismo sombrio: a impertinência da psicanálise aos projetos modernos

Como campo onde se imprimem visões alternativas do homem e do conhecimento, a psicanálise tem sido pensada, praticada e desenvolvida ora sob a dominância de concepções iluministas e racionalistas, ora sob a égide de posições românticas. Em parte, esta duplicidade axiológica responde pelo quadro de dispersão do saber psicanalítico, cindindo-o em diferentes escolas e tradições. Mais do que isso, essas visões alternativas podem ser encontradas dentro de cada corrente e, ainda, como momentos de uma mesma clínica.

A psicanálise vem sendo objeto de leituras antagônicas desde a época em que seu fundador ainda vivia. Nas versões menos sofisticadas, Freud não seria mais do que um epígono tardio do Iluminismo ou do Romantismo; no entanto, frequentemente os comentadores percebem que nela se forma um amálgama peculiar de um com outro[54]. O escritor alemão Thomas Mann (1875-1955) é um dos primeiros a notar esta mescla[55]: a teoria freudiana teria

---

54. Cf., entre outros títulos, VERMOREL, H.; CLANCIER, A. & VERMOREL, M. *Freud*: judeité, lumières et romantisme. Lausanne/Paris: Delachaux et Niestlé, 1995. • STRENGER, C. The Classic and the Romantic vision in Psychoanalysis. *International Journal of Psychoanalysis*, n. 70, 1989. • ANSART-DOURLEN, M. *Freud et les Lumières*. Paris: Payot, 1985. • ROUANET, P. "O mal-estar na Modernidade". *Ide*, n. 23, 1993.

55. MANN, T. "A posição de Freud na moderna história das ideias" [1929]. In: ROSENFELD, A. (org.). *Ensaios*. São Paulo: Perspectiva, 1988. • "Freud et l'avenir" [1936]. In: JACCARD, R. *Freud, jugements et témoignages*. Paris: PUF, 1976.

um caráter romântico na medida em que se opõe ao racionalismo e mecanicismo, em que se volta para a esfera do afetivo-pulsional, da morte e do sonho, em que reputa a consciência como qualidade meramente acessória dos processos psíquicos e em que enfatiza a precariedade do eu. Por outro lado, a psicanálise inspira-se nos ideais das Luzes, pois não se deixa fascinar por esses aspectos – ao contrário, tenta explorá-los por um viés científico e racional, colaborando para a "vitória da razão e do espírito" sobre o irracionalismo. Como afirma no ensaio de 1929, o interesse psicanalítico pelos impulsos encontra-se a serviço da *Aufklärung*.

Com efeito, em não poucos aspectos, Freud comparece como um convicto porta-voz do ideário das Luzes. Lembre-se das ocasiões em que preconiza uma "ditadura da razão", ou ainda, suas declarações em prol da ciência e a referência ao "nosso deus *Logos*". O combate feroz a todos os tipos de ilusão – a ingenuidade da criança ou dos povos primitivos, a idealização do passado ou do futuro, o anseio por unidade e totalidade, as promessas de transcendência por parte da religião ou dos misticismos –, bem como o firme posicionamento contra a violência e a intolerância na vida social, fazem de Freud um expoente do pensamento crítico e iluminista. Por outro lado, seus vínculos com o Romantismo vão muito além do interesse por temas explorados exaustivamente por esta tradição – as paixões, a loucura, a sexualidade, a morte e o sonho, dentre tantos outros. A afirmação do inconsciente e do pulsional, bem como de seu caráter incontornável e de seu papel preponderante na vida psíquica, atestam a estreita afinidade de Freud com a medicina e a filosofia românticas.

Constata-se, pois, o caráter *híbrido* da teoria freudiana, marcada por uma ambiguidade insolúvel que é assim descrita pelo ensaísta Jean Starobinsky[56]: "[...] para Freud, o importante não era simplesmente afirmar a existência do inconsciente, ain-

---

56. STAROBINSKY, J. "Psychanalyse et connaissance littéraire". In: *L'oeil vivant 2*. Paris: Gallimard, 1970.

da menos proclamar sua primazia e reivindicar para ele um direito de expressão ilimitado: o que lhe atrai é submetê-lo a uma exploração metódica, reunir a seu respeito o maior número de conhecimentos racionais [...]. Freud descobre a sombra interior, mas na intenção de aí jogar a luz, de decifrar sua configuração [...]. Em suma, trata-se de elaborar o discurso claro da ciência sobre os murmúrios confusos do inconsciente e do isso" (STAROBINSKY, 1970, p. 266-267). Deriva daí a coleção de epítetos forjados para designar o teor paradoxal da obra freudiana: romantismo científico, racionalismo negro, iluminismo sombrio.

Mais do que um híbrido que desafia filiações unívocas, a psicanálise contribui para abalar as concepções de sujeito liberais e românticas, bem como para pôr em xeque o projeto epistemológico moderno, tornando-se uma "pedra no sapato" das epistemologias. No máximo, pode-se afirmar que a psicanálise é uma *herdeira legítima* das Luzes e do Romantismo, no sentido em que Goethe e Freud entenderiam essa modalidade de herança: tomar posse de um legado, transformando-o em outra coisa. Uma radical autonomia é o requisito e, simultaneamente, a consequência desta possibilidade de *apropriação inovadora*, não apenas das tradições iluminista e romântica, mas de toda cultura científica e filosófica ocidental. Porém, na qualidade de um híbrido autônomo a psicanálise acaba também por se consolidar como um enclave, uma espécie de "corpo estranho" que não se deixa assimilar completamente por nenhum desses ideários. Por isso, é cabível sustentar ainda mais um paradoxo, qual seja, o da pertinência *e* total impertinência do saber psicanalítico em relação aos projetos modernos.

4.2 A psicanálise como alvo de críticas opostas

Nem uma coisa, nem outra: "assim, a psicanálise só extrai desvantagens de sua posição intermediária entre a medicina e a filosofia", queixava-se Freud em "Resistências à psicanálise"

(1925). Tal como vimos ocorrer na psicologia, a "posição intermediária" acarreta à psicanálise críticas de natureza oposta.

De um lado situam-se as críticas de índole cientificista, em geral provenientes da filosofia da ciência, como as dos positivistas lógicos, Karl Popper e Adolf Grünbaum. Do outro, as críticas que reprovam a teoria freudiana pelo motivo inverso, ou seja, por suas feições naturalistas e cientificistas. São as críticas antinaturalistas, de índole fenomenológica, vindas sobretudo da psiquiatria e filosofia "humanistas" (conforme denominação de Lagache no cap. 3); nesta fileira sobressaem os nomes do marxista George Politzer (1903-1942), dos psiquiatras Karl Jaspers (1883-1969) e Ludwig Binswanger (1881-1966) e de Jean-Paul Sartre (1905-1980).

Na base das críticas cientificistas e das anticientificistas situam-se diferentes visões de ciência, de natureza e de homem, que aqui poderíamos chamar de "antropologias imanentes" e "antropologias transcendentes". Para as imanentes é necessário incluir fenômenos humanos, psicológicos e sociais num sistema natural. Consequentemente, não há por que o homem receber tratamento diferenciado (em termos éticos e epistêmicos) de outros objetos naturais; ele é um ser determinado, inserido em sistema fechado, submetido a causas e explicável por leis gerais, passíveis de formalização. Já as antropologias transcendentes combatem o espírito de sistema e a naturalização, reivindicando para o homem um lugar à parte da natureza (pois que um ser autodeterminado e autorreflexivo); a totalidade humana escaparia a qualquer conceitualização.

Pois bem, como veremos nos próximos capítulos, a artilharia cientificista nega à psicanálise o estatuto de ciência. Segundo os positivistas lógicos, os conceitos psicanalíticos são confusos e não operatórios, desaguando em teses inverificáveis pelo método experimental. Para Popper, os enunciados psicanalíticos carecem de cientificidade porque não são falseáveis, isto é, são tão genéricos e imprecisos que não se prestam a ser desmentidos. O contra-argumento dos psicanalistas de que o emprego do método clínico seria capaz de garantir a validade das teorias (argumento, aliás, inaugurado pelo próprio Freud) é atacado por autores como Adolf Grünbaum[57]. Ele recusa a validade epistemológica do método clínico porque os dados são produzidos em um contexto (o da situação analítica) em que já nascem "contaminados" pelo efeito sugestivo da transferência. Se o dispositivo analítico gera os dados a partir dos quais a teoria será edificada, e se a teoria baliza a clínica, então adentramos em um círculo vicioso que se situa nos antípodas das práticas científicas aceitáveis.

Uma vez que as críticas cientificistas serão expostas com detalhes nos capítulos 5 e 6, apresentemos aqui, ainda que de forma sumária, as críticas antinaturalistas[58]. De modo geral, essas críticas aceitam os procedimentos hermenêuticos da psicanálise, mas acabam repudiando a teoria e a metapsicologia freudianas. É o caso de George Politzer em *Crítica aos fundamentos da psicologia*[59]. Em sua análise de *A interpretação dos sonhos* (1900), elogia a orientação para o sujeito concreto individual e para seus atos dotados de sentido. Porém, critica a referência a lugares psíquicos, mecanismos, aparelhos e outros processos impessoais, vendo na hipótese do inconsciente um retorno à filosofia substancialista.

Para Jaspers, a existência humana é um objeto *sui generis*; impossível uma ciência que tudo explique sobre o homem, pois ele é uma possibilidade aberta e inacabável. Elogia em Freud a tentativa de compreensão, mas critica a teorização apoiada nas ciências naturais e que se pretende universal; a confusão entre co-

---

57. GRÜNBAUM, A. *Les fondements de la psychanalyse*. Paris: PUF, 1996 [publicação original, 1984].

58. Cf. FIGUEIREDO, L.C. "Psicanálise e marxismo: destinos paralelos". In: FIGUEIRA, S.A. (org.). *Efeito psi* – A influência da psicanálise. Rio de Janeiro: Campus, 1988.

59. Cf. POLITZER, G. *Crítica dos fundamentos da psicologia*. 2. ed. Lisboa: Presença, 1976.

nexões compreensíveis com conexões causais faz parte dos equívocos metodológicos e conceituais cometidos pela psicanálise.

Inspirado em Heidegger e na fenomenologia, o suíço Ludwig Binswanger, criador da psicanálise existencial (*Daseinanalyse*), condena a antropologia naturalista e imanentista de Freud no plano conceitual[60]. Entende que a psicanálise esteja situada na confluência entre psicologia e psiquiatria, entre o psicológico-existencial com o físico-fisiológico – de onde a inevitável ambiguidade do empreendimento freudiano. Porém, acaba por acentuar o fosso entre o Freud "hermeneuta" e o Freud médico-naturalista; a noção de um *homo natura*, enraizado no corpo e na pulsionalidade, faz com que o reducionismo e o mecanicismo sejam indevidamente estendidos às esferas da existência onde predominam a liberdade e a autodeterminação.

A posição de Binswanger veio a se tornar o paradigma das críticas fenomenológico-existenciais endereçadas a Freud. Todavia, ela abre caminho para tentativas de resgate da outra face do discurso freudiano: a pesquisa do sentido e das significações ocultas tal como aparece no diálogo psicanalítico. Luiz Roberto Monzani[61] mostra que o filósofo hegeliano-marxista Jean Hyppolite (1907-1968), embora reconheça em Freud um materialismo energético veiculado em linguagem positivista, traz para o primeiro plano a busca da psicanálise por uma "explicação compreensiva" dos fenômenos psíquicos, dotados de totalidade significativa. A partir daí, diz Monzani, inaugura-se a ideia de que existem "dois Freuds que coabitam muito mal" (MONZANI, 1989, p. 70), bem como a de uma doutrina cindida entre o determinismo mecânico e a visada clínica compreensiva. Esta duali-

---

60. Cf. BINSWANGER, L. "La conception freudienne de l'homme à la lumière de l'anthropologie" [1936]. In: *Discours, parcours et Freud*. Paris: Gallimard, 1970. Recomenda-se enfaticamente a leitura deste ensaio.

61. MONZANI, L.R. *Freud, o movimento de um pensamento*. 2. ed. Campinas: Unicamp, 1989.

dade se espraia para uma divisão dos próprios textos de Freud: de um lado, "os textos teóricos onde a linguagem positivista, o mecanicismo e o energetismo brotam por todos os lados"; de outro, *A interpretação dos sonhos* e os casos clínicos. Monzani deixa claro que não endossa este ponto de vista: "assinalemos o quanto esta clivagem é estranha ao discurso de Freud, o qual, no decorrer de sua obra, jamais deu a entender que vislumbrava qualquer espécie de contradição entre uma técnica de decifração de sentido operada na prática analítica e a sua montagem teórico-conceitual, que procurava dar conta dessa prática. Aos olhos de Freud, tudo indica, não havia a menor contradição, o menor espaço, entre esses dois domínios" (MONZANI, 1989, p. 71). De qualquer modo, com isso se instala uma tradição de longa vida: a que opõe energética e hermenêutica, explicação mecanicista e interpretação de sentido, metapsicologia e clínica, valorizando os segundos termos dessas presumidas dualidades.

4.3 Cenário de confronto entre epistemologias realistas e construtivistas

O assunto deste item será extensamente desenvolvido ao longo da Parte III, de modo que sua função é a de preparar a discussão posterior de duas maneiras: apresentando rapidamente essas concepções e expondo com minúcia uma leitura que atribui à teoria e prática psicanalíticas um caráter construtivista. Tal leitura, efetuada em 1982 pelo psicanalista francês Serge Viderman, suscitou várias reações de cunho realista e tornou-se referência obrigatória nas discussões que envolvem psicanálise e epistemologia[62]. Por este motivo, e também pela consistência clínica e metapsicológica deste estudo, ele será tomado como parâmetro para compreender e criticar o posicionamento dos autores abordados nos cinco capítulos seguintes.

---

62. VIDERMAN, S. *A construção do espaço analítico*. São Paulo: Escuta, 1990 [publicação original, 1982]. As citações seguintes referem-se à paginação desta edição.

4.3.1 O contraste realismo X construtivismo

Em linhas gerais, a filosofia da ciência contemporânea comporta dois grandes ramos, a saber, as epistemologias realistas e epistemologias construtivistas. Elas já foram mencionadas no capítulo 2, quando nos referimos a duas grandes linhagens epistemológicas – a teoria como "verdade das coisas" e teoria como "verdade do sujeito".

Associamos a primeira a uma *ontologia realista* (as coisas possuem uma realidade independente do sujeito) e a uma teoria correspondentista da verdade (a ideia/representação corresponde ao objeto/realidade). À luz do final daquele capítulo (item 2.3.2, dedicado aos logicismos), podemos acrescentar que a possibilidade de representar adequadamente as coisas vai de par com uma concepção de linguagem que a entende como "espelho do mundo"; isto é, a linguagem como um meio transparente, capaz de representar as coisas tal como realmente são, reproduzindo-as de modo unívoco.

Por sua vez, a linhagem "verdade do sujeito" foi descrita como um grande guarda-chuva sob o qual se abrigam várias correntes que, cada qual a sua maneira, acentuam o papel decisivo do sujeito na constituição do conhecimento. Seja pelo poder configurador de suas estruturas cognitivas, pelos valores ou interesses que o movem, seja pelas condições determinadas pela própria inserção histórico-cultural, já não se pode considerar a existência de uma realidade independente do sujeito; ao contrário, o real é fruto de uma construção (*ontologia construtivista*). As teorias, pois, não são cópias da realidade, e sim modos de configurá-la. Assim, surgem outros critérios que não a correspondência entre ideia/coisa para julgar a verdade de uma representação: coerência interna, potencial heurístico, consequências para a ação, e assim por diante. Ainda no final do capítulo 2, apontamos que a chamada "virada linguística" tomou rumos diversos aos tomados pelos logicismos. Tendências pragmáticas e neopragmáticas, desdobramentos da hermenêutica, teoria dos atos da fala, derivações da filosofia heideggeriana (e, de modo geral, de todas as filosofias que criticam a redução do conhecimento à sua dimensão representacional) – todas essas posições requerem uma outra concepção de linguagem. Novamente, cada uma a seu modo, todas enfatizam a eficácia constitutiva da linguagem, ou seja, seu poder de configurar, instalar e/ou criar realidades. Para tais tendências, como diz Barry Protter[63], não existe evento em si-mesmo, e sim construções narrativas (linguagem como instrumento) ou textos que remetem a outros textos (hermenêutica). Sendo a linguagem uma ferramenta coletiva, a dimensão intersubjetiva da criação de sentido (que é sempre e necessariamente compartilhado) assume uma importância crucial.

Já por essa breve recapitulação percebe-se que o contraste entre epistemologias realistas e construtivistas pode ser descrito por meio de diferentes terminologias, de acordo com o ângulo pelo qual é abordado. Veremos no capítulo 5 Charles Hanly priorizar a contraposição entre verdade por correspondência e verdade por coerência, explicitando as premissas epistemológicas e ontológicas de cada uma; já no capítulo 10 Jurandir Freire Costa vai se referir a posições realistas-essencialistas e construtivistas privilegiando o ponto de vista da relação entre linguagem e coisa. Claro que essas variações não são mera questão vocabular: varia o universo que cada autor recorta com esses termos e as subdivisões que nele distingue, de modo que as diferentes cartografias não se sobrepõem totalmente.

Barry Protter, por exemplo, traça um paralelo entre o movimento que se dá na história do pensamento epistemológico e as mudanças ocorridas no papel do analista/interpretação na prática analítica ao longo da história da psicanálise. Examina as noções de conhecimento e identifica duas grandes visões de

---

63. PROTTER, B. "Toward an emergent Psychoanalytic Epistemology". *Contemporary Psychoanalysis*, 21 (2), 1985, p. 208-227.

verdade presentes na clínica psicanalítica. A primeira delas é o *essencialismo correspondentista*, que postula a correspondência entre representação na mente e coisa/essência externa. Tradição que remonta a Platão, Descartes e Kant, na psicanálise teria a valorização da metapsicologia como correlato. Ela comporta uma versão positivista, que crê numa clara demarcação entre sujeito/ objeto e dados/teoria, e preconiza a neutralidade metodológica. Uma segunda versão, interpretativa, seria mais próxima de um neokantismo: a mente estrutura a realidade em suas características formais; estruturas imutáveis (perceptuais e cognitivas) modelam a experiência. Segundo Protter, Freud lança a psicanálise sob a égide deste essencialismo correspondentista, que busca da essência escondida sob o disfarce. O abandono da teoria da sedução marcaria a passagem da versão positivista para a versão neokantiana – dos fatos verídicos em si mesmos para os dados clínicos constituídos por um universal (o complexo de Édipo).

A ela se contrapõe uma segunda visão, que Protter chama genericamente de críticas ao essencialismo/correspondentismo, que começam por abrir mão da busca de fundamentos. De caráter mais contextualista e relativista, elas procuram conhecer o mundo não como supostamente "é", mas tal como é falado e vivido nas práticas sociais. Protter distingue aqui três versões – hermenêutica, desconstrucionista e neopragmática. Na psicanálise, tendem a valorizar o encontro analítico em detrimento da metapsicologia; focalizam o contexto clínico e o caráter histórico-narrativo das relações intersubjetivas. A teoria torna os "fatos" inteligíveis em termos de coerência e a autoridade epistemológica é transferida para o contexto consensual da sociedade e da comunidade científica. O autor junta nesse grande "balaio" nomes como os primeiros pragmatistas, Thomas Kuhn, Ricoeur, Gadamer e, não por acaso, o de Serge Viderman (PROTTER, 1985, p. 223).

4.3.2 Serge Viderman: uma leitura construtivista da psicanálise

Trabalhando na dupla condição de psicanalista e epistemólogo, as ideias de Viderman não têm origem filosófica definida, mas trazem claramente a marca da imensa importância que a questão da linguagem assumiu na psicanálise francesa, bem como uma forte impregnação pela experiência clínica.

Façamos uma exposição detalhada dos argumentos mobilizados pelo autor na Parte I do livro, intitulada "A incerteza psicanalítica" e composta por quatro capítulos. A incerteza psicanalítica é postulada e justificada em vários níveis, sendo proveniente: a) do aparelho psíquico, tal como formulado pela metapsicologia freudiana (cap. 1); b) das distorções/difrações impostas pelo enquadre analítico (cap. 2); c) do caráter constitutivo da linguagem, que se manifesta na clínica como interpretação capaz de criar realidade psíquica (cap. 3). Os diferentes graus de incerteza são por fim verificados em dois casos clínicos de Freud: o homem dos ratos e o homem dos lobos (cap. 4).

No capítulo 1, Viderman introduz uma ideia fundamental para todo seu raciocínio subsequente: a distinção entre recalque primário (originário) e recalque secundário (ou propriamente dito). Apoiado no texto freudiano sobre o recalque (1915), afirma que num primeiro momento se constitui o núcleo primitivo do inconsciente; o representante psíquico da pulsão não pode penetrar no consciente e se estabelece por fixação. "O recalque primário constitui um núcleo inconsciente primitivo, isto é, *um conjunto pulsional primário que, por definição, nunca foi consciente* e cuja ação exerce-se por uma espécie de atração sobre o que o inconsciente rejeita por meio do segundo mecanismo do recalque propriamente dito" (p. 19 – grifos do autor). Apenas os elementos que tenham sofrido o recalque secundário podem retornar nas formações do inconsciente, ou seja, no retorno do recalcado. Isto é, somente os elementos que foram alvo do recalque propriamente dito poderão ser recuperados no quadro da memória. Portanto, *"o recalcado originário nunca poderá retornar à consciência, usando os mesmos disfarces defensivos, a não ser pelas 'construções' simplesmente prováveis do analista que serão, por isso mesmo, marcadas por um elevado coeficiente de incerteza"* (p. 21 – grifos do autor).

O inconsciente tem, por assim dizer, dois níveis, constituídos por dois tipos de recalque. Isso vai introduzir uma diferença nos níveis de certeza da interpretação clínica. Uma coisa é a *reconstrução* do passado perdido pelo efeito do recalque propriamente dito; outra, é a *construção* do núcleo originário (p. 22), daqueles elementos mais arcaicos que o sujeito não pôde experimentar como seus, estando excluídos da experiência histórica inscrita na memória (p. 22).

Portanto, o campo do passado, da história e da memória do sujeito coloca o problema central da objetividade das interpretações/construções analíticas. O enquadre analítico nos faz ter acesso a uma realidade psíquica; tal realidade, no entanto, é organizada, produzida, "participa necessariamente da estrutura" do próprio enquadre (p. 23). Só é possível conhecer aquilo que se mostra no campo transferencial e contratransferencial; fora dele, das imantações e remanejamentos que produz, restaria o incognoscível. "[...] o acesso à memória é impossível desde o momento em que a existência de um núcleo pulsional primitivo não permitiu que uma história se constituísse e se enquadrasse em uma estrutura memorial [...]" (p. 24).

Viderman afirma que Freud sempre procurou um fato, ou uma série de acontecimentos, na origem da neurose. Dedicou-se à busca de um ponto de apoio irrecusável, de um solo firme sobre o qual ancorar sua teoria da neurose. O autor acredita que Freud sempre manterá uma concepção traumática da neurose, na qual a busca das causas primeiras é feita por meio de recuos sucessivos. A cena primitiva será tomada como acontecimento decisivo; na falta de certeza de sua realidade histórica, Freud recua para analogia (coito dos animais, p. ex.) ou ainda para a pré-história da humanidade. Em suma, tenta localizar tão longe quanto for preciso o "acontecimento histórico irrecusável" (p. 27) que sirva de fundamento sólido para seu edifício teórico.

Se a neurose é uma doença da memória, trata-se, na cura, da possibilidade de recordar e recuperar a história. O problema é que o recalque primário impede a inscrição de elementos na memória e na história do sujeito. Isto faz com que "[...] toda interpretação profunda não *re*-construa a história do sujeito, mas, antes, *construa* uma história, inferida a partir de dados que não permitem concluir com certeza e cujas construções conservam sempre e necessariamente o caráter aleatório de uma *aposta*, da mesma maneira que a metapsicologia do arranjo do aparelho mental não é mais uma *descoberta*, mas, sim, uma *conjetura*" (p. 30 – grifos do autor).

Na "massa sem forma dos fatos" (p. 35), a teoria traça algumas vias de entendimento, configurando uma realidade. Sem um modelo que instaure uma primeira figura, não existe sequer a possibilidade de observação.

No capítulo 2, a partir da descoberta da transferência, todo o arranjo do campo analítico é planejado para favorecer seu aparecimento e manejo, de modo que as disposições técnicas são congruentes com as formulações teóricas. Associação livre e atenção flutuante (mais indicações de postura, como neutralidade e silêncio) definem o espaço analítico – divã e poltrona são complementares (p. 40). As regras técnicas visam a "[...] criar as condições ideais da busca, da construção ou da reconstrução da história do paciente" (p. 41). Porém, método e objeto modificam-se mutuamente: "mas um método racional aplica-se a um objeto irracional. O método e seu objeto não permanecerão numa relação de contiguidade passiva. Instaura-se uma contaminação dialética que modificará a ambos no exercício mesmo de suas funções próprias" (p. 42-43). Ou seja, o dispositivo analítico foi concebido para ser um espelho fiel, mas acabou criando um sistema de espelhos deformantes, uma realidade segunda (p. 43).

O papel do analista, idealmente uma tela/espelho apto a receber as projeções do paciente, mostra-se decisivo; não há como "abstrair" a presença do psicanalista – ele é constituinte do campo e da neurose de transferência que aí se desenvolve. "O método [...] que a revela [a neurose de transferência], com seus artifícios, é inseparável daquilo que foi por ele revelado. Nesse sentido, não é possível separar os meios do fim – em outras palavras: separar aquilo que se obteve daquilo pelo qual e por quem ele foi obtido" (p. 44). Decorre daí o alto coeficiente de incerteza introduzido pela situação analítica. "O estudo experimental da neurose de transferência é impossível, quando as coordenadas da situação analítica contribuem para criá-la. A neurose de transferência está organicamente ligada à existência, à ação do analista e às condições em que ela se manifesta e que a fundamentam" (p. 47). Em suma, o enquadramento foi concebido como dispositivo racional e propiciador de objetividade; no entanto, gera realidade e fenômenos próprios, intensos e irracionais. Transferência e contratransferência produzem difrações, "como a água quebra o pedaço de pau nela mergulhado" (p. 51).

No terceiro capítulo, Viderman examina as características da linguagem e seus efeitos na clínica psicanalítica. Para ele, a linguagem não é um espelho passivo que reflete o mundo, não é a descrição ou tradução de uma realidade prévia e objetiva. Ao contrário, a linguagem é uma maneira de ver o mundo. "O mundo não é o mesmo dependendo dos sistemas de formatação linguística diferentes pelos quais foi captado. Ele existe só pela forma e na forma em que a linguagem o vaza" (p. 54). A linguagem estrutura o mundo sensível, suas qualidades e relações. "A linguagem é a estrutura perceptível do mundo. A estrutura transcendental do mundo está fora de alcance: só percebemos as relações operadas pela linguagem" (p. 54). É ela quem organiza a experiência, quem constrói uma ordem no mundo. "Não conhecemos a estrutura do mundo exterior a não ser de acordo com a estrutura daquilo que o estrutura. Somente a linguagem o estrutura para nós e no-lo dá assim como único objeto de conhecimento, sempre vazado no mesmo molde em que se forma e se deforma [...]. Não vemos as coisas como elas são [...], vemo-las tais como a linguagem nos diz que elas são" (p. 55).

Assim, o que captamos não é a estrutura do inconsciente, e sim a estrutura do modelo linguístico utilizado (p. 55). A linguagem cria uma realidade de segundo grau, "que não é a realidade bruta da pulsão natural. O sujeito não tem outro acesso possível a suas pulsões que não aquele que a representação lhe arranja, isto é, através dos conceitos, dos significantes, dos fatos de linguagem, quer dizer, dos fatos de cultura. Na situação analítica, a convenção faz com que se deva ali tudo dizer, sem nada fazer. Todo ato é proibido; apenas a palavra, fato de cultura, carrega a pulsão, fato de natureza" (p. 56).

Tal concepção de linguagem obriga Viderman a se posicionar perante Lacan em termos veementes. O inconsciente seria estruturado como uma linguagem tanto quanto o mundo exterior. "Somente o encontramos estruturado como uma linguagem porque ele só chega ao nosso conhecimento pela linguagem. Sua existência é a forma pela qual a linguagem o informa [...]. O inconsciente somente é estruturado como linguagem porque a linguagem o estrutura (p. 60-61)". Assim, "[...] aquilo que vem do inconsciente ao nosso conhecimento não é simplesmente mediatizado pela linguagem, mas criado pela linguagem. Não pode ser por nós conhecido o que é o inconsciente fora da linguagem, o que é a pulsão fora da representação que a apresenta, fora da situação analítica onde a palavra de um e de outro o faz viver. [...] A linguagem não nos dá uma versão mais ou menos aproximada da realidade inconsciente: o que ela *diz* do inconsciente *é* o inconsciente – uma criação original" (p. 61 – grifos do autor).

Chega-se, portanto, à constatação de que a interpretação é menos uma descoberta e mais uma invenção (p. 63). Quando visa a camadas mais profundas do inconsciente, a interpretação configura algo que a dupla analítica não vê e que está fora de qualquer prova possível. "Reconstruir uma história significa construí-la" (p. 57). "Dar um nome à fantasia é fazê-la existir com uma existência que é, também, o absoluto de um começo" (p. 57).

Adiantando o cerne da leitura do "Homem dos lobos" que fará no próximo capítulo, Viderman afirma que a cena primitiva deste paciente "vem à existência pela interpretação que é a palavra de Freud e que a faz surgir dos limbos de seu nada [...]. Representações esboçadas, vagas, obscuras; pulsões e desejos inominados que a palavra do analista nem traz à luz nem descobre, mas, sim, dando-lhes um nome, colocando-as em forma, as cria" (p. 58).

Ao longo do capítulo 4, Viderman vai empreender a leitura de o "Homem dos lobos" e "Homem dos ratos". Começando com o primeiro, o autor diz que defender a realidade histórica da cena primária é expor-se a críticas desnecessárias. Trata-se não de um conto de fadas, mas de uma invenção "[...] feita com todas as peças esparsas da existência, as recordações e os sonhos do paciente *e que nunca existiu nem enquanto cena real – nem enquanto fantasia*" (p. 100 – grifos do autor). No entanto, Freud necessita que algo seja verdadeiro: ou a cena dos pais, ou percepção real de um coito entre animais, ou uma fantasia, mas mesmo para esta é preciso prover uma realidade – a realidade psíquica (p. 100). "O analista não reconstrói uma cena histórica, mas constrói uma cena hipotética, perfeitamente coerente, na qual elementos históricos constituem os pontos de imantação que dão coesão às fantasias posteriores para juntarem-se na estrutura imaginária da fantasia originária" (p. 100-101). "[...] Entre a cena primitiva – vivida ou fantasiada – conservada no inconsciente e o sonho dos lobos não existe nenhum ponto em comum – *a não ser a palavra do ana-*

lista [...]" (p. 101 – grifos do autor). Para Viderman, não importa saber se aquela cena foi percebida pelo sujeito; mesmo que tenha sido, dela só restam "imagens disjuntas, uma cena explodida, *indescritível"* (p. 101).

Freud deseja fortemente que a cena tenha sido real e busca essa realidade recuando cada vez mais, até o esquema filogenético. Existe aí a ideia de um texto legível, perdido, em parte ou totalmente, pela ação das defesas. Para Viderman, porém, tal texto jamais existiu: um texto é escrito (e não reescrito) conjuntamente no espaço analítico (p. 106 e 107).

A propósito da leitura de "O homem dos ratos", uma formulação esclarecedora: "[...] *a interpretação não diz (somente) o que é, mas faz ser (também) o que ela diz.* É pelo discurso interpretativo que a fenomenalidade dos vividos inconscientes vem à existência mundana, no presente da situação analítica, fora do que é de temer-se que eles não tenham topologia localizável" (p. 113-114 – grifos do autor).

Na Parte II do livro, Viderman estende a eficácia constitutiva da linguagem ao âmbito epistêmico: tal como a interpretação informa o inconsciente, o modelo teórico informa a realidade – "fora disso, nada é visível" (p. 122). Os analistas não enxergam os fatos, "mas constituem-nos reunindo-os de acordo com redes de significações que dependem da grade de inteligibilidade que eles lançam sobre a realidade" (p. 123).

No tratamento só se pode falar em reconstrução de uma história nas camadas superficiais, onde uma história vivida pôde ser inscrita; "em suas camadas mais profundas, mais arcaicas, não é mais que uma pré-história mítica [...]. A fantasia não é uma unidade de sentido explodida da qual recompor-se-á a figura perdida segundo o modelo originário. *Não existe modelo originário"* (p. 127 – grifos do autor).

Ainda na Parte II da obra, destaca-se um capítulo sobre o ensaio de Freud sobre Leonardo da Vinci. Viderman enfoca o erro de tradução cometido por Freud (não era abutre, mas milhafre, o nome do pássaro que teria visitado Leonardo no berço e lhe fustigado a boca com a cauda). Ora, sendo abutre a palavra-chave sobre a qual se constrói toda interpretação, o equívoco mais grave de Freud teria sido o de pretender "fundamentar a construção de uma fantasia sobre elementos de realidade que deviam [...] assegurar-lhe a solidez. [...] Quando a base real desmorona-se, imediatamente está arruinada a teoria: quando isso não deveria ter, de fato, para nós, importância alguma e a verdade da fantasia está em sua construção pela interpretação, independentemente de qualquer fundamento histórico cuja confirmação está fora de nosso alcance assegurar" (p. 143).

Viderman nos mostra, em suma, que uma compreensão psicanalítica do espaço analítico reduz ou desfaz a credibilidade nos "fatos" ou "fenômenos" ali emergentes como manifestações de uma realidade histórica independente das regras constitutivas deste espaço e das relações transferenciais/contratransferenciais que ali se produzem. É como se a psicanálise cometesse uma espécie de "suicídio epistemológico" ao investigar as operações e processos que ela inevitavelmente deflagra, mas que colocam em dúvida a veracidade de suas observações e conclusões. A menos, claro, que se abandone a noção de verdade por correspondência (cf. cap. 7 e 8) e o ponto de vista representacional (cf. Parte IV).

PARTE III

Epistemologias representacionais e psicanálise: desencontros

5

Teorias correspondentistas da verdade e epistemologia fundacionista: o positivismo lógico

Retomemos: teorias correspondentistas da verdade são as que supõem que *verdadeiras* são as representações que mantêm com seus objetos uma relação de *correspondência, conveniência ou adequação*. Epistemologias fundacionistas são as que sustentam a existência de uma *via privilegiada* de conhecimento capaz de produzir uma forma superior e básica de conhecimento verdadeiro – algum tipo de *conhecimento imediato* – sobre a qual poderiam ser construídos os sistemas representacionais complexos: as teorias científicas.

Trataremos destas concepções enfocando um dos seus produtos tardios, o *positivismo lógico* ou *empirismo lógico*, ou *neopositivismo*[64]. Já o mencionamos no item sobre os logicismos (2.3.2), pois compartilham ideais e têm autores em comum, como Rudolf Carnap (1891-1970).

Convém assinalar, de início, a conjuntura cultural em que o neopositivismo ganhou corpo e se instalou como visão hegemôni-

---

64. Para maiores detalhes, cf. FIGUEIREDO, L.C. "Empirismo lógico: valores, vicissitudes, perspectivas". In: *Epistemologia, metodologia*: ciências humanas em debate. São Paulo: Educ, 1988.

ca sobre a ciência durante algumas décadas do século XX. O final do século XIX e início do XX foram períodos de crise nos campos da cultura e da política, o que não impediu, antes propiciou, uma extraordinária fecundidade nas artes, na literatura, nas ciências e no pensamento filosófico[65]. De maneira bastante genérica poderíamos dizer que neste período todos os dispositivos representacionais estiveram sob suspeita, em conflito e foram de uma forma ou outra estilhaçados e reformados. A Primeira Guerra Mundial (1914-1918) foi um dos fatores que aprofundou a desconfiança do homem ocidental, particularmente do europeu, diante do quadro cultural dominante e diante da capacidade de a ciência garantir as promessas de desenvolvimento contínuo, paz e prosperidade que estavam a ela associadas. Mais que isso, a guerra cruenta em que homens civilizados se enfrentavam como selvagens parecia atestar o fracasso do projeto epistemológico não apenas no terreno cognitivo, mas, principalmente, no terreno ético: a constituição de um sujeito purificado, autodisciplinado, coincidente consigo e capaz de igualar-se a todos os outros no plano das evidências e dos argumentos lógicos, ou seja, capaz de perseguir o consenso, revelou-se uma farsa quando a guerra fez aflorar toda a sorte de particularismos, nacionalismos e preconceitos mútuos entre gente que até então parecia pertencer a uma mesma civilização. É como se o selvagem hobbesiano deixasse cair sem pudores a máscara da razão e da civilização.

Na Parte IV veremos como, na verdade, desde meados do século XIX (e se formos considerar determinados aspectos do

---

65. A vida cultural vienense foi particularmente rica em todos os campos e há excelentes estudos sobre a Viena fim de século já traduzidos no Brasil. São indispensáveis as obras de Allan Janik e Stephen Toulmin (*A Viena de Wittgenstein*. Rio de Janeiro: Campus, 1991), a de Carl Schorske (*Viena fin-de-siècle*: política e cultura. São Paulo: Companhia das Letras/Unicamp, 1988) e a de Jacques Le Rider (*A modernidade vienense e as crises de identidade*. Rio de Janeiro: Civilização Brasileira, 1992).

pensamento romântico, ainda desde antes) estavam emergindo perspectivas pós ou antirrepresentacionais que frequentemente se apresentavam como antirracionais. Enfim, críticas mais ou menos radicais ao mundo das representações estão associadas ao nome de Nietzsche, ao de Bergson, ao movimento pragmatista americano, ao empiriocriticismo de Ernest Mach e Avenarius etc. Em alguns casos estas críticas se destinavam à superação das representações na direção de outra modalidade de conhecimento (como é o caso da *intuição* bergsoniana); em outros, tratava-se de uma *reforma* do pensamento representacional com vistas à retomada do projeto epistemológico fundacional desde suas bases em um sujeito epistêmico revigorado (como vimos no cap. 2.3: "tentativas de restauração da epistemologia moderna").

Foi, porém, o grupo de cientistas e filósofos austríacos e alemães reunidos no chamado *Círculo de Viena* que veio a se tornar a linha dominante nesta vertente *reformista, restauradora* e *defensiva* da epistemologia. Uma excelente síntese das propostas e valores deste grupo encontra-se no texto-manifesto de 1929, "A concepção científica do mundo – Círculo de Viena", assinado por Hann, Neurath e Carnap[66].

Recolhendo as contribuições históricas dos empiristas e dos racionalistas, dos matemáticos e lógicos que haviam marcado a evolução do pensamento epistemológico moderno, eles se posicionaram como a vanguarda da luta contra o ceticismo e contra o "irracionalismo" que grassavam no pós-guerra (os testemunhos de época atestam forte crescimento da astrologia e demais saberes místicos/esotéricos).

É neste cenário que os membros do Círculo se unem em torno da "concepção científica do mundo", pautada por uma atitude radicalmente antimetafísica e adepta de um "empirismo moder-

---

66. HAHN, H.; NEURATH, O. & CARNAP, R. "A concepção científica do mundo – Círculo de Viena". *Cadernos de História e Filosofia da Ciência*, 10 (1986), p. 5-20.

no": "caracterizamos a *concepção científica do mundo* essencialmente mediante *duas determinações. Em primeiro lugar*, ela é *empirista* e *positivista*: há apenas conhecimento empírico, baseado no imediatamente dado. Com isso se delimita o conteúdo da ciência legítima. *Em segundo lugar*, a concepção científica do mundo se caracteriza pela aplicação de um método determinado, o da *análise lógica*. O esforço do trabalho científico tem por objetivo alcançar a ciência unificada, mediante a aplicação de tal análise lógica ao material empírico" (HANN; NEURATH & CARNAP, 1929/1986, p. 12 – grifos dos autores).

De certa forma, e muitas vezes explicitamente, colocavam-se na posição dos novos iluministas, recuperando, inclusive, o ideal enciclopédico do século XVIII (chegaram a editar uma Enciclopédia da Ciência Unificada).

Nos dias de hoje é comum vermos o "positivismo" tomado como categoria acusatória que atribui ao seu alvo uma certa estreiteza mental, rigidez dogmática ou, em certos discursos pouco informados, uma intenção francamente malévola, contrária à criatividade, e assim por diante. Contudo, é preciso entender o projeto neopositivista a partir de sua dimensão ética e no contexto em que foi elaborado. Ora, neste plano o que surpreende na plataforma positivista é sua ingenuidade. Eles acreditavam que era preciso responder a uma forte e urgente demanda de *ordem sem opressão*, à demanda de *desenvolvimento econômico, político e cultural segundo modelos democráticos, liberais* (em alguns deles, socialistas). Para os filósofos do empirismo lógico, somente o projeto de uma *cultura científica internacional* e de uma *ciência unificada* daria à humanidade – devastada pela guerra, pelas dúvidas, pelas divergências, pela perda da esperança no conhecimento e na técnica – condições de progresso e de coexistência pacífica. Apenas a cultura científica internacional promovida por filósofos e cientistas, e amplamente difundida pelos sistemas educacionais até se converter em hábitos e atitudes generalizadas, poderia defender a civilização ocidental contra a onda irracionalista e contra as arbitrariedades provenientes de subjetividades descontroladas: "os esforços pela reorganização das relações econômicas e sociais, pela unificação da humanidade, pela renovação da escola e da educação, mostram uma conexão interna com a concepção científica do mundo" (HAHN; NEURATH & CARNAP, 1929/1986, p. 9).

Tal cultura científica internacional deveria ter como base aquilo que, supostamente, reúne os homens sem distinções: a *observância da lógica* e o *respeito aos fatos*. Enfim, somente a *verdade objetiva* conquistaria sem violência e sem prepotência as mentes de todos. No entanto, tal projeto ambicioso e de amplíssimo alcance, que retomava toda a trajetória da Modernidade desde Bacon e Descartes, passando por Leibniz, por Locke e por Kant, era concebido sob a forma restrita de uma tarefa profissional no âmbito cognitivo: seriam os cientistas e os filósofos de profissão, perfeitamente conhecedores de todas as tecnicalidades nos âmbitos de suas especialidades, os responsáveis por esta tarefa messiânica. Com isso, instala-se um verdadeiro fosso entre a dimensão político-cultural pretendida e as preocupações/afazeres profissionais dos positivistas lógicos.

Estes afazeres estão em grande medida concentrados nas tentativas de circunscrever as áreas em que acordos são possíveis, retirando delas todos os vestígios daquilo que não se prestaria a nenhum acordo. Daí a ênfase na demarcação entre falas com valor cognitivo e falas destituídas de valor cognitivo (falas expressivas, afetivas, prescritivas) como as da teologia e da metafísica. Estas se apresentariam como se fossem asserções sobre fatos, quando não são nada disso. Vejamos: "Se alguém afirma: 'existe um Deus', 'o fundamento primário do mundo é o inconsciente' [...], não lhe dizemos: 'o que dizes é falso', mas perguntamo-lhes: 'O que queres dizer com teus enunciados?', e então se mostra haver um limite preciso entre duas espécies de enunciados. À primeira pertencem os enunciados tais como são feitos na ciência empírica. Seu sentido se constata mediante análise lógica ou, mais exatamente, mediante redução aos enunciados mais simples sobre o que é dado empiricamente. Os outros enunciados, a que pertencem os anteriormente mencionados, mostram-se totalmente vazios de significação, caso sejam tomados como o metafísico os entende" (HAHN; NEURATH & CARNAP, 1929/1986, p. 10). Tais proposições não descrevem algo, sendo apenas meras expressões de vivências ou sentimentos – mais adequadamente expressos na linguagem da arte ou a do mito. "Se um místico afirma ter vivências que se situam sobre ou para além de todos os conceitos, não se pode contestá-lo, mas ele não pode falar sobre isso, pois falar significa apreender em conceitos, reduzir a fatos cientificamente articuláveis" (p. 11). Um vínculo estreito com as linguagens tradicionais e a crença de que o pensamento puro pode produzir conhecimentos prescindindo do material empírico são, aliás, dois traços centrais da metafísica em suas diversas roupagens (platonismo, escolástica, idealismo alemão, apriorismo kantiano).

Carnap, por exemplo, foi dos que mais se dedicou a encontrar bases formais para distinguir frases metafísicas das não metafísicas. Diz ele em sua autobiografia: "meu principal motivo para o desenvolvimento do método sintático foi o seguinte: ao correr de nossas discussões no Círculo de Viena, mostrou-se que a tentativa da formulação precisa dos problemas filosóficos que nos interessavam terminava sempre em problemas de uma análise lógica da linguagem. Já que, de acordo com nossa maneira de pensar, o resultado do interrogar filosófico diz respeito não ao mundo, mas à linguagem, deveriam essas perguntas ser formuladas não na linguagem objetal, mas na metalinguagem" (CARNAP, apud OLIVEIRA, 1996, p. 80). Para ele, como para os demais, a filosofia se reduzia à análise da linguagem; sua tarefa seria a de investigar os vínculos lógicos entre conhecimento e sentenças. As ciências empíricas pesquisam os fatos, enquanto à filosofia caberia analisar logicamente como os fatos são apresentados por meio de conceitos e enunciados. Como sintetiza Oliveira num bom capítulo dedicado à obra de Carnap: "[a filosofia] é, acima de tudo, análise lógica da linguagem científica; é, antes do mais, filosofia da ciência: seu objetivo é examinar os procedimentos utilizados pelas ciências no estabelecimento de conceitos, sentenças, demonstração, hipóteses e teorias" (OLIVEIRA, 1996, p. 87).

Análises empíricas – destinadas a identificar as bases empíricas e as *condições de verificabilidade* dos enunciados, ou seja, sua dimensão semântica – e análises lógicas – destinadas a avaliar a sintaxe dos sistemas representacionais – são mobilizadas para expurgar do campo do conhecimento as falas "sem sentido" (ou sem sentido cognitivo). Presume-se que seja possível estabelecer a total autonomia da observação em relação às teorias, bem como a absoluta transparência da linguagem observacional (sua perfeita adequação às observações). Como vimos no item sobre os logicismos, presume-se também que seja possível estabelecer a forma lógica da linguagem representacional apta a servir às ciências, assim como os procedimentos básicos e universais pelos quais as teorias deveriam ser construídas a partir de seus fundamentos empíricos. Os enunciados e os conceitos devem poder sofrer reduções até que se relacionem, em última instância, ao próprio dado (cf. HAHN; NEURATH & CARNAP, 1929/1986, p. 12).

Algumas áreas, como a biologia e a psicologia, estão mais impregnadas de "mistura metafísica" do que outras, tendo que enfrentar uma "tarefa de purificação" (HAHN; NEURATH & CARNAP, 1929/1986, p. 17) que as aproxime da física. A psicologia é especialmente marcada por deficiências da linguagem – "carga metafísica e incongruência lógica" (HAHN; NEURATH & CARNAP, 1929/1986, p. 16); neste sentido, "a tentativa da psicologia behaviorista de abranger todo o psíquico no comportamento de corpos e, portanto, em um nível acessível à percepção, está próxima, em sua atitude fundamental, à concepção científica do mundo" (p. 17).

Todas estas questões receberam diversas respostas dentro do círculo positivista e, paradoxalmente, sobre estas diversas respostas jamais se chegou a um consenso. Assim sendo, o movimento do positivismo lógico tem uma riqueza e uma diversidade interna que atesta que seus membros podiam ser política e eticamente ingênuos, mas nada tinham de dogmáticos[67]. Contudo, algumas de suas pressuposições e de suas obsessões converteram-se numa espécie de caricatura da filosofia positivista e foi esta caricatura que chegou em certos momentos a se transformar em "cânone da boa ciência" em áreas novas e inseguras, como a da psicologia. O fato é que as filosofias da ciência costumam ter um impacto limitado sobre áreas que se sentem consolidadas e caminham por suas próprias trilhas. A situação é muito diferente no que concerne às áreas ávidas por credibilidade e ansiosas por imitar bons modelos. Nestes casos as filosofias da ciência e, principalmente, uma que prometia o *restabelecimento da certeza e a dissolução das divergências*, como a do positivismo lógico, exercem poderosa atração. Os famigerados livros e cursos de "metodologia científica" a que eram submetidos os alunos de psicologia há não muito tempo atrás são eloquentes testemunhos desta submissão que levou Politzer a afirmar, no já mencionado *Crítica dos fundamentos da psicologia*, que "os psicólogos são tão científicos como os selvagens são cristãos".

5.1 O estatuto do conhecimento psicanalítico

A psicanálise comparece em alguns textos de positivistas lógicos em alusões muito... positivas. A psicanálise participaria, junto com o marxismo e com o neopositivismo, da tarefa comum

---

67. Para uma introdução à história e às principais tendências, cf. o excelente livro de Leszek Kolakowski (*Positivist philosophy* – From Hume to the Vienna Circle. Harmondsworth: Penguin Books, 1972).

de superação da metafísica e da teologia; também contribuiria para o esclarecimento dos verdadeiros determinantes da ação humana a partir da introdução do conceito de *inconsciente*. Com isso ela estaria incorporada ao grande projeto iluminista de levar a luz da razão a todos os rincões da realidade, mesmo aos mais refratários. No entanto, como explicitado acima, as simpatias metodológicas dirigem-se para os behaviorismos.

Desta posição dupla frente ao mundo "psi" nascem, inclusive, as propostas de reconstruir experimental e logicamente a psicanálise dando-lhe um fundamento seguro; desse modo, validariam e tornariam rigoroso o discurso teórico psicanalítico, repleto de intuições extraordinárias, mas carente de método. É curioso, por outro lado, que Freud tenha escrito ao psicólogo americano Saul Rosenzweig, que se dedicava à verificação experimental das hipóteses psicanalíticas: "tenho examinado seus estudos experimentais para a verificação das asserções psicanalíticas com interesse. Não posso colocar muito valor nessas confirmações, porque a riqueza das *observações seguras* sobre as quais essas asserções se *apoiam* as faz independentes de verificação experimental. *Todavia não pode prejudicar*" (Carta de Freud, 28/02/1934 – grifos nossos)[68].

Vale a pena comentar este trecho. É certo que Freud não se entusiasma com as verificações experimentais de Rosenzweig, efetuadas segundo os melhores modelos científicos. Contudo, ele não se opõe a elas ("elas não podem prejudicar"), sugerindo acreditar que *são supérfluas, mas não impróprias*; ou seja, Freud parece não temer que os dados experimentais possam lhe ser contraditórios. De fato, Freud não reivindica para o conhecimento que produz qualquer estatuto peculiar: *a clínica lhe fornece obser-*

---

68. Peter Gay informa que a íntegra desta carta no original alemão pode ser encontrada em SHAKOW, D. & RAPPAPORT, D. *The influence of Freud on American Psychology*, 1964. Cf. GAY, P. *Freud*: uma vida para o nosso tempo. São Paulo: Companhia das Letras, 1989, p. 475.

vações seguras que apoiam suas teses e lhes concedem fundamento independentemente de qualquer experimentação laboratorial. A partir deste pequeno trecho, fica claro que Freud, ao menos num certo sentido, coloca-se no campo das ciências observacionais e no das teorias correspondentistas da verdade, tornando, assim, a psicanálise vulnerável às críticas neopositivistas. Outra consequência deste posicionamento é que o psicanalista deveria lidar com os "dados" da clínica como dados de observação tão confiáveis quanto os obtidos em qualquer outro contexto.

Os artigos de Charles Hanly, como "The concept of truth in psychoanalysis" (1990) publicado no *International Journal of Psychoanalysis*, revelam a presença ainda viva dentro da psicanálise da concepção de verdade por correspondência e da noção de que a clínica pode produzir "evidências" tão puras e sólidas quanto as – supostamente – produzidas pelas demais ciências observacionais. Este ensaio foi publicado como primeiro capítulo de sua coletânea *O problema da verdade na psicanálise aplicada*[69].

Segundo Hanly, em condições propícias as forças psíquicas se dão a conhecer sem a necessidade de o analista impor a elas seu próprio padrão interpretativo, sem qualquer mediação. Para este autor, somente o contato imediato com os dados clínicos, aliado a esta crença na verdade por correspondência, bem como os procedimentos metodologicamente sólidos nela assentados, serão capazes de superar o estado de dispersão em que o campo psicanalítico está imerso. Vale notar que este trabalho de Hanly foi apresentado no Congresso de Roma, cujo tema era a unidade do campo; em outras palavras, é interessante observar como estados de conflagração tendem a engendrar retomadas do velho projeto epistemológico e de todas as suas esperanças de integração e unidade consensual.

---

69. HANLY, C. *O problema da verdade na psicanálise aplicada*. Rio de Janeiro: Imago, 1995. As citações seguintes referem-se a esta edição.

Apresentemos rapidamente alguns pontos desse ensaio. Hanly começa por descrever o que seriam duas teorias da verdade: a) por correspondência (adequação entre um objeto e sua descrição; conhecimento obtido por meio da observação dos objetos como eles realmente são; própria às ciências naturais; associada ao realismo filosófico). Premissa epistemológica: objetos são capazes de proporcionar observações mais ou menos corretas sobre eles, independente das teorias dos observadores. Ontológica: pensamentos e ações são causados; mentes são parte da natureza; b) por coerência (os objetos do mundo só fazem sentido no interior de uma descrição ou teoria; os objetos construídos ou constituídos pela teoria governam a observação e a própria experiência dos observadores; associada ao idealismo filosófico). Premissa epistemológica: modos de pensar e perceber condicionam o que é observado; os fatos dependem das teorias. Ontológica: pensamentos e ações têm razões, não causas; mentes dão sentido à natureza. Como as observações que confirmam a teoria estão elas próprias "contaminadas" pela própria teoria, pode haver mais de uma versão verdadeira sobre um problema.

A seguir, passa aos argumentos que aparentemente validariam o critério da coerência, como as declarações iniciais de Freud em 1915 ("Pulsões e destinos de pulsão") nas quais ele admite a aplicação de ideias abstratas, não provenientes da observação, ao material empírico. Também as divergências no campo das teorias psicanalíticas atuais pareceriam atestar o critério da coerência, já que podem ser tomadas como várias verdades possíveis (internamente consistentes, mas incompatíveis entre si) sobre um mesmo relato clínico, por exemplo.

Porém, Hanly está convicto de que, embora por vezes Freud recorra ao critério coerentista, este é considerado necessário, mas não suficiente. *Segundo o autor, Freud adere inequivocamente ao realismo e à concepção de verdade por correspondência.* Afinal, como bem o demonstrariam as psicoses, "um sistema de crenças ou uma narrativa podem ser coerentes, mas falsos. O conceito de coerência não é suficiente para cobrir o lapso entre ideias e objetos" (HANLY, 1995, p. 36). E quais seriam os objetos, os "conteúdos e estados da mente enquanto tais" passíveis de serem conhecidos? "As forças intrínsecas em ação na vida paciente" seriam os impulsos e seus derivativos (HANLY, 1995, p. 36). É possível obter conhecimento objetivo de tais objetos. O passado, por exemplo, "é o que é" e pode ser acessado, como realmente foi – e não refeito, recriado, reconstruído pelas interpretações do analista (Viderman é explicitamente nomeado como porta-voz da concepção oposta). O correspondentismo implica que existem interpretações corretas/verdadeiras e interpretações incorretas/falsas; embora não seja fácil encontrá-las, as "provas" da correção de uma interpretação são fornecidas pelo próprio objeto; isto é, são as evidências clínicas que sustentam a verdade de uma interpretação em detrimento de outras possíveis.

Eis então o texto de Hanly tomado como exemplo dos vestígios de uma epistemologia positivista no campo da psicanálise. Vê-se como ele opta pela verdade como correspondência, ao mesmo tempo em que dirige críticas (a nosso ver, pouco lúcidas) ao "coerentismo"[70]. Hanly até reconhece que em Freud haveriam indícios de uma posição coerentista moderada e que esta é a posição que melhor explica o atual estado de dispersão da psicanálise, mas seu principal argumento é no sentido de sustentar que Freud era essencialmente um realista. Em suma, testemunhamos Hanly às voltas com o desafio de mostrar que, apesar de tudo, a posição correspondentista e verificacionista é defensável.

O confronto entre os textos de Hanly e de Viderman (apresentado no capítulo anterior) dá margem a diversas questões. Aos historiadores da psicanálise, por exemplo, importaria reconstituir as posições freudianas no campo da epistemologia (i. é, até que

---

70. Nos próximos capítulos, a discussão dos textos de Ricardo Bernardi, Wurmsor e Loparic irá permitir uma melhor apreciação das posições aqui criticadas.

ponto ele foi tal como Hanly descreve, até que ponto se afastou da epistemologia fundacionista e da teoria correspondentista da verdade). Aos epistemólogos da psicanálise, preocupados com o estatuto do conhecimento psicanalítico, importaria saber se as posições de Hanly legitimam adequadamente o que a psicanálise enquanto teoria efetivamente realiza, ou, ao contrário, se Viderman está mais próximo da psicanálise "real". Por fim, para todos os interessados pela relação entre práticas clínicas e teorias (ou seja, pela passagem do conhecimento tácito para o representacional) importaria perguntar se é Hanly (alicerçado em vestígios do positivismo) ou se é Viderman quem melhor dá conta do nexo entre o que acontece na clínica e o que se teoriza fora dela e sobre ela. Esta última questão já não pertence ao campo da epistemologia, ao menos quando despojada de qualquer intenção normativa e legitimadora.

6
Uma alternativa ao fundacionismo: o racionalismo crítico de Karl Popper

Vimos no capítulo anterior como diante de um quadro de dúvidas, incertezas, arbitrariedade, violência e irracionalismo os positivistas lógicos projetaram uma intervenção no plano da filosofia e da ciência que tinha, porém, um sentido muito mais amplo e profundo para todo o campo da cultura e da sociedade contemporânea. Dificilmente poderemos discordar de seus propósitos que, em resumidas contas, eram o estabelecimento de condições de convivência pacífica, democrática e propícias ao desenvolvimento econômico, social e cultural da humanidade.

Contudo, no plano estritamente filosófico, é discutível a adequação de seus conceitos e procedimentos. Por exemplo, a existência de uma *observação pura* e de uma *linguagem puramente observacional*, livre de todos os vieses e pressupostos teóricos, está longe da unanimidade. Igualmente longe do consenso encontra-se o otimismo verificacionista, ou seja, a esperança de que temos condições de verificar nossas crenças para lhes dar o estatuto de crenças verdadeiras. Ademais, são também discutíveis as implicações éticas e políticas "não desejadas" do neopositivismo – mas embutidas na proposta. Em particular, a questão de saber se uma *epistemologia fundacionista* não gera, independentemente do desejo de seus promotores, formas mais ou menos dissimuladas de *autoritarismo*. Quando se acredita que algum procedimento dá um acesso privilegiado à realidade, quando se acredita que a verdade está ao alcance das mãos, gera-se inevitavelmente em alguns a pretensão de ocupar o *lugar da verdade* e de desqualificar aqueles que não estiverem de acordo. A obra de Karl Popper (1902-1994) que passaremos a discutir contrapõe-se ao positivismo lógico exatamente nesses pontos.

Popper nasceu e cresceu na mesma sociedade vienense em que se gestou o empirismo lógico. Nas páginas iniciais de sua autobiografia vemos o jovem e precoce Karl Raymond desorientado, ávido de segurança e disponível para embarcar em atividades políticas de caráter messiânico. Assistimos sua rápida passagem, ainda como estudante, pelo marxismo e pela "psicanálise" (na verdade tratava-se da psicanálise adleriana na época bastante sensibilizada pelas "questões sociais"). Vemos Popper oscilando entre esquerda e direita, entre racionalismo e irracionalismo etc. Assistimos, finalmente, sua opção pela perspectiva democrático-liberal, antidogmática e experimental que, anos mais tarde, veio a ser formulada na sua *lógica da investigação científica*. O livro de mesmo título data de 1935 e foi publicado pelos positivistas lógicos, apesar de estes serem criticados na obra[71].

Até aqui pode ter parecido que há grande proximidade entre Popper e os neopositivistas do Círculo de Viena. De fato, ambos partilham uma questão básica: como enfrentar a incerteza dos tempos com o recurso à razão? Existem, também, muitas semelhanças nas respostas: trata-se de elaborar uma nova cultura, uma nova ética, um novo padrão de exigências cognitivas que retomem o antigo impulso iluminista. Se tomamos o Iluminismo como o movimento da humanidade na direção de sua autono-

---

71. Edição brasileira: *A lógica da pesquisa científica*. São Paulo: Cultrix/Edusp, 1972.

mia espiritual, livre das amarras de autoridades arbitrárias e das tradições, não resta dúvida de que Popper e os empiristas lógicos compartilham estes mesmos anseios. Mais que isso: embora todos façam profissão de fé democrática e liberal, continuam apostando numa salvação proveniente da *intelligentsia* e, mais particularmente, dos cientistas e filósofos da ciência.

Até aqui vimos as semelhanças de índole; no entanto, também neste âmbito, e não só no dos desdobramentos "técnicos" que diferenciam a lógica da investigação popperiana da dos positivistas, há distinções que merecem ser assinaladas. Popper parece ter como meta elaborar uma *forma de convivência com a multiplicidade e com a incerteza, e não uma drástica imposição da unidade.* Ele parece ter descoberto que a segurança não nos está facultada senão na forma de ilusão, mas que, por outro lado, há um modo de se enfrentar o conflito sem escorregar no ceticismo. Como, então, conviver racionalmente com o conflito? Como lidar com a multiplicidade e dela tirar proveito? São estas as questões que o movem na elaboração de uma lógica da investigação científica – o *falsificacionismo* – e na elaboração de uma ampla plataforma de reforma cultural – o *racionalismo crítico.*

Popper acredita que na raiz de todo dogmatismo, até dos mais "esclarecidos" como o dos positivistas, jaz a crença na "verdade evidente", ou seja, em alguma forma de conhecimento imediato. Esta, como sabemos, é a crença básica de toda epistemologia fundacionista. Sempre que alguém se julga detentor de um conhecimento imediato e por isso indiscutível, passa a julgar-se também autorizado a impor suas ideias. No campo epistemológico a tarefa crítica de Popper será a de combater todas as epistemologias (cartesianas, baconianas ou mistas) que repousam na suposição de um conhecimento imediato livre de qualquer suspeita e, portanto, fora de discussão. Para ele é preciso conservar sempre abertos os espaços da dúvida e do debate. É neste sentido que devem ser entendidas suas diatribes contra o *racionalismo dogmático* – essencialmente *monológico* – e contra os *empirismos ingênuos* que confiam demasiado nos sentidos.

É este o significado, igualmente, de sua condenação do procedimento indutivo que implicaria uma gradual "elevação" do conhecimento desde a observação pura de casos individuais até a formação de conceitos e leis gerais e no uso de observações de casos particulares para a verificação de enunciados genéricos. Para Popper não existem observações puras e isentas, acima de qualquer suspeita. Desta maneira, nem a observação pura pode estar na base da indução, nem pode servir como verificação de nossas hipóteses gerais. Ou seja, *não temos bases seguras nem para gerar nem para comprovar nossas crenças.* Tudo que podemos fazer é *exigir que nossas crenças sejam testáveis e submetê-las repetidamente a testes* para identificar as mais grosseiramente falsas e delas nos livrarmos.

As "pseudociências" não se submetem a esta exigência. Entre as *pseudociências* que não podem ser testadas por variadas razões estão o marxismo e a psicanálise. Uma conjetura é tanto melhor quanto mais testável, quanto mais exposta a testes rigorosos. Qualquer conjetura que comece a ser defendida contra a possibilidade do teste e da refutação, a ser cercada de dispositivos antiteste, perde sua *vulnerabilidade.* Para que uma teoria ou conjetura teórica seja testável é preciso que faça previsões precisas quanto aos resultados a serem observados em condições especificadas. Uma hipótese que nada prevê com precisão é intestável e em alguns casos, como o da psicanálise, parecem haver "desculpas" já disponíveis para qualquer resultado inesperado. Em outras palavras: a psicanálise e o marxismo, bem como outras pseudociências, são irrefutáveis e, portanto, destituídas de qualquer valor cognitivo. O "verdadeiro" cientista deve estar sempre preparado para elaborar conjeturas vulneráveis e para colocar sua conjetura em risco de refutação. Ora, este processo não pode nunca ser interrompido. Por mais testes que uma hipótese tenha vencido, ela nunca deverá deixar de ser tomada como conjetura e obrigada a se submeter a novos e mais rigorosos testes.

A questão, porém, não se resolve apenas através de testes: se os resultados "positivos" não verificam definitivamente, os "negativos" não refutam conclusivamente. Popper está ciente de que os *enunciados básicos em que se registram as observações empíricas são, também eles, conjeturas que podem ser corrigidas*. Não há nada, segundo a epistemologia popperiana, que mereça ficar livre de suspeita e que não possa ser corrigido. Na verdade, para Popper não existe aquela separação radical entre *enunciados observacionais* – supostamente indiscutíveis – e *enunciados teóricos*. *Todas as observações estão orientadas por expectativas teóricas que ensinam o que, como e onde procurar, e como identificar, reconhecer e descrever o que se observa.* É necessário, portanto, avaliar racionalmente os resultados dos testes antes de decidir o que fazer: Deve-se refutar o conjunto de hipóteses em exame, algumas delas, ou desconsiderar as próprias observações?

Esta decisão deve ser o resultado de um processo social argumentativo, ocorrido no seio de uma sociedade aberta, sem autoridades soberanas nem artigos de fé. Nesta sociedade impera a *razão dialógica* em que os argumentos se cruzam e contrapõem-se uns aos outros livremente. Aonde todos os dialogantes estão, em princípio, em condição de igualdade.

São os valores e normas da *sociedade aberta* que constituem as subjetividades aptas à prática científica e, mais amplamente, à convivência democrático-liberal. Basicamente, é necessário o respeito pelas posições divergentes, disposição para o diálogo argumentativo e renúncia ao uso da força e dos constrangimentos morais, humildade intelectual e disponibilidade para a mudança no confronto com os testes e com os argumentos. Enfim, o que está em jogo é a capacidade de lidar com as diversas formas da alteridade.

Até aqui acompanhamos, portanto, Popper investindo maciçamente contra o núcleo de uma epistemologia fundacionista. No que concerne, porém, à questão da verdade por correspondência, sua posição é bem mais nuançada.

Segundo Popper, para garantir um padrão de sociabilidade como o acima descrito, não há como abrir mão da posição realista e da noção de verdade por correspondência. É preciso acreditar numa realidade e na verdade por correspondência entre crenças e estados do mundo para prosseguir na tarefa de testar e argumentar buscando refutações e perseguindo o consenso. É assim que devemos entender as noções de "realidade" e "verdade" em Popper: são *ideias reguladoras* no sentido kantiano[72]. Como veremos no capítulo 8, elas não fazem parte da experiência possível, ou seja, nunca acederemos à *realidade* e à *verdade*, mas orientamos nossas atividades intelectuais e estabelecemos nossa ética a partir delas. Por outro lado, como ideias reguladoras não possuem qualquer correlato experiencial, fica claro que ninguém pode se assentar na verdade e instalar-se na realidade para dali falar de cátedra. Portanto, convém atentar para o fato de que Popper conserva-se realista e correspondentista, mas se afasta completamente da posição *fundacionista*, ou seja, da perspectiva de procurar para o conhecimento fundamentos sólidos e seguros.

É nesta medida que Popper corresponde a uma renovação do projeto epistemológico da Modernidade bem mais inovadora que a dos empiristas lógicos. Embora a questão da certeza e da incerteza continue sendo o motor de seu pensamento, a aceitação de *graus de incerteza* e a montagem de dispositivos para conviver com ela (e para orientar-se em meio a ela) colocam Popper como uma espécie de epistemólogo de(da) passagem.

---

72. Esta é a interpretação de Sérgio Luiz Fernandes em tese publicada com o título *Foundations of Objective Knowledge* – The relations of Popper's theory of knowledge to that of Kant. Dordrecht: D. Reidel Publishing Company, 1985.

6.1 O estatuto do conhecimento psicanalítico

Veremos agora exemplos bastante representativos do modo pelo qual os popperianos lidam com a psicanálise e com os psicanalistas. Eles tentarão mostrar que o corpo teórico e a prática clínica da psicanálise não dão sustentação ao processo de testes e refutações característicos das verdadeiras ciências. E mais: eles se dedicarão a mostrar como as sociedades psicanalíticas não funcionam como sociedades abertas, como grupos organizados em torno dos valores dialógicos. Ao contrário, elas são altamente hierarquizadas e costumam lidar com as discordâncias "interpretando" os discordantes mais do que os rebatendo com argumentos.

Já de início, porém, é preciso atentar para dois pontos. Por muito interessante que possa ser a posição dos popperianos, suas críticas à psicanálise repousam em duas crenças discutíveis: (1) a crença de que as ciências verdadeiras funcionem realmente da forma por eles descrita, havendo nítida demarcação entre ciência e pseudociência[73]; (2) a crença de que a psicanálise deveria ser concebida como uma "ciência" do mesmo tipo das ciências naturais a partir das quais Popper elaborou sua epistemologia[74].

Passemos aos textos que exemplificam o que pode ser uma apreciação crítica da psicanálise inspirada no falsificacionismo e no racionalismo crítico de Karl Popper. Um deles é o de Frank Cioffi e se chama "Freud and the idea of a pseudo-science"; o outro é o livro do filósofo e antropólogo Ernest Gellner *O movimento psicanalítico* e, em particular seu oitavo capítulo, "Anatomia de

---

73. Esta questão está no cerne da elaboração de Thomas Kuhn, para quem Popper não oferece uma descrição satisfatória da realidade histórica das práticas científicas. Cf. o próximo capítulo.

74. As relações entre conhecimentos tácitos e conhecimentos explícitos no campo da clínica, p. ex., sugerem que as críticas popperianas à psicanálise ignoram algo da especificidade deste campo de teorizações e práticas.

134

uma fé"[75]. Comecemos por caracterizar o que há de comum nos dois trabalhos acima mencionados. Para tal, nada melhor do que endereçar à psicanálise algumas questões popperianas.

1) Em que condições um psicanalista estaria disposto a renunciar às suas crenças?

2) Que experiências práticas ou que observações poderiam ser caracterizadas como *fracassos teóricos da psicanálise*, e não apenas como *fracassos individuais* de tal ou qual analista?

3) Que tipo de fenômeno clínico poderia ser identificado como *falsificação* (refutação) das hipóteses básicas da psicanálise, em particular, das suas hipóteses acerca dos mecanismos inconscientes e de suas manifestações?

4) Com que argumentos lógicos e com que evidências podem os psicanalistas ser levados a abandonar suas hipóteses?

5) Com que liberdade os psicanalistas podem entreter uns com os outros uma prática dialógica isenta do poder da autoridade e da tradição?

6) Em que medida as instituições de transmissão e formação em psicanálise e as associações profissionais de psicanalistas podem ser consideradas como sociedades abertas? (A propósito, aqui merecem ser mencionados trabalhos como os de François Roustang[76] e de Phyllis Grosskurth[77], que colocam sérias dúvidas quanto à liberdade de pensar e argumentar entre os seguidores mais próximos de Freud.)

---

75. In: BORGER, R. & CIOFFI, F. (orgs.). *Explanation in the Behavioral Sciences*. Cambridge: Cambridge University Press, 1975, p. 471-499. • GELLNER, E. *O movimento psicanalítico*. Rio de Janeiro: Zahar, 1988.

76. ROUSTANG, F. *Um destino tão funesto*. Rio de Janeiro: Taurus, 1987. Vale a pena, igualmente, considerar a monumental biografia de Lacan escrita por Elisabeth Roudinesco: *Jacques Lacan*: esboço de uma vida, história de um sistema de pensamento. São Paulo: Companhia das Letras, 1994.

77. GROSSKURTH, P. *O círculo secreto* – O círculo íntimo de Freud e a política da psicanálise. Rio de Janeiro: Imago, 1992. Da mesma autora, cf. tb. a biografia *Melanie Klein* – Her world and her work. Harvard University Press, 1987.

Os popperianos insistem que não há respostas claras e positivas para nenhuma das seis questões acima formuladas. Na verdade, em todas elas o que está sendo questionado é a capacidade de a psicanálise entrar em contato com as alteridades e de admitir as alteridades em seu seio.

É assim que Frank Cioffi apresenta a psicanálise como exemplo consumado de *pseudociência*. Não se trata de que as hipóteses psicanalíticas se refiram a estados inobserváveis: elas são tão empíricas neste sentido quanto as de qualquer outra ciência; mas também não se trata, apenas, de que elas sejam irrefutáveis. Se fosse essa a questão, isto apenas exigiria um esforço no sentido de formulá-las de forma a permitir confrontos críticos com as práticas e com as observações. O grave, para ele, é que a *teoria psicanalítica parece ter sido construída de forma a evitar deliberadamente uma eventual refutação.*

De início, Cioffi aponta para a natureza interpretativa das "evidências" clínicas, históricas, antropológicas, artísticas etc. a que Freud recorre para elaborar e validar suas teorias. O autor, porém, não insiste muito neste ponto: os popperianos sabem perfeitamente que não há observações puras e livres de interpretação, embora tentem distinguir interpretações totalmente arbitrárias de interpretações justificadas e corrigíveis.

A questão crucial é outra: trata-se da propensão da psicanálise a tudo explicar e compreender, encontrando em toda parte instâncias confirmatórias e nunca especificando com precisão o que poderia ser uma observação/interpretação invalidante (ou, ao menos, perturbadora). A psicanálise, assim, preveria (quase) tudo e não excluiria (quase) nada. Isto a tornaria, em princípio, irrefutável. A irrefutabilidade é também garantida pelo uso seletivo das evidências e pela desqualificação das instâncias potencialmente problemáticas (aliás, o modo predominante de os psicanalistas lidarem com os argumentos popperianos acaba confirmando a denúncia de que a psicanálise não está preparada

136

para enfrentar contestações). Cioffi assinala a petição de princípio e o círculo vicioso de alguns argumentos freudianos em que observações/interpretações que não tenham sido produzidas pelo método psicanalítico são liminarmente ignoradas; ao mesmo tempo, as conclusões obtidas por meio deste procedimento arbitrariamente seletivo são usadas para validar o próprio método como método cientificamente adequado, o que implicaria um círculo vicioso. Outro procedimento defensivo de Freud, segundo Cioffi, é o que o leva a preencher lacunas nas suas observações/interpretações clínicas recorrendo a "evidências" que só se mostram pertinentes pela capacidade de *ajustamento às teorias com um mínimo de transtorno para estas*. Se Cioffi se permitisse um linguajar "psicanaloide", decerto diria que Freud construiu a psicanálise sob o domínio do *princípio do prazer*, se esquivando cuidadosamente dos *testes de realidade*...[78]

O recurso à *eficácia terapêutica* poderia trazer à psicanálise um tipo de confronto em que as cartas não estivessem marcadas; a eficácia, em princípio, deveria ser identificada por critérios não psicanalíticos e de reconhecimento social mais amplo, para se evitar o círculo vicioso. No entanto, segundo Cioffi, Freud reconhece que as relações entre a verdade (de uma interpretação ou de uma hipótese clínico-teórica) e os "efeitos" terapêuticos estão longe de ser unívocas. A complexidade de tais relações destituiria a eficácia terapêutica como horizonte de possíveis refutações para a psicanálise.

Cioffi assinala, ainda, o abuso por parte de Freud de *associações e alusões* na "amarração" de suas hipóteses interpretati-

---

78. Embora Cioffi possa apontar alguns "defeitos de fábrica" das teorizações psicanalíticas e, mais ainda, algumas tendências malsãs entre os seguidores de Freud, a análise da *história do pensamento freudiano* poderia nos levar a uma avaliação bem menos corrosiva disto que seria a "arbitrariedade" de Freud na lida com os fenômenos da clínica e na construção de seu arsenal teórico. De qualquer forma, lembremos que toda a argumentação dos popperianos parte do pressuposto de que as teorias e as "evidências" psicanalíticas devem estar relacionadas segundo uma *lógica da investigação científica* feita sob medida para as ciências naturais.

vas. A própria riqueza destas alusões, se de um lado produz um efeito de convencimento, revelando-se um poderoso *dispositivo retórico*, torna as hipóteses imunes a refutações objetivas. Neste contexto se insere a anedota contada por Serge Viderman em "Prima ricordatione della mia infantia", no livro *A construção do espaço analítico*. Conforme o resumo apresentado no capítulo 4, trata-se da análise de Leonardo da Vinci na qual, a partir da má tradução para o alemão de uma palavra italiana – *milhafre* é confundido com *abutre* – Freud viaja nas asas das suas próprias e eruditas associações tomando como ponto de partida a palavra "abutre". Ele articula, numa interpretação espantosamente engenhosa, informações linguísticas e religiosas de várias procedências que lhe permitem o acesso psicanalítico ao inconsciente do homem Leonardo. O mais surpreendente é que Oscar Pfister, "convencido" pela riqueza das associações freudianas e pela beleza da articulação sugerida, acaba "descobrindo" um abutre semiescondido num quadro de Leonardo, o que traria uma confirmação "independente" para a interpretação de Freud. Só que, como se percebeu depois, a tradução do texto italiano estava equivocada e *não havia abutre algum no texto de Leonardo* como apoio para toda esta construção. Diante de uma situação como esta, Cioffi diria algo mais ou menos assim: neste emaranhado de alusões, a presença do abutre no quadro confirmava e dava sustentação às interpretações psicanalíticas, mas sua ausência, ou, quem sabe, a própria presença de uma andorinha (ou de qualquer outro animal) não refutaria coisa alguma.

Finalmente, convencido de que a psicanálise pode ser tudo menos um conjunto de hipóteses testáveis, Cioffi se pergunta: que coisa é esta que contém mais adeptos do que argumentos e evidências? Ele não chega a responder, mas insinua que Freud tenha sido um articulador de *mitos socialmente bem-sucedidos*. Assunto, portanto, para a sociologia e para a antropologia, e não para a epistemologia. Se nos lembrarmos do conceito de *eficá-*

cia simbólica, de Lévi-Strauss, talvez pudéssemos, inclusive, recolocar a questão da eficácia da psicanálise a partir desta noção de "mito bem-sucedido", já completamente fora dos domínios epistemológicos[79].

Já o livro de Ernest Gellner pretende abarcar o movimento psicanalítico, e não apenas a teoria psicanalítica, também a partir de um referencial popperiano. Trata-se de um texto provocativo, por vezes irritante, sempre polêmico e, em muitos trechos, engraçadíssimo. Gellner concorda basicamente com a ideia de que a psicanálise é, pela própria natureza de suas teorizações e de seus métodos, irrefutável e incorrigível. O inconsciente, por exemplo, é concebido como sendo dotado de uma astúcia sem limites, cujo propósito e essência é nos ludibriar; sendo assim, qualquer disposição inconsciente é a princípio compatível com qualquer manifestação/conduta, dada esta sua natureza trapaceira. Este seria apenas "o exemplo mais patente da qualidade de automanutenção, autoperpetuação e antifalsificação das ideias psicanalíticas" (GELLNER, 1988, p. 134). Gellner concorda com Cioffi de que há uma "necessidade de evitar refutação" (p. 144), mas vai além dele: a psicanálise seria um sistema "inerentemente intestável" – "no mundo postulado e, de um certo modo, engendrado pela teoria, a própria teoria é imortal. Para ela, jamais um fato poderá ser letal" (p. 144). As interpretações seriam corrigíveis não pelos dados brutos, mas apenas por outras interpretações, posteriores e mais profundas (p. 154).

No entanto, ele chama a atenção para a possibilidade de a psicanálise *mudar*. Só que as transformações no corpo teórico e institucional não seriam propriamente correções; seriam movimentos que só se tornariam compreensíveis no plano da vida política das comunidades. "As interpretações parecem nunca serem obrigadas a prestar atenção a coisa alguma, exceto às mais

---

79. Cf. LÉVI-STRAUSS, C. *Anthropologie Structurale*. Paris: Plon, 1958, cap. IX e X [Edição brasileira: *Antropologia estrutural*. Rio de Janeiro: Tempo Brasileiro, 1975].

antigas. A ordenação das interpretações não está sujeita a nada exterior a elas, mas apenas à hierarquia dos intérpretes, uma hierarquia engendrada, em parte, pela relação diádica desigual que governa a observação do poço [o psiquismo do paciente em análise] e, também em parte, pela organização política e as relações de poder no seio da corporação" (p. 155). Novamente aqui a história do movimento psicanalítico não seria assunto para o epistemólogo ou para o historiador das ciências, mas para a microssociologia ou, em termos mais gerais, para o fofoqueiro. Talvez não seja por acaso que Peter Gay e, principalmente, Grosskurth e Roudinesco, nas suas biografias intelectuais de Freud, Klein e Lacan, tenham sido frequentemente acusados de pender para o terreno da fofoca.

A primeira questão que se poderia levantar em contraposição às críticas popperianas à psicanálise diz respeito à sua pertinência: Faz sentido confrontar a psicanálise a partir de um referencial – a lógica da investigação científica – elaborado no contexto das ciências naturais? (Popper se refere explicitamente à física einsteiniana como sendo a sua inspiradora.) Esta questão nos remeteria a uma vasta discussão acerca da natureza da psicanálise enquanto saber ou enquanto *ciência*, e acerca do *estatuto de suas teorias* – o que, como estamos vendo, é uma questão para lá de complexa.

No entanto, deixando provisoriamente de lado a reivindicação de um outro padrão cognitivo para a avaliação do conhecimento psicanalítico, vamos tentar aceitar como hipótese de trabalho uma certa pertinência das críticas popperianas. Para esta aceitação poderíamos, inclusive, nos fiar em algumas palavras do próprio Freud nas inúmeras passagens em que explicita sua convicção do caráter *científico* da psicanálise[80].

---

80. Os textos de Freud aqui mencionados têm como referência a edição argentina da Amorrortu, em 24 volumes, com comentários/notas de James Strachey e tradução de José Etcheverry. Buenos Aires: Amorrortu, 1992.

Tomemos como exemplos dois textos que pertencem à derradeira produção freudiana, ambos de 1938. Neles se verá que até o fim da vida Freud não punha em dúvida o caráter da psicanálise como *ciência natural*. Em "Algumas lições elementares de psicanálise", o item "A natureza do psíquico" começa com a afirmação de que a psicanálise é uma parte da psicologia. A pergunta acerca da natureza ou da essência do psíquico é difícil de ser respondida (um físico se veria em dificuldades semelhantes para explicar a essência da eletricidade), mas isso não atrapalha nem impede o progresso da pesquisa e suas aplicações práticas. É assim que costuma ocorrer nas ciências naturais. "A psicologia também é uma ciência natural. *Que outra coisa poderia ser?*" (FREUD, 1938a/1992, p. 284 – grifos nossos). Na continuação deste trabalho encontraremos Freud aproximando sem hesitação a metodologia científica da física à da psicologia científica e, em particular, à da psicanálise.

Vejamos agora um trecho maior do ensaio "Esquema de psicanálise"[81]: "nossa suposição de um aparelho psíquico espacialmente extenso, composto de acordo com os propósitos e desenvolvido em virtude das necessidades da vida, aparelho que só em um lugar preciso e sob certas condições dá origem ao fenômeno da consciência, nos permitiu erigir a psicologia sobre bases semelhantes às de qualquer outra ciência natural como, por exemplo, a física" (1938b/1992, p. 198).

Tanto num caso como no outro a realidade continuará sendo incognoscível[82], mas através de recursos metodológicos pode-se inferir certos processos que em si mesmos são inacessíveis. E Freud prossegue: "claro que em cada caso singular cabe à crítica

---

81. O ensaio *Abriss der Psychoanalyse* recebeu diversas traduções: *Esboço de psicanálise* (Imago), *Compendio del psicoanálisis* (Biblioteca Nueva), *Esquema del psicoanálisis* (Amorrortu).

82. Na tradução da Amorrortu: "O real-objetivo permanecerá sempre 'não discernível'" (p. 198).

averiguar com que direito e com que grau de certeza fazemos tais inferências [...] e não se pode negar que a decisão coloca amiúde grandes dificuldades, que se expressam na falta de consenso entre os psicanalistas" (p. 198-199).

Até aqui poderíamos acreditar que a psicanálise está sendo criada de acordo com um modelo de ciência muito próximo ao dos positivistas e/ou ao de Popper. Mas como encarar a continuação do texto? "A novidade da tarefa, bem como a falta de treinamento, são as responsáveis por isso [falta de consenso], mas também intervém um fator particular inerente ao próprio assunto, a saber, que na psicologia nem sempre se trata de coisas que, como na física, despertam apenas um frio interesse científico" (p. 199).

E Freud encerra este trecho com um procedimento *imunizatório* de deixar um popperiano escandalizado: "assim, não nos surpreenderemos se *uma psicanalista* que não está convencida o bastante de sua própria inveja do pênis deixar de considerar devidamente esse fator em seus pacientes. No entanto, essas *fontes de erros provenientes da equação pessoal acabam não tendo, no fim das contas, muita significação*" (p. 199 – grifos nossos).

Em outras palavras: a inveja do pênis não está em questão. Quem está em xeque é a psicanalista que, insuficientemente analisada, não vê inveja do pênis aonde – *Freud não tem dúvida* – ela realmente está. É claro que a discussão crítica nada tem a fazer diante desta afirmação completamente imune aos testes (já que quem não percebe a inveja do pênis é exatamente quem dela padece mais intensamente, e, assim, um *resultado contrário reafirma com maior veemência a própria tese*), e imune também aos argumentos contrários (pois as interlocutoras discordantes estarão liminarmente desqualificadas). Existe alguém, pois, cujo conhecimento está acima de qualquer suspeita.

7

Para além do correspondentismo e do fundacionismo: Thomas Kuhn

A obra de Popper marca um momento crítico da *epistemologia fundacionista*, já que para ele nenhuma crença jamais poderá ser plena e definitivamente fundada em qualquer tipo de conhecimento indiscutível e incorrigível. Esta falta de fundamentos exigirá do cientista um esforço permanente no sentido de conservar suas crenças em suspenso, colocando-as repetidamente à prova dos testes e dos argumentos contrários. Contudo, vimos que a noção de "verdade" popperiana mantém-se no campo do correspondentismo: ainda que à verdade não cheguemos nunca, já que não existe nenhuma possibilidade de verificação das hipóteses, podemos e precisamos, segundo os popperianos, *conceber a verdade como a correspondência entre a representação e a coisa representada*. O que sustenta esta noção de *verdade por correspondência* é uma clara opção *realista*; ou seja, segundo Popper, existe uma realidade independente do conhecedor, mesmo que nunca possamos estar seguros de termos (ou não) alcançado esta realidade. É nesta medida que a realidade e a verdade podem ser entendidas como *ideias reguladoras da razão* no sentido kantiano do termo.

Passemos agora à obra de um autor que na década de 1960 juntou-se a Popper e seus discípulos na crítica ao positivismo lógico: Thomas Kuhn (1922-1996). No entanto, como veremos a seguir, Kuhn estabelecerá com os popperianos uma relação bastante complexa em que aproximações e alianças se darão ao mesmo tempo que diferenças e contradições bastante radicais.

Inicialmente, cabe destacar uma radical diferença de índole entre as obras dos neopositivistas e de Popper, de um lado, e a obra de Thomas Kuhn, de outro. Nos primeiros casos temos filosofias da ciência *normativas*, ou seja, filosofias da ciência que se destinam a estabelecer normas e critérios epistemológicos capazes de assegurar a validade dos produtos das práticas científicas e os modos adequados de estas práticas serem efetuadas. Já no caso de Kuhn, o objetivo é o de *descrever* estas práticas tais como se dão efetivamente, em seus contextos e nas suas histórias, de forma a compreender a dinâmica e a estrutura das comunidades que produzem conhecimento aceito como conhecimento científico. Portanto, embora físico de formação, Kuhn enveredou por uma filosofia da ciência que mantém vínculos estreitos com a *história das ciências* e com a *microssociologia das comunidades científicas*. Kuhn não pretende ensinar a ninguém como fazer ou como avaliar os produtos científicos, mas nos levar a refletir sobre as condições histórico-sociais que conferem especificidade a estes produtos.

A obra de maior impacto de Thomas Kuhn – *A estrutura das revoluções científicas*[83] – foi publicada em 1962, quase 30 anos após a publicação da obra de maior impacto de Popper (*A lógica da investigação científica*, de 1935). No entanto, o pensamento de Popper nesta época ainda era, e continuou sendo por muito tempo, a principal referência, enquanto que a força do empirismo lógico estava em franco declínio (em parte, devido aos argumentos popperianos). De certa forma o trabalho de Kuhn alia-se

---

83. Edição brasileira: *A estrutura das revoluções científicas*. 3. ed. São Paulo: Perspectiva, 1991.

ao de Popper, vindo a ser uma espécie de tiro de misericórdia no positivismo. Por outro lado, contudo, será contra Popper e os popperianos que Thomas Kuhn dirigirá suas análises. Desde a década de 1960 grande parte das discussões no campo da filosofia da ciência é travada entre popperianos, kuhnianos e inúmeras variantes destas duas posições básicas[84].

Nos textos de Kuhn – aonde é introduzido o conceito básico de *paradigma* e, a seguir, mas com muito menos êxito junto ao público, o de *matriz disciplinar* – veremos o autor investindo com argumentos históricos e sociológicos contra a ilusão de que as comunidades científicas sejam *comunidades abertas* em que viceja o espírito crítico. Ao contrário, diz Kuhn provocativamente, as ciências modernas constituíram-se no exato momento em que se encerrou o espaço da crítica dando lugar a práticas dogmáticas, conservadoras e tradicionalistas. Isto ocorre com a adesão coletiva a um *paradigma que cria o espaço da intersubjetividade* e infunde em seus adeptos uma fé inabalável nas possibilidades de descrever e explicar o mundo a partir de alguns pressupostos e procedimentos consagrados.

A adesão a um paradigma ou a uma *matriz disciplinar* garante a partilha de *generalizações simbólicas* (uma linguagem básica, sintática e semanticamente unívoca), a partilha de *modelos e analogias* preferidos e a partilha de *exemplos de boa ciência* (casos concretos de problemas bem equacionados e bem resolvidos); cria-se assim um campo intersubjetivo em que se torna possível o trabalho coletivo em torno de questões para todos compreensíveis e relevantes.

Sob o domínio de uma matriz disciplinar desenrola-se, segundo Kuhn, a *ciência normal*, com suas pesquisas padronizadas.

---

84. Cf. a discussão extraordinariamente clara, cordial e bem-humorada entre Popper e Kuhn em dois artigos: "Lógica da descoberta ou psicologia da pesquisa?" (Kuhn) e "A ciência normal e seus perigos" (Popper), ambos no volume que reúne textos do Colóquio Internacional sobre Filosofia da Ciência (Londres, 1965). Cf. LAKATOS, I. & MUSGRAVE, A. (orgs.). *A crítica e o desenvolvimento do conhecimento*. São Paulo: Cultrix/Edusp, 1979.

Neste contexto não ocorre nada a que se possa chamar realmente de *teste de hipóteses,* verificações ou refutações. Não há também, a rigor, solução de problemas. A ciência normal dedica-se à solução de *quebra-cabeças* julgados relevantes e interessantes no âmbito da matriz disciplinar. Trata-se de um jogo a que toda comunidade se dedica com empenho e perseverança, sem desconfiar jamais da adequação e da conveniência dos seus pressupostos. Não se trata da *aplicação* de uma matriz disciplinar ou de um paradigma a um material bruto por parte de sujeitos autossuficientes e soberanos: a adesão a uma matriz disciplinar *constitui tanto o mundo e suas charadas como os sujeitos* indagadores sensíveis a estas charadas e interessados em resolvê-las. É esta unidade de sujeito e objeto constituída pela matriz disciplinar que a ideia de *aplicação* não contempla. E é porque não há aplicação que não pode haver *teste do próprio paradigma* durante a ciência normal. Na vigência de uma matriz disciplinar, apenas podem ocorrer testes das capacidades individuais dos praticantes da ciência (como seria o caso daquela psicanalista que não conseguia ver a inveja do pênis de suas pacientes, mencionada por Freud no *Esboço da psicanálise*). Durante o período de domínio de uma matriz disciplinar, a comunidade está orientada pela procura de *abrangência e consistência* das informações que produz; ou seja, ela trabalha no sentido de *ampliar o alcance* do paradigma e, ao mesmo tempo, de *conservar a coerência* metodológica e doutrinária.

Ora, o problema é que neste jogo de quebra-cabeça há sempre peças faltando e peças sobrando, vale dizer, cada matriz disciplinar mais cedo ou mais tarde encontra os seus limites. A estas peças faltantes ou restantes, a estes resultados experimentais ou observações que *não se encaixam,* que *frustram e decepcionam,* Kuhn chamou de *anomalias.* O encontro e a valorização das anomalias são possíveis apenas porque, aderida à sua matriz disciplinar, a comunidade tem expectativas muito claras acerca do que deve esperar do trabalho de cada pesquisador. Não que a pesquisa seja meramente redundante; ela admite "descobertas", mas é necessário que estas "descobertas" se integrem aos espaços que lhes cabem no conjunto do saber compartilhado; enfim, pode haver um pouco, mas muito pouco, de *aventura* durante a ciência normal. O cientista é um profissional como outro qualquer que deseja fazer corretamente seu trabalho e ser reconhecido por isto; não há nada aqui do "heroísmo" do cientista popperiano, sempre disponível para testar e refutar suas hipóteses e para deixar-se tocar pelas críticas. Quando as "descobertas" não se ajustam, transformam-se em motivo de suspeita que, num primeiro momento, incidirá sobre o suposto descobridor. Se estes resultados desajustados mostrarem-se recalcitrantes e irredutíveis, aí convertem-se em anomalias. Se tais anomalias se acumulam e, principalmente, se eclodem em áreas sensíveis e nucleares do paradigma dominante, então a comunidade é invadida pelo *mal-estar*. Finalmente, este mal-estar pode levar a comunidade a uma *crise de identidade e confiança*: começam a se afrouxar os vínculos e lealdades com o paradigma dominante e, o que é decisivo, *começam a proliferar alternativas*. Neste momento encontra-se em gestação uma *revolução científica*.

As revoluções científicas, na historiografia kuhniana, seriam acontecimentos relativamente raros (nada de parecido à revolução permanente proposta por Popper e... Trotsky). Quando ocorre uma revolução científica produz-se um efeito gestáltico: há uma nova problemática, um novo campo de charadas e uma *nova subjetividade epistêmica* em ação. Nesta medida poder-se-ia falar numa certa *incomensurabilidade* entre paradigmas. Conceitos pertencentes a matrizes disciplinares diferentes possuem campos semânticos[85] diferentes, o que impede uma tradução direta e termo a termo. A rigor, a tradução de teorias de uma matriz disciplinar para teorias de outra matriz disciplinar nunca seria

---

85. O campo semântico de um conceito é o conjunto das relações históricas e contemporâneas que este conceito mantém com os demais conceitos; em última instância, define os sentidos de cada um deles para os que falam esta linguagem.

perfeita e exigiria algumas alterações básicas na teoria para a qual se faz a tradução, de forma que ela possa acolher e dizer o que era dito na outra. Mas há algo mais sério na noção de incomensurabilidade: ela também significa a *ausência de critérios racionais, universais e soberanos para comparar e escolher em termos puramente cognitivos um paradigma em detrimento de outro*. As escolhas e preferências dar-se-iam, assim, por motivos outros (psicológicos, sociológicos), impedindo uma reconstrução puramente racional da história das ciências.

A análise de Kuhn joga por terra a pretensão do conhecimento científico de ter fundamentos indiscutíveis e necessários; há uma forte dose de contingência e arbitrariedade nas escolhas, nas adesões e nas práticas. Há também uma forte dose de violência no exercício do domínio de uma matriz disciplinar sobre aqueles que são introduzidos numa comunidade científica ou que pretendem atuar dentro dela, por exemplo, elaborando teses e publicando artigos em revistas especializadas.

Está sendo igualmente superada a noção correspondentista de verdade. Trata-se de uma posição predominantemente não realista e que poderia ser denominada *construtivista*: o mundo a ser descrito e explicado é o "mundo" constituído pela própria matriz disciplinar. Os problemas que este mundo propõe são problemas apenas para os que vivem neste mundo assim construído; por outro lado, os artífices das "descrições" e "explicações científicas" são os sujeitos "produzidos" pela matriz, cuja sensibilidade e intelecto foram modelados por ela. Embora durante a ciência normal os cientistas "procurem a *verdade*", esta se identifica com a coerência e a abrangência das informações[86] obti-

---

86. Atenção: Kuhn não está propondo uma concepção coerentista da verdade (a verdade como coerência no plano de um sistema de representações). Ele apenas diz que, quando os cientistas da ciência normal procuram a verdade, eles, de fato, estão regulados pela ideia de que sua tarefa é a de ampliar o alcance e manter a consistência do paradigma; desse modo, a verdade poderia ser identificada pela coerência, pela ausência de contradições dentro do sistema.

das no contexto de um dado paradigma. Para o filósofo e para o historiador, porém, deve ficar bem claro que as "verdades" só podem ser concebidas em contextos específicos – no contexto de cada matriz disciplinar – descartando-se qualquer possibilidade de uma verdade por correspondência com um mundo real e de validade universal para todo e qualquer sujeito humano.

Convém, no entanto, nuançar o construtivismo de Kuhn. Ao atribuir às anomalias uma função essencial na sua história das revoluções científicas, ele parece admitir que através delas o *mundo* – e agora *o mundo real* – possa dizer, para quem sabe escutar e espera apenas escutar *sim*, um arremedo de *não*. A questão é: qual o estatuto das anomalias? Serão elas indícios objetivos de algo que transcende o mundo constituído pela matriz disciplinar? Parece, enfim, que através da noção de "anomalia" Kuhn conserva alguns laços com o realismo. E resta outra questão: Será possível desfazer completamente estes laços? De qualquer forma, o realismo na sua forma mais explícita e assumida, bem como a noção de verdade por correspondência, estão postos em questão. Isto deixa o pensamento representacional na sua versão kuhniana numa posição bastante melindrosa: os paradigmas e/ou as matrizes disciplinares são núcleos geradores de sistemas representacionais, as teorias. No entanto, estas representações na verdade já não representam nada, já não há nada fora do sistema que possa ser propriamente representado.

Comentários complementares sobre a prática científica:

1) Segundo Kuhn, a formação do consenso, ou seja, a constituição de uma comunidade baseada e organizada pela adesão a um paradigma é historicamente o aspecto decisivo no processo de passagem dos "saberes e práticas" à ciência tal como a conhecemos na Modernidade; esta passagem elimina a dominância da crítica (pensamento divergente) e inicia a dominância da tradição (ou pensamento convergente).

2) A adesão a um paradigma pode ser compreendida como a aceitação – e nesta aceitação há uma forte dose de *imposição*, ao menos no que concerne aos aprendizes em formação (alunos de graduação, mestrandos, doutorandos) – das *regras de um jogo*. Ser um bom cientista seria, antes de mais nada, aplicar bem estas regras e ganhar o maior número de partidas; a vitória neste jogo é caracterizada pela capacidade de ajustar as teorias às observações e vice-versa, sendo que estas observações só ganham sentido e, na verdade, só são realizadas a partir do paradigma dominante. Durante a *ciência normal* as regras do jogo não são questionadas.

3) As regras do jogo não são completamente explicitadas nem são transmitidas apenas ou principalmente através de generalizações: elas são aprendidas por meio de exemplos de jogadas bem-sucedidas e de exercícios. Uma das acepções do termo paradigma, efetivamente, é a de *exemplo fundamental de uma solução de enigma*. O exercício do/no jogo inclui, assim, o que já conhecemos sob o nome de "conhecimento tácito".

4) O que separa a prática científica moderna de outras práticas – nem por isso menos interessantes e valiosas[87] – é a existência de regras do jogo suficientemente consensuais e operativas para: (1) delimitar um *campo e um filão de pesquisa*, ou seja, uma *problemática composta de enigmas relevantes para o trabalho empenhado de toda a comunidade*; (2) permitir que se discriminem claramente "boas jogadas"

---

87. É importante acentuar esta posição de Kuhn. Em geral estamos acostumados a associar um juízo de valor à demarcação entre ciência e não ciência – entre o que é e o que não é conhecimento válido. Kuhn, porém, ao descrever sociológica e psicologicamente a prática científica moderna, tal como ele a vê sendo efetuada nas comunidades de cientistas naturais, não pretende estar colocando estes fenômenos numa posição hierarquicamente superior a de outras áreas. Aliás, convém sublinhar que o próprio Kuhn se afastou pessoalmente do campo da física, que é o mais antigo caso de paradigmatização, para enveredar pelo campo da história e da sociologia da ciência, que segundo ele mesmo não alcançaram (ainda?) o mesmo grau de amadurecimento.

de "jogadas infelizes ou transgressoras"; (3) permitir que o acúmulo de "jogadas infelizes" que, num primeiro momento, pareceriam apenas atestar a imperícia de um jogador, venha a gerar uma crise de confiança nas próprias regras. Nesta medida, algumas áreas ficariam de fora da ciência, não pelo fato de trabalharem com hipóteses intestáveis, mas porque, não havendo consenso, não haverá nelas uma tradição de solução de enigmas, uma percepção clara do que é um jogador competente e, portanto, uma valorização dos fracassos deste jogador.

7.1 O estatuto do conhecimento psicanalítico

Antes de passarmos ao artigo de Ricardo Bernardi, "The role of paradigmatic determinants in Psychoanalytic understanding"[88], convém relembrar os termos que têm estado e continuarão no centro de nossa discussão.

A posição *realista* afirma a existência de objetos independentes de qualquer sujeito humano e o conhecimento se definiria como a captura – reconstrução – conceitual destes objetos já dados. Esta reconstrução teórica poderia estar sempre sujeita a fracassos e nunca ser definitiva, faltando-nos, inclusive, os critérios para verificar sua adequação aos objetos dados na realidade. Ainda assim, é a crença nesses objetos que promoveria e nortearia todo esforço cognitivo. Popper, por exemplo, embora considere que jamais poderemos verificar nossas teorias, permanecendo elas para sempre na condição de conjeturas, afirma a crença realista como pressuposto da investigação científica e de sua lógica de testes, refutações e discussões críticas.

A posição *construtivista* põe em dúvida o estatuto natural dos objetos do conhecimento. Ao invés de concebê-los como *da-*

---

88. BERNARDI, R. "The role of paradigmatic determinants in Psychoanalytic understanding". *International Journal*, 1989, 70, p. 341-356. As citações seguintes referem-se a esta paginação.

dos da realidade, concebe-os como produtos de algum processo de construção em que as teorias, os métodos e as técnicas de pesquisa engendram seus próprios objetos e seus próprios problemas de investigação. Kuhn assume esta posição construtivista quando afirma que, durante o período de ciência normal, os paradigmas ou matrizes disciplinares modelam o campo das investigações possíveis, constituindo tanto os sujeitos como os objetos da investigação.

Pois bem, a posição que Bernardi defende em seu artigo inspira-se na perspectiva kuhniana de ciência, mas não é o simples desdobramento do que o próprio Kuhn falou, brevemente, sobre a psicanálise. O que está em jogo é o estatuto das ditas ciências humanas: Tratam-se de ciências pré-paradigmáticas, como Kuhn sugere, ou de ciências multiparadigmáticas? No primeiro caso estaríamos ainda numa fase pré-consensual, aonde não havendo dominância de um paradigma não haveria tradição de solução de enigmas, nem ciência normal, nem revoluções científicas. No segundo caso, teríamos uma mesma área disputada por paradigmas distintos; no entanto, esta disputa não impediria que se formassem consensos e se constituíssem comunidades relativamente independentes umas das outras.

Bernardi sustenta a ideia de que as diferentes maneiras de pensar e fazer psicanálise correspondem a diferentes paradigmas. Cada uma destas formas estaria suficientemente segregada das demais, suficientemente articulada e expressa num idioma próprio para que não houvesse mais entre elas nem compatibilidade lógica nem congruência semântica. Segundo o autor, as teorizações de Freud, Melanie Klein e Jacques Lacan (pelo menos, mas porque não incluir outros nomes, como Bion ou Kohut?) teriam alcançado este nível de organização interna e diferenciação para que o conceito de "paradigma" pudesse ser adotado apropriadamente.

O autor procura mostrar que a psicanálise é uma ciência multiparadigmática, já que nela existem, numa tensa convivência, paradigmas incomensuráveis entre si. Tenta demonstrar esta tese por meio da comparação sistemática entre os modos de ver, pensar e teorizar próprios ao freudismo, ao kleinianismo e ao lacanismo, examinando como um mesmo caso – o do homem dos lobos – pode ser compreendido a partir de cada um destes três paradigmas. Vejamos os principais pontos do artigo:

Freud, Klein e Lacan teriam conseguido formular "um sistema independente de hipóteses interconectadas, internamente autorreguladas e ligadas a práticas psicanalíticas particulares" (p. 342). Mais do que teorias (referentes a aspectos cognitivos), os paradigmas seriam conjuntos de elementos conceituais somados a preconcepções, atitudes, valores e fantasias (p. 343). Isto é, constituiriam modos de ver e de pensar próprios, que conformam as condições de percepção e de seleção do material clínico, bem como o modo de propor e solucionar problemas (de acordo com as questões centrais e as formulações metapsicológicas de cada um).

Os paradigmas seriam incomensuráveis entre si, "nem logicamente compatíveis, nem semanticamente congruentes" (p. 342). Geram uma linguagem absolutamente própria, com terminologia específica e intraduzível em outro idioma teórico (ex.: nome do pai, posição depressiva). Mesmo no vocabulário que permanece compartilhado (ex.: Édipo, ego, inconsciente), os termos assumem significados inteiramente distintos.

Mencionando que no campo da psicanálise alguns fatores (como a referência comum a Freud) parecem proteger contra as crises paradigmáticas, Bernardi sugere que seria útil se as teorias psicanalíticas sofressem esporadicamente pequenas crises metodológicas, de modo a evitar a consolidação de estereótipos e testar sua capacidade de responder a novas ideias. Para isso, propõe que o psicanalista possa levar em conta aspectos do material revelados por outros paradigmas que não o seu, bem como o desenvolvimento de uma "linguagem descritiva que nos permitirá, mais do que o permitem teorias, falar acerca daquilo que não entendemos no material" (p. 343).

Bernardi chega a levantar uma questão um tanto embaraçosa para sua estratégia comparativa: é de fato o *mesmo material* que todos tomam como ponto de partida para a análise? Não exatamente, responde ele, já que a interpretação será baseada em alguns aspectos, privilegiados por cada um dos três paradigmas, e que não são os mesmos. "Tal seleção do material ocorre, *sem que o analista se dê conta disso, como resultado de suas premissas prévias*" (p. 344 – grifos do autor). Ainda assim, Bernardi persiste no intuito de comparar as três leituras de "O homem dos lobos".

Em linhas gerais, Freud vê um lobo ereto, pronto para um ato sexual; o adulto em análise "lembra ou reconstrói seu desejo infantil de ser penetrado pelo lobo-pai e seu medo deste desejo" (p. 347). Klein vê um lobo ameaçando devorar a criança, que tenta defender-se de seus próprios impulsos destrutivos e cujo medo está sendo revivido na transferência. Serge Leclaire, tomado como representante do paradigma lacaniano, vê no lobo apenas um significante formal cujo lugar na cadeia indica algo sobre a posição do sujeito e de seu desejo (cf. p. 347).

Se a visão/seleção do material já não é consensual, menos ainda o é o modo de pensar sobre ele. As interpretações respondem a questões específicas de cada paradigma, assim como à tentativa de combinar certos requisitos metodológicos com um ideal de compreensão (cf. p. 348). No caso do homem dos lobos, a noção de conflito resumiria a essência do paradigma freudiano, que busca o perfeito ajuste entre os elementos da sexualidade infantil inconsciente, de modo a tornar inteligível a história do indivíduo. Um kleiniano começaria por perguntar o que estaria sendo projetado no lobo e contra quais angústias primitivas a criança estaria se defendendo; o paradigma kleiniano tenta aproximar-se o mais possível do mundo interno do paciente e seus impulsos destrutivos. Já na interpretação lacaniana, a castração estaria no centro do caso; o estatuto do pai e a relação entre desejo/castração remetem à distinção entre os registros (imaginário, simbólico e real), núcleo a partir do qual se organiza o entendimento do material.

Em suma, Bernardi aponta diferenças substantivas entre os três paradigmas. Para ele, a ênfase recai sobre a sexualidade (Freud), a destrutividade (Klein) e o narcisismo (Lacan). O primeiro está às voltas com a reintegração de uma história, o segundo com reintegração da experiência emocional básica e o terceiro com aquilo que não pode ser integrado – e assim por diante. Tais diferenças continuam a se replicar no nível mais abstrato da metapsicologia (p. ex., na leitura que cada um realiza do Complexo de Édipo) e no modo como entendem o estatuto da psicanálise como disciplina. No limite, não compartilham os mesmos "compromissos ontológicos" (cf. p. 353).

Inversamente, casos diferentes lidos à luz de um mesmo paradigma mostram elementos recorrentes na compreensão da situação clínica. Bernardi menciona muito rapidamente os casos freudianos Dora e Hans, relidos por kleinianos e lacanianos, concluindo que cada paradigma tende a evocar um conjunto finito de modelos e variantes para lidar com as particularidades de cada caso (cf. p. 351).

Sobre o problema unidade X diversidade do campo psicanalítico, a posição de Bernardi é clara: os diferentes paradigmas são irredutíveis um ao outro, dado que não há acordo entre eles sobre premissas gerais (que não compartilham), nem sobre a experiência (que não é vista do mesmo modo) (p. 354). Tal incomensurabilidade abala a esperança de alcançar alguma unidade no campo e gera questões instigantes (ex.: seria realmente necessário aos analistas kleinianos e lacanianos um estudo aprofundado da obra de Freud?).

No entanto, Bernardi acredita que não podemos dar por perdida a unidade da psicanálise: "nossa unidade repousa no campo compartilhado de problemas, mais do que nas respostas que podemos dar a eles" (p. 354). Quanto à questão da verdade, ele acompanha Kuhn dizendo que "só se pode falar em verdade ou falsidade dentro da moldura de uma teoria cujas premissas são aceitas. No contexto da discussão interteorias, pode-se falar apenas de preferências ou de critérios que são mais ou menos produtivos, profundos etc." (p. 354).

A escolha por um ou outro paradigma abrange muitos fatores e é sempre permeada por processos inconscientes. Assemelha-se, como em outras áreas, a uma espécie de conversão. A teoria pode adquirir um papel superdimensionado para o analista, com o risco de "tomar o lugar da experiência" (p. 355), esta entendida como "falta de docilidade dos fatos em acomodarem-se às nossas convicções" (p. 355). Ou seja, Bernardi acredita que para serem úteis como instrumento de conhecimento é necessário que "algo vindo do material deveria ter um efeito sobre elas [as teorias]" (p. 355). Enfim, admite que existe uma dimensão da realidade capaz de perturbar nossas crenças ou de chamar a atenção para novos modos de perceber.

O artigo de Bernardi foi objeto de crítica e resposta por parte de Renato Mezan. Em "Existem paradigmas em psicanálise?"[89], Mezan avalia a proposta de Bernardi e, ao mesmo tempo, apresenta uma proposta alternativa para a compreensão do campo psicanalítico. Passemos a seus argumentos.

Inicialmente, Mezan aponta certos aspectos que considera problemáticos no artigo. Por exemplo, o que Bernardi nos traz de cada autor e como o faz: o texto de Freud é alvo de uma reconstrução minuciosa, enquanto de Melanie Klein são citados vários escritos de épocas diferentes; quanto a Lacan, é "representado" por um artigo de Serge Leclaire e por uma recapitulação abstrata dos princípios lacanianos.

---

89. In: *A sombra de Don Juan e outros ensaios*. São Paulo: Brasiliense, 1993 [Publicação original: *Percurso*, n. 4, 1990]. As citações seguintes referem-se à paginação do livro.

Após retomar a definição de paradigma e sublinhar que foi forjada para dar conta das ciências naturais (p. 72), Mezan destaca dois pontos que não se aplicam ao campo psicanalítico: a unicidade do paradigma (hegemonia de apenas uma teoria numa ciência natural) e a ocorrência de crises (no sentido kuhniano do termo). A menção feita por Bernardi (no final do artigo) a um suposto "campo compartilhado de problemas" também é contraditória, com noção de paradigma; afinal, uma das funções do paradigma, talvez a principal, seja a de apontar quais problemas são considerados pertinentes. "Ora, das duas uma: ou os problemas pertinentes são *comuns* – e neste caso há apenas *um* paradigma que os define como tais –, ou existem *vários* paradigmas, incompatíveis entre si, sendo, portanto, igualmente incompatíveis, incomensuráveis e intraduzíveis os *problemas definidos por cada um deles*" (p. 75 – grifos do autor).

Mezan observa que, ao longo de seu artigo, Bernardi enfatiza as divergências e a incomensurabilidade entre os paradigmas; a conclusão, entretanto, aponta para direção oposta. Esta tensão lhe sugere que noção de paradigma é inapropriada para pensar a questão da unidade/diversidade do campo psicanalítico. Para Mezan, Freud não se situa no mesmo patamar que Klein ou Lacan; é o discurso fundador, constitutivo de todas demais teorias psicanalíticas. Outro grande ponto de divergência: Bernardi considera os paradigmas psicanalíticos equivalentes, pois a verdade seria questão apenas de "coerência interna" de cada teoria. Ora, argumenta Mezan, diferentemente dos sistemas filosóficos, a psicanálise é determinada por uma prática – não existe teoria sem clínica. Ou seja, ela tem como seu referente os processos psíquicos mobilizados pela situação analítica, e não apenas ideias ou argumentos.

Em suma, vários argumentos impedem considerar as obras de Freud, Klein e Lacan como paradigmas: são teorias que coexistem no âmbito da psicanálise (nenhuma pode ser considerada hegemônica), o fato de "apenas o trabalho de Freud preencher as condições definidas por Kuhn para um paradigma (e mesmo assim com ressalvas)" (p. 81). Além de não ter havido revolução científica na psicanálise, as escolas, embora heterogêneas, continuam a manter em Freud sua principal e indispensável referência (fato sem paralelo em outras disciplinas). Tampouco se vê em outras áreas a possibilidade de os "cientistas normais" (kleinianos, lacanianos) circularem livremente por entre diferentes sistemas teóricos em busca de inspiração para sua prática.

Retomemos o artigo de Bernardi. Parece que em diversos trechos ele entra em contradição com a perspectiva de Kuhn, embora não o faça explícita e deliberadamente. Também parece que ele é conduzido, em certos momentos, para uma compreensão da psicanálise que vai muito além do que poderia ser apreendido apenas tomando Kuhn como ponto de partida.

Em que pesem as intenções explícitas de Bernardi, o que mais chama a atenção na leitura do artigo são algumas inconsistências, ou seja, seus repetidos recuos para posições pré ou antikuhnianas. Ele oscila entre o construtivismo de Kuhn e posições realistas, com escorregadelas popperianas. Em contraposição, a resposta de Mezan parece muito mais consistente, já que assume sem disfarces seus compromissos realistas. Resta saber, contudo, se esta posição se sustentaria diante de um kuhniano de estrita observância.

Do ponto de vista de Kuhn, para início de conversa, não fica muito claro o sentido do próprio procedimento de Bernardi, qual seja, o de ver como "o mesmo material aparece a partir dos pontos de vista de diferentes paradigmas". O que se pode entender como "o mesmo material" numa posição construtivista quando sabemos que o campo problemático investigado por uma ciência é, segundo Kuhn, constituído pelo paradigma em vigor? Vimos que Bernardi chegou a se dar conta deste obstáculo, mas mesmo assim levou adiante sua estratégia comparativa. Ainda menos sentido faz a perspectiva de desenvolver uma linguagem descritiva que permitirá falar acerca do que não entendemos no material. Tanto a noção de "mesmo material" supõe uma realidade que se mantém idêntica a si mesma (ao invés de ser constituída pelas próprias matrizes disciplinares) como a aspiração à "linguagem descritiva" supõe um acesso a esta realidade não mediado teoricamente.

Tudo isso faz sentido apenas a partir de uma posição realista. Aliás, esta questão é apontada por Mezan que, no entanto, havia dito anteriormente que "a ideia de comparar o mesmo material sob vários pontos de vista soa a princípio interessante" (p. 66). Realmente, pode soar interessante a alguém comprometido com o realismo, que vê nas diferentes teorizações apenas diferenças de ponto de vista e estilo. Recordemos, porém, que para Kuhn o que os cientistas fazem durante os períodos de ciência normal é resolver charadas que só existem como charadas nos seus contextos paradigmáticos, na vigência das regras do jogo dominante. O encontro com as anomalias é acidental e não desejado; o encontro de anomalias nunca é deliberado. Ora, o que Bernardi parece estar sugerindo é que os psicanalistas se dediquem exatamente à procura de anomalias, ou seja, *ao que não é entendido no material*, forjando para isso uma via de acesso – a linguagem descritiva – sem vieses teóricos. Com isso Bernardi não só parece adotar imperfeitamente o conceitual de Thomas Kuhn, como estar alterando a índole da sua filosofia da ciência, que de descritiva passaria a ser normativa (sugerindo modos mais corretos para o psicanalista lidar com seu material).

Talvez estes "desvios" de Bernardi indiquem que sua experiência como psicanalista fale mais alto do que as suas posições filosóficas, alinhadas com este ou aquele epistemólogo. Nesta medida, o que parece um erro do ponto de vista filosófico pode estar indicando o começo ou o vislumbre de um acerto do ponto de vista da clínica psicanalítica. Voltaremos adiante a este tema (cf., p. ex., cap. 15).

Estes resvalos realistas de Bernardi dão margem para que Mezan vá pelo mesmo caminho, só que com maior consistência. É assim que ele fala, por exemplo, em "aplicação de paradigma" e de "autor de paradigma". Ora, a rigor, *paradigmas não são instrumentos que um sujeito aplica a um material.* De um ponto de vista construtivista, paradigmas ou matrizes disciplinares são como *modos de vida que constituem, simultaneamente, os sujeitos e seus objetos,* não havendo, portanto, como falar em *aplicação.* Um *modo de vida* é um conjunto de regras a partir das quais sujeitos e objetos vêm a ser o que são: são as regras do futebol que constituem os jogadores de futebol, e são as mesmas regras que criam a bola de futebol, os campos, as traves etc. Talvez alguém tenha inventado estas regras, mas desde que se submeta a elas – e só assim o jogo será possível – o "autor" das regras será constituído em jogador exatamente como qualquer outro dos jogadores em campo.

Na verdade, a proposta de Kuhn faz parte de um vasto movimento na história das ideias contemporâneas que coloca em xeque a própria noção de "autoria"[90]. Ou seja, não haveria uma subjetividade autofundada e fundante de jogador, já dada antes de as regras estarem exercendo seu domínio. Da mesma forma, o espaço do campo, a grama, as madeiras das traves, a bola de couro ainda não são elementos do jogo antes de as regras assim os definirem. Em outras palavras: paradigmas são *instituições*, e a ciência normal é a que se compõe de práticas e praticantes institucionalizados. A noção de *aplicação* conserva, ao contrário, a crença no caráter instrumental – e não institucional – dos paradigmas, o que implica a crença em sujeitos e objetos naturais, prévios a qualquer institucionalização.

---

90. Em um belo ensaio "O que é um autor?"(1969), Michel Foucault não só discute a crença no autor como sujeito-fundamento da obra, como mostra como a própria noção de *autor* é uma construção social com efeitos definidos na circulação das obras e ideias (4. ed. Lisboa: Vega, 1997).

Outro recuo de Bernardi para a posição realista e correspondentista ocorre quando ele reafirma, ao final do artigo, sua disposição de desenvolver meios para ouvir aquilo para o que as teorias psicanalíticas não nos prepararam; ou seja, ele se volta para a procura de uma forma de captar o material em seu estado pré-teórico, em sua *estranheza* e *opacidade refratária à interpretação. Esta é uma questão que faz todo o sentido para o clínico.* Nesta passagem, Bernardi testemunha o seu compromisso com a clínica e a dificuldade de compatibilizar tal compromisso com sua plataforma filosófica. Contudo, do ponto de vista construtivista esta seria uma falsa questão: não há visibilidade ou audibilidade para além do que nossos olhos e ouvidos institucionalizados foram preparados.

Em suas conclusões Bernardi retoma todos os "desvios" realistas e acrescenta mais alguns. Em primeiro lugar, depois de afirmar a natureza multiparadigmática da psicanálise e de acentuar a incomensurabilidade entre os subparadigmas psicanalíticos, ele diz que não é necessário renunciar à unidade da psicanálise, que continuaria a ser garantida por um campo compartilhado de problemas. A contradição é corretamente assinalada por Mezan: se cada subparadigma cria seu campo específico de charadas, não pode haver um campo de problemas compartilhados por paradigmas efetivamente incomensuráveis. Se houver, eles não são tão incomensuráveis assim e, portanto, ou bem o conceito de *paradigma* está impreciso, ou bem ele não se ajusta às condições dos saberes psicanalíticos.

Porém, há ainda outros "deslizes" de Bernardi sobre os quais Mezan não se manifesta. Também no final do artigo, Bernardi menciona que algo proveniente do próprio material poderia perturbar nossas crenças, rejeitar o link oferecido por nossas teorias e nos abrir para outros modos de percepção (cf. p. 355). Ora, não satisfeito em recuar para a posição realista, aqui Bernardi pretende conferir à experiência a função crítica que ela deveria ter no falsificacionismo popperiano: a de refutar hipóteses. Aliás, ao falar em "rejeitar", ele parece adotar uma forma de falsificacionismo mais ingênua do que a dos popperianos que sabem que nenhuma observação por si só tem o poder de refutar uma conjetura. No entanto, vale insistir, se Bernardi envereda por estes caminhos tortuosos é exatamente porque *fala desde um lugar em que a escuta não se deixa reduzir a uma escuta paradigmatizada.*

Relembrando um pouco do que vimos no início de nosso percurso, poderíamos dizer que mesmo que o conhecimento explícito esteja sob o controle de um paradigma, o conhecimento tácito e não focal deve ser capaz de transitar nas *margens do escutável* para que se gerem as condições de descentramento indispensáveis à emergência do *inaudito/interdito.* Nesta medida, a sensibilidade à falha – àquele excesso ou falta que os kuhnianos chamariam de *anomalias* – ganha um realce no treino e no exercício da clínica incompatível com a própria filosofia de Thomas Kuhn.

Diante de um construtivismo tão oscilante, Mezan sentiu--se à vontade para avançar argumentos realistas. Sem entrar na discussão de suas críticas ao procedimento comparativo e à fragilidade das comparações efetivamente empreendidas, parece que em nenhum momento Mezan tenha endossado a possibilidade de a psicanálise ser uma ciência multiparadigmática (p. 49); parece, também, não ter considerado a possibilidade de ela ser pré--paradigmática e, em termos kuhnianos, não científica (p. 52). Porém, a psicanálise dificilmente poderia ser considerada ciência paradigmática, já que não exibe o padrão de desenvolvimento histórico característico – ciência normal e revoluções científicas.

Mezan recorre à noção de estilo para compreender a diversidade da psicanálise sem ter de abrir mão do realismo. Para ele, todas as diversidades se dão no campo pré-delimitado pela obra de Freud. Ora, cabe perguntar até que ponto a obra de Freud pode realmente servir como parâmetro e limite. O próprio Mezan reconhece que há um Freud de Lacan, um de Hartman, outro de

Piera Aulagnier etc. É claro, portanto, e aqui Mezan se aproxima de um construtivismo moderado, que "a obra de Freud" não existe fora dos contextos teóricos que Bernardi denomina paradigmas... Assim sendo, ela deixa de ser um dado da realidade anterior a qualquer teorização, para ser uma espécie de efeito perspectivista. É claro que todos recorrem a Freud na busca de legitimação; mas é claro também que, principalmente depois de 1939, cada um faz de Freud o que lhe apetece, inventa um Freud na medida de suas necessidades...

O básico da posição de Renato Mezan, porém, está contido no parágrafo em que ele "amarra" teoria e clínica. Vale citar: "[...] a teoria psicanalítica é *coercitivamente* determinada por uma prática que não é apenas reflexiva e literária. Em outros termos, o *referente* da teoria psicanalítica não são os objetos ideais construídos no e pelo discurso argumentativo (como é o caso da filosofia), mas um conjunto de processos psíquicos mobilizados pela situação analítica e que *determinam* reciprocamente as coordenadas desta última. Não existe teoria analítica sem o pano de fundo da análise, e não existe análise sem que, do discurso do paciente, possam ser *extraídos os indícios* do inconsciente, da transferência etc." (p. 79 – grifos nossos).

Neste pequeno trecho estão expostas todas as marcas do realismo, embora (e este parece ser o problema com a resposta de Mezan) o realismo seja afirmado sem ser explicitamente defendido contra as posições construtivistas. Afinal, o que estamos discutindo é exatamente o estatuto dos saberes psicanalíticos e não basta afirmar suas posições sem entrar na polêmica. Por exemplo, do confronto com um construtivista consequente poderiam emergir as seguintes questões:

1) A prática determina coercitivamente a teoria?

2) Os conceitos psicanalíticos têm seus significados estabelecidos em termos referenciais?

3) O conhecimento é obtido pela extração de indícios?

Um kuhniano diria que não é a prática que determina a teoria, mas o paradigma que determina, entre outras coisas, as práticas legítimas e as "descobertas" possíveis neste contexto; diria também que os significados dos conceitos nada têm a ver com seus referentes, mas com suas inter-relações num dado campo paradigmático; diria, final e principalmente, que os *"dados"* só se tornam *indícios* quando incluídos e descritos a partir de um corpo teórico, ou seja, quando passam a significar.

Tudo isso está posto em discussão nesta polêmica Bernardi X Mezan, e não adianta colocar-se solidamente na posição realista sem se defrontar criticamente com os argumentos construtivistas. Por outro lado, e esta é uma dúvida importante, tal contraposição talvez não seja suficiente para a compreensão do que se passa quando se teoriza e se pratica a psicanálise... Este é o motivo pelo qual iremos percorrer algumas perspectivas não representacionais na Parte IV deste livro e retomar, no capítulo 15, o contraste realismo/construtivismo sob novo ângulo. Antes, porém, cabe apresentar brevemente certas posições de inspiração kantiana e sua repercussão no campo da psicanálise.

8
O criticismo kantiano: releituras

Qualquer apresentação de Immanuel Kant (1724-1804) que não seja precedida pela de Leibniz, de Locke e, principalmente, pelas de Berkeley e Hume – seus interlocutores privilegiados – é imprecisa e insatisfatória. Nosso contexto, porém, exige esta cirurgia de alto risco que é a extração de um Kant do tecido filosófico no qual ele está inserido.

Kant, se não inaugura, consolida a *filosofia crítica: a que tem como meta explorar e explicitar as condições e os limites do conhecimento.* O termo "crítica" deriva do grego *krínein*, que quer dizer "julgar", "distinguir". É a mesma origem de "crise", que nos remete a "separação" e "escolha". No caso de "filosofia crítica", o termo assinala a própria função do filosofar – qual seja, a de separar o joio do trigo, o conhecível do incognoscível, o experimentável do especulativo. Com isso o filósofo crítico pretende escapar ao dogmatismo, que corresponde a fazer e sustentar afirmações acerca daquilo que não pode ser objeto de qualquer afirmação (por estar situado além do campo da experiência).

Convém assinalar que a filosofia crítica representa um novo patamar reflexivo do projeto epistemológico da Modernidade. Se René Descartes é o nome emblemático do momento de fundação deste projeto, Kant é o nome de sua refundação em resposta aos autores que, já no século XVIII, punham em risco este projeto, como David Hume[91].

Muito resumidamente, o que, segundo Kant, torna os fenômenos da natureza conhecíveis pelo sujeito é o fato de que eles se constituíram como *fenômenos* a partir, em parte, do próprio sujeito. Em outras palavras: os fenômenos como objetos de experiências constituem-se de acordo com as *formas da sensibilidade* (espaço e tempo)[92] e de acordo com as *categorias do entendimento* do *sujeito transcendental*[93].

O sujeito transcendental, contudo, não "cria" os fenômenos do nada: eles não são pura "invenção", mas "dependem" também de algo a que Kant chama de *"coisa em si"*. É do "encontro" de um *sujeito transcendental* com a *coisa em si* (na sua transcendência em relação ao sujeito)[94] que se forma o campo das experiências possíveis, que na sua inteireza e articulação interna é chamado de "*natureza*". Assim sendo, a *natureza* – entendida como o *sistema das experiências possíveis* e dos objetos possíveis de experimentação – já tem como uma de suas condições de possibilidade o próprio sujeito (embora não cada sujeito empírico na sua particularidade, mas o *sujeito transcendental*

---

91. Kant afirma ter iniciado sua filosofia crítica após ter sido despertado, por Hume, de seu sono dogmático. Hume elaborou uma crítica extremamente contundente às pretensões da razão e do conhecimento, mostrando o que há de contingente (e não necessário) e de particular (e não universal) nas nossas representações.

92. Todos os objetos de uma percepção externa nos aparecem necessariamente no espaço e no tempo, e todos os objetos da percepção interna nos aparecem necessariamente no tempo. Por isso "tempo" e "espaço" são, para Kant, as formas universais e puras da sensibilidade.

93. P. ex., "causalidade" e "substância" são categorias do entendimento. Por isso, todos os objetos de uma experiência nos aparecem naturalmente como dotados de uma substância e inseridos numa trama causal – e assim relacionados a outros objetos (mesmo que não possamos determinar *a priori* de qual substância é feito e em que trama se insere cada objeto).

94. A transcendência da coisa em si significa tanto a sua independência em relação ao sujeito como o fato de ela estar fora e para além do campo fenomenal.

na sua universalidade). A outra condição de possibilidade está do lado da *coisa em si*.

Só podemos vir a conhecer, só podemos representar adequadamente aquilo de que podemos fazer experiência. Assim sendo, podemos nos esforçar para conhecer a *natureza e seus objetos* – os *fenômenos* –, mas não temos nenhum acesso experimental e não poderemos jamais conhecer, elaborando representações adequadas, aquilo que está para além do campo fenomenal, já que o que está para além deste campo é a própria condição de possibilidade de todo fenômeno: *não podemos experimentar nem conhecer o sujeito transcendental, nem a coisa em si mesma.*

A eles podemos chegar, contudo, através de uma *argumentação transcendental*, que remonta do que é certamente possível – como o conhecimento científico e matemático da natureza – até as suas condições de possibilidade. Por exemplo: Se a ciência é possível, se o conhecimento da natureza é possível, se a aplicação do intelecto humano (em particular, da matemática) aos fenômenos é possível – e disto Kant, sob o impacto da obra de Newton, não duvidava –, *no que precisamos "acreditar" para justificar estas possibilidades?* É apenas assim que se pode concluir pela existência da *coisa em si* e do *sujeito transcendental*. Estes são *conceitos--limite*, pois deles não podemos experimentar nada e nada pensar além de que são necessários como *condições da experiência*.

Mas, ao mesmo tempo que condicionam, tais conceitos delimitam o campo do conhecimento. A ciência deve se conformar a estudar o campo fenomenal que está *entre* os dois incognoscíveis. No entanto, o cientista lida com estes *objetos* – que para o filósofo são constituídos – como se fossem objetos reais (e o são, já que pertencem ao campo da *natureza* e da *realidade* no sentido kantiano). Como se dá este lidar?

Para responder esta questão é necessário distinguir entre conhecer e pensar, entre entendimento e razão. Conhecer diz respeito ao experimentável e, como vimos acima, o entendimento participa da constituição do campo experimentável, impondo suas categorias *a priori* a todos os objetos deste campo. No entanto, pensar vai além do conhecer e a razão não se limita ao campo fenomenal; ou seja, ela é capaz de engendrar ideias que nada devem nem se aplicam diretamente aos fenômenos. Esta *liberdade da razão* e esta *infinitude do pensar* trazem tanto um grande risco como podem trazer um grande benefício. O risco é o de tomar as ideias da razão como realidades experienciáveis; desta confusão nascem todas as quimeras da metafísica e da teologia dogmáticas. O principal objetivo da filosofia crítica é o de desfazer esta confusão. Em contrapartida, as ideias da razão podem exercer função *reguladora*, orientando o sujeito no campo de suas experiências.

O cientista, por exemplo, parte de uma suposição da qual não pode duvidar: há uma ordem a ser investigada. Esta noção de "ordem" é uma ideia reguladora da razão e sem ela ninguém se atreveria a fazer ciência. Mas como chegar a esta ordem? Através da formação/invenção de modelos que antecipam e guiam os passos da pesquisa, permitindo que o cientista não se perca na massa complexa e aparentemente caótica de informações.

Fazer ciência implica, portanto, construir ordens – mais ou menos fictícias e analógicas – que organizam a atividade de pesquisa e, finalmente, organizam os "dados", conferindo-lhes inteligibilidade. Sem uma atividade racional incessante – a atividade de pressupor uma ordem, construir livremente modelos fictícios de ordem, fazer analogias etc. – não haveria progresso da ciência. Mas nunca se poderá pretender que esta inteligibilidade diga respeito à *coisa em si* mesma, embora ela não seja pura construção arbitrária, já que deve partir da, e retornar à consideração dos *fenômenos tais como se mostram*. Através do recurso às analogias, por exemplo, pode-se caminhar com certa segurança desde um domínio conhecido na direção do desconhecido, desde fenômenos que já se estão mostrando na direção de algo que ainda não se mostra ou que jamais vai se mostrar.

Estas analogias podem também ser usadas para que se conceba, *de uma forma sempre inadequada*, aquilo que seria a *coisa em si*. Esta concepção da *coisa em si*, apesar de ser *inadequada* (já que à *coisa em si* não se chega jamais pela via do conhecimento representacional), pode ajudar na pesquisa daquilo que se pode efetivamente conhecer (ou seja, os fenômenos), sugerindo orientações e hipóteses, de modo a cumprir uma função heurística. Estas concepções inadequadas da *coisa em si*, dado o seu caráter analógico, metafórico ou ficcional, jamais poderão ser diretamente testadas, embora possam ser testadas as hipóteses empíricas delas decorrentes.

Diga-se de passagem que é com base nessas considerações que Z. Loparic irá entender, mais adiante, o discurso metapsicológico freudiano como perfeitamente legítimo em termos kantianos, embora não possa ser testado nem se refira e um objeto cognoscível. Como *ficção frutífera*, porém, ele poderia prestar seus serviços ao psicanalista, como, de resto, todos os discursos científicos, dando inteligibilidade ao material da experiência clínica e facilitando o manejo deste material.

É preciso, portanto, insistir numa caracterização de Kant que discrimine uma posição denominada *idealismo transcendental* de uma outra, denominada *realismo empírico*. Ele é *idealista transcendental* porque não há para ele objeto de experiência – não há fenômeno – *independente do sujeito*. Nesta medida, só experimentamos e só podemos conhecer aquilo para cuja constituição "contribuímos" (embora esta contribuição se dê, digamos, involuntariamente). Não há uma realidade independente de nós a qual possamos experimentar e conhecer, ou seja, não se sustentam as teses do *realismo dogmático* (doutrinas tratariam da realidade objetiva e independente do sujeito) *e do empirismo ingênuo* (as coisas seriam em si mesmas tal como aparecem). Diante destas duas posições, Kant assume uma posição cética, ou seja, reconhece a impossibilidade de qualquer decisão.

Por outro lado, Kant não duvida que o mundo fenomenal possa ser conhecido e não acha que é o conhecimento que constrói seus objetos, os fenômenos. Ao contrário, o conhecimento científico procura apreender os fenômenos dando-lhes a melhor ordem, a melhor inteligibilidade, corrigindo-se continuamente, testando-se através do confronto com os objetos da experiência etc. É por isso que ele se afirma como *realista empírico*, opondo-se ao *idealismo empírico* (para quem todos os objetos do conhecimento são puras construções da mente do conhecedor). Esta dupla, mas perfeitamente articulada, posição de Kant nem sempre se mantém nas leituras neokantianas.

Retornemos, contudo, aos dois extremos incognoscíveis e que são eles mesmos as condições de toda experiência e de todo conhecimento: o sujeito transcendental e a coisa em si. Como conceber a sua eficácia? Se dissermos que as representações são *criadas* ou *produzidas* pelo sujeito ou *causadas* pelas coisas em si estaremos transgredindo os limites impostos ao conhecimento. Por este motivo é que, em um parágrafo anterior, colocamos aspas em "criar", "depender", "encontrar". Na verdade, todas as nossas noções de movimento e de causalidade só têm vigência no campo fenomenal e não podem ser aplicadas ao que está fora deste campo. Dizer, por exemplo, que a coisa em si "encontra" um sujeito transcendental e "causa" tal ou qual representação é conferir à coisa em si o estatuto de um objeto da experiência.

Mas se a eficácia não pode ser deste tipo, qual seria? Muitos autores posteriores a Kant, seja aceitando, seja rejeitando, acabaram interpretando a eficácia da coisa em si na constituição dos fenômenos em termos causais. Como veremos no capítulo 11, Schopenhauer foi um dos que mais combateu a tese de que a coisa em si pode ser concebida como um objeto capaz de "causar" uma representação: todo objeto só existe como objeto na forma de uma representação, e nada adiantaria dizer que uma representação é causa de outra se o problema for o de saber o que é a causa das representações em geral. Se há uma coisa em si, ela deve ser pensada, mas nunca sob a forma de um objeto, isto é, nunca sob forma representacional. Para Schopenhauer, a grande conquista de Kant foi exatamente a de demonstrar que vivemos imersos em representações, que todo o mundo da experiência é feito de representações – o mundo, diz ele, tem uma natureza onírica – e que não há como sair deste mundo postulando, para além das representações, um mundo objetivo feito de coisas em si.

Esta argumentação poderia nos levar, porém, a um idealismo subjetivo que afirmaria ser o sujeito quem cria, produz ou causa suas representações. Esta tese, obviamente, cometeria o mesmo equívoco da tese realista: estaria projetando sobre o sujeito transcendental uma concepção que tem vigência apenas no mundo empírico. Nesta medida, nada pode ser tomado como causa e origem das representações. Pareceria, neste momento, que devemos nos resignar a um completo ceticismo: reconheceríamos que vivemos envoltos nas névoas dos sonhos sem nenhuma possibilidade de ir adiante...

Encerremos por ora essa breve apresentação do pensamento de Kant. A ele retornaremos quando, mais à frente, formos tratar de Schopenhauer. No momento, já dispomos de elementos suficientes para examinar algumas leituras de que a psicanálise tem sido alvo por parte de leitores inspirados em Kant e seus sucessores.

8.1 O estatuto do conhecimento psicanalítico

Os textos de Leon Wurmser[95] e de Zeljko Loparic[96] se ligam a tradições neokantianas[97], embora não às mesmas vertentes. Não sendo kuhnianos, mas se inspirando em perspectivas kantianas,

---

95. WURMSER, L. "A defense of the use of metaphor in analytic theory formation". *Psychoanalytical Quaterly*, 46 (3), 1977, p. 466-498.

96. LOPARIC, Z. "Um olhar epistemológico sobre o inconsciente freudiano". In: KNOBLOCH, F. (org.). *O inconsciente* – Várias leituras. São Paulo: Escuta, 1991.

97. No caso do texto de Loparic, a partir do item 4, percebe-se também uma orientação heideggeriana.

tendem para um *construtivismo moderado*: o texto de Leon Wurmser é uma proposta de entendermos as teorias psicanalíticas – em particular a metapsicologia – enquanto *metáforas* cuja utilidade é a de ajudar a ver, ajudar a tornar inteligível, organizar. Já o texto de Zeljko Loparic propõe algo semelhante ao conferir à metapsicologia o estatuto de *ficção necessária*, útil e mesmo indispensável para a ordenação do campo da experiência.

Para ambos os autores, não só a metapsicologia, mas toda e qualquer teoria científica teria um caráter *metafórico* ou *ficcional*; nesta medida, a psicanálise seria uma ciência, mas não o seria nem no sentido popperiano – de conjunturas testáveis – nem no sentido kuhniano – de prática paradigmatizada. *Metáforas e ficções necessárias não são testáveis e refutáveis, já que não têm como finalidade reconstruir conceitualmente seus objetos, mas podem ser avaliadas pelo seu valor heurístico e funcional.* Por outro lado, ao considerar as teorias como metáforas ou ficções, o cientista não se sente tão comprometido, podendo renunciar a elas em proveito do seu trabalho, adotando outras metáforas ou ficções com relativa liberdade. Passemos agora aos textos de Wurmser e Loparic que retomam certas posições kantianas para reavaliar o estatuto do conhecimento psicanalítico.

Leon Wurmser sustenta a tese de que toda a metapsicologia freudiana pode ser entendida como sendo de natureza metafórica[98]. Tendo como referências os neokantianos Ernest Cassirer e Susanne Langer, afirma que todas as ciências, inclusive as naturais, operam com símbolos de vários níveis de abstração – sobretudo metáforas. Ou seja, a metáfora é uma ferramenta indispensável para a formulação e construção de qualquer teoria, e não apenas um recurso recorrente na linguagem freudiana. A psicanálise tem sido alvo de severas críticas por conta do emprego excessivo e rei-

---

98. Outros autores passaram a defender a mesma tese, a exemplo de Donald Spence: *A metáfora freudiana* – Para uma mudança paradigmática na psicanálise. Rio de Janeiro: Imago, 1992 [publicação original, 1987].

ficador de metáforas e analogias. Wurmser, ao contrário, assume a defesa de um uso criativo e amplo de metáforas, desde que não dogmático, autoconsciente e simbólico (i. é, sabendo que elas não se referem a coisas reais ou concretas, evitando o equívoco de tomá-las por "substância"). São instrumentos úteis para formular, ordenar, sistematizar, hierarquizar e dispor em diferentes camadas de abstração as experiências e materiais para os quais inicialmente faltam símbolos discursivos. Nascem daquilo que Langer denomina *presentational symbols*" (p. 474) – abstrações rudimentares, mas genuinamente simbólicas, produzidas por nossos sentidos e a eles dirigidas. Metáforas são símbolos de baixo nível de abstração e, em última instância, tudo é metáfora; até palavras como "teoria", "ideia", "problema" ou "processo" revelam, após exame etimológico, possuir conotações históricas ou sensoriais.

Wurmser concede bastante importância aos diferentes níveis ou camadas de abstração em que as metáforas podem se situar. Neste ponto, toma como referência o artigo de Waelder[99] no qual ele distingue vários graus de abstração nos conceitos psicanalíticos. Em direção a níveis crescentes de abstração, teríamos: observações clínicas, interpretações clínicas, generalizações clínicas (a partir das observações e interpretações), teoria clínica (conceitos como defesa e regressão, p. ex.), metapsicologia (conceitos mais abstratos, como energia psíquica ou pulsão de morte) e, por fim, considerações filosóficas (sobre o racionalismo de Freud, p. ex.).

Pois bem, Freud emprega mitos, metáforas e analogias para formular seus conceitos mais abstratos. Como qualquer outro cientista, estava interessado em fazer um *bom e sistemático uso da metáfora*, pois o "mundo de fatos e dados, nossa 'realidade', só pode ser compreendido com a ajuda de metáforas e símbolos.

---

99. WAELDER, R. "Psychoanalysis, Scientific Method and Philosophy". *J. American Psychological Association*, X (19), 1962, p. 617-637.

Não há visão sem interpretação; *não há dados primários*, apenas visões simbolicamente estruturadas" (p. 481 – grifos nossos).

Wurmser lembra que, etimologicamente, metáfora remete a transferência, transporte. Neste sentido amplo, pode-se dizer que a psicanálise está especialmente envolvida nesse com esses trânsitos – do passado para o presente, da vida interna para a terapia, de um objeto para outro (p. 491). Talvez porque na psicanálise as dimensões da prática e da teoria estejam intrinsecamente ligadas, o uso de metáforas é útil, desejável e enriquecedor.

Ao término do texto de Wurmser, tem-se a impressão de que nele algo se perde da posição kantiana – a dimensão do *realismo empírico*, que nos obriga a tratar os "dados" como dados, mesmo sabendo *filosoficamente* que eles são constituídos enquanto fenômenos e não são a coisa em si mesma. Na verdade, mesmo que o recurso a analogias e metáforas seja legítimo para falar do desconhecido e até mesmo do incognoscível, e mesmo que estas metáforas sejam intestáveis (sua função sendo meramente reguladora), nada disso impede que para Kant a ciência se construa com hipóteses empíricas perfeitamente testáveis no seu campo próprio – o campo da empiria, dos fenômenos. Já a posição de Wurmser parece ser muito mais construtivista do que a de Kant.

É claro que esta correção não invalidaria por si só a proposta de Wurmser, que pode estar inspirado no kantismo sem se obrigar a uma obediência estrita a Kant. Parece mesmo que a principal mensagem do autor pode ser eventualmente preservada: além de propor a metaforização – sem disfarces realistas – das teorias psicanalíticas, o que ele sugere e defende é, fundamentalmente, maior liberdade na criação, no uso e na substituição das metáforas, conforme as conveniências de dar sentido ao material clínico. De um ponto de vista kantiano isto não resolveria a questão do conhecimento psicanalítico nem o de qualquer outro conhecimento empírico, já que neste nível o realismo empírico pareceria ser indispensável para dar sentido a qualquer prática científica; de todo modo, a liberdade no uso de metáforas e analogias poderia contribuir para o avanço na pesquisa.

Passemos ao artigo de Loparic, especialmente ao item 3, intitulado "A metodologia e a epistemologia implícita na obra de Freud"[100]. Loparic vai buscar os critérios de racionalidade científica pressupostos pela própria psicanálise, ou seja, vai tentar explicitar sua "filosofia implícita" (p. 49). Começa por contrapor-se a Paul Ricoeur e à tensão entre energética e hermenêutica (força X sentido) detectada por este autor na obra de Freud. Para Loparic, Ricoeur não percebe que Freud faz um uso metodológico dos termos energéticos, empregando-os como "convenções frutíferas" úteis para organizar o material clínico; já a afirmação de que os sonhos são dotados de sentido situa-se num patamar diferente, pois "descreve um dos fatos 'duros' da psicanálise" (p. 50).

Para Loparic, o "verdadeiro filão epistemológico-filosófico para ler Freud" (p. 50) é apontado pelo próprio Freud no texto sobre "O inconsciente" (1915): o criticismo kantiano. Na esteira da distinção entre fenômeno e coisa em si, a psicanálise postula que tanto o psíquico quanto o físico não são tal como nos aparecem. Loparic ainda ressalta o breve e enigmático comentário de Freud segundo o qual a realidade psíquica (interior) seria menos incognoscível do que a física (exterior) (p. 51) – comentário que será retomado na parte final de seu texto, à luz da noção heideggeriana de fenômeno.

Além de ter endossado a principal tese do criticismo kantiano (só se pode conhecer o mundo dos fenômenos), Freud também teria se inspirado na metodologia de Kant, cuja influência se mostra na filosofia de Brentano (de quem Freud foi aluno) e no pensamento de cientistas como Fechner e Helmholtz. Loparic descreve o convencionalismo metodológico de Freud: "[...]

---

100. Registre-se o contraste entre os itens 3 (em que Freud é aproximado da epistemologia neokantiana) e 4, onde Loparic o aproxima à ontologia fundamental de Heidegger.

as 'convenções' ('construções', 'especulações', 'ficções') heurísticas usadas pela psicanálise para descobrir e organizar o seu material fenomenal devem permitir *explicações dinâmicas* e uma boa *visualização* (geometrização) dos processos psíquicos. Isso explica a preferência freudiana pelos modelos dinâmicos (em termos de forças) e tópicos (espaciais) do inconsciente" (p. 51 – grifos do autor). Daí Loparic entender que, quando Freud afirma a existência do inconsciente dinâmico, não o faz em termos realistas; é uma tese que tem utilidade heurística, e não realidade objetiva (p. 52). "A afirmação do caráter dinâmico do inconsciente reflete, como diz Freud, um 'ponto de vista', uma postura metodológica, frutífera no seu entender, e não um fato de experiência ou uma tese justificada por indução" (p. 52).

Loparic parece estar escorado na leitura que H. Vaihinger faz da obra de Kant e que é conhecida como a filosofia do *"como se".* Vaihinger explora e desenvolve uma dimensão *pragmática* que estava sem dúvida implícita no realismo empírico: é preciso forjar uma ordem antecipada para que ela *regule o exercício do intelecto e torne possível a investigação.* A esta ordem antecipada para a orientação da pesquisa e para tornar inteligível o material, Loparic denomina "convenções frutíferas", ou "construções" ou "ficções" heurísticas.

Tal como Wurmser, Loparic extrai desta leitura a lição de que podemos lidar com maior liberdade com a teoria, inventando e descartando convenções conforme o que nos for mais útil. o que não fica muito claro no texto é como se deve entender a noção de utilidade: o que é para uma convenção ser *frutífera?* Será que esta solução pragmática se sustenta sozinha ou será necessário reintroduzir de forma mais explícita o que Loparic denomina brevemente de "fatos duros" da psicanálise? Na verdade, qual o estatuto destes "fatos duros"? Por exemplo: *atos falhos* são "fatos duros" ou já são *construções metafóricas,* como diria Wurmser, ocupando, talvez, o primeiro ou o segundo nível das abstrações propostas por Waelder, o da *observação na situação analítica* ou o das *interpretações clínicas*?

Se formos rapidamente a Freud, sem qualquer pretensão erudita, podemos descobrir coisas interessantes. Em "A questão da análise leiga" (1926) Freud trata rapidamente de questões de método. Ao falar do estatuto da sua teoria do aparato psíquico, ele diz que se trata de "uma representação auxiliar, como tantas que existem nas ciências. As primeiras [destas representações] são sempre bastante toscas. *Open to revision*, deve-se dizer nestes casos. Considero desnecessário evocar aqui o hoje tão popular 'como se'. O valor dessas representações auxiliares – 'ficção', como as chamaria o filósofo Vaihinger – depende do que se pode conseguir com elas" (FREUD, 1926/1992, p. 182). Pareceria que Loparic marcou um ponto.

Outra afirmação aparentemente da mesma índole vamos encontrar num trecho já citado de "Esquema de psicanálise" (1938b): "a realidade sempre continuará incognoscível", diz ele, para, em seguida, mostrar como a ciência procede lidando com os fenômenos de forma a gerar conhecimento que vá além daquilo que espontaneamente se mostra. Aqui Freud parece bem próximo do que seria o *cientista kantiano*, vale dizer, mais disposto a articular uma postura cética (oriunda do idealismo transcendental que estabelece o limite do conhecimento) e uma postura realista, do que a procurar nos fenômenos uma *ordem escondida*.

Finalmente, vejamos um texto de *O futuro de uma ilusão* (1927) em que Freud desautoriza explicitamente a filosofia de Vaihinger. Diz ele: "a segunda tentativa [de tratar do estatuto das crenças] é a da filosofia do 'como se'. Segundo ela, em nossa atividade de pensamento abundam as hipóteses cujo caráter infundado e absurdo discernimos com clareza. São as chamadas ficções, mas por vários motivos práticos conduzimo-nos 'como se' acreditássemos nelas [...]. Penso que a pretensão da filosofia do 'como se' é de tal índole que só pode ser postulada por um filósofo. Quem não tem o pensamento influenciado pelos artifícios da filosofia nunca poderá aceitá-la; para este, a discussão acaba quando se admite o caráter absurdo e contrário à razão. É impossível levá-lo a renunciar, no trato com seus interesses mais importantes, às certezas que em geral pede em todas as suas atividades habituais. Recordo aqui de um de meus filhos que se distinguiu desde muito cedo por seu apego ao factual, ao objetivo. Toda vez que se contava uma história que as outras crianças escutavam quietinhas, ele vinha e perguntava: 'é uma história verdadeira?' E escutando um 'não', afastava-se com um gesto de desprezo. É de se esperar que os homens adotem comportamento semelhante frente às histórias religiosas, a despeito da recomendação do 'como se'" (FREUD, 1927/1992, p. 28-29).

O texto de Loparic foi comentado por Renato Mezan. Em "Diálogo com Loparic"[101], diversos aspectos abordados referem-se à quarta seção do artigo do filósofo croata; concentremo-nos, portanto, no que ele comenta sobre o item 3, foco de nossa atenção.

Renato Mezan discorda de que a metapsicologia seja mera ficção, "*une façon de parler*". No fundo, a questão seria: Uma maneira de falar, muito bem, mas *de falar de quê?* Se há maneiras melhores e outras piores de falar é porque há um *algo* de que se fala. Como veremos no capítulo 10, um pragmatista diria que é possível distinguir maneiras melhores e piores de falar, mesmo eliminando qualquer referência ao algo de que se fala e considerando apenas os *efeitos* das falas sobre ouvintes e falantes. No entanto, Mezan levanta esta questão desde uma perspectiva realista, sugerindo que uma *maneira melhor de falar* seria a que faz mais justiça aos seus referentes na realidade. Efetivamente, desde que haja um *algo* a ser ficcionado, a ser metaforizado, já recaímos num certo realismo. Este é o caminho que Mezan de fato pretende trilhar.

---

101. MEZAN, R. "Diálogo com Loparic". In: KNOBLOCH, F. (org.). *O inconsciente* – Várias leituras. São Paulo: Escuta, 1991.

Mezan começa por retomar a posição de Loparic em relação a Ricoeur: "[...] o uso de termos energéticos por Freud teria por fundamento sua conveniência heurística e por origem o pós-kantismo de seus mestres, enquanto a postura hermenêutica derivaria da própria natureza da psicanálise e, portanto, jamais poderia ser descartada, o que não ocorreria com as 'construções' ou 'ficções' emprestadas de ramos variados da física" (p. 66).

Embora Loparic sustente que a noção de inconsciente dinâmico seja apenas uma convenção, na parte final de seu artigo afirma que a angústia (a esfera do afetivo, o jogo das forças pulsionais) se dá num plano irredutível às representações, o que lhe assinala um estatuto diferente da noção kantiana de fenômeno. Diz Loparic: "o inconsciente, um modo de ser nosso, é acessível via nossos afetos, por exemplo, via angústia. A angústia não é um tipo de representação e, portanto, a teoria kantiana dos limites da nossa faculdade cognitiva não se aplica a ela. Não é proibido esperar, portanto, que a angústia possa nos revelar aspectos do nosso inconsciente que a representação necessariamente ignora" (p. 57).

Ora, Mezan parece ter este trecho em mente quando formula o ponto central de sua divergência com Loparic: "o 'ponto de vista dinâmico' não é em absoluto uma postura simplesmente metodológica; ao contrário, é a formalização em termos conceptuais de uma postura *ontológica* (grifo do autor), a caracterização abstrata de uma série de fenômenos *que se dão na realidade* e que exigem, como seu princípio e como sua condição de possibilidade, a afirmação da *existência igualmente real* do inconsciente dinâmico" (p. 67 – grifos nossos).

Mezan prossegue sua crítica a Loparic afirmando que este despreza a noção de conflito, fundamental na concepção freudiana de psiquismo. O conflito entre impulsos e defesas, o sofrimento que impele à mudança e as resistências a ela, tudo isso, diz Mezan, é constatado no dia a dia da clínica: "é a necessidade de dar fundamento, em termos teóricos, ao fato bruto da resistência que o conduziu [a Freud] à hipótese de um conflito basilar e constitutivo do funcionamento psíquico humano" (p. 68). A seguir, Mezan envereda pela discussão de causalidade em psicanálise, mas seus argumentos até aqui já são suficientes para compreendermos sua posição.

Clara e explicitamente vinculado à posição realista, examinemos mais de perto como Mezan lida com a questão do conflito. Ele começa falando do conflito como um *postulado* fundamental (p. 68) da ontologia freudiana: a realidade psíquica é atravessada pelo conflito. Não há dúvida de que Mezan está absolutamente correto, tanto ao colocar o conflito nesta posição central como ao referir-se a ele como *postulado*. Trata-se, sem dúvida, de um *pressuposto ontológico da psicanálise*. Convém lembrar que, muito antes da psicanálise e de Freud, a cultura alemã, sob forte domínio do pensamento romântico, já havia introduzido este pressuposto: uma das categorias básicas do ideário romântico era o conflito; as totalidades têm movimento próprio, que é gerado pelas oposições que abrigam. A ideia de *forças naturais em conflito* foi uma das poucas que, derivadas do Romantismo, haviam sido assimiladas pelo cientificismo alemão, mecanicista e/ou funcionalista. Brucke, o grande fisiólogo mestre de Freud, foi um dos porta-vozes desta concepção.

Enfim, tudo sugere que o termo "*postulado*" é oportuno e preciso. No entanto, no parágrafo seguinte Renato Mezan fala em *constatação*. Não se trataria mais, portanto, de uma compreensão prévia de como o objeto é, ou seja, não se trataria mais de um *pressuposto ontológico* a orientar a visão e a pesquisa, mas de algo que já se dá em si mesmo como conflito. A questão, contudo, é a de saber se os fenômenos da clínica nos obrigam *coercitivamente* (para usar um termo utilizado por Mezan, no artigo sobre Bernardi discutido no capítulo anterior) a falar em conflito, ou se haveria outros modos de lhes dar inteligibilidade. Por exemplo: a *resistência* é algo que se mostra em si – é um "*fato bruto*" – ou já é uma *"façon de parler"*, uma abstração do nível 2 de Waelder, o da interpretação clínica? É o conflito que produz consequências na forma de sintomas, ou são fenômenos que, em primeiro lugar, são *interpretados como se fossem* sintomas para, logo em seguida, serem *interpretados como se fossem* expressões de conflitos? Cabe perguntar: há *sintomas como fatos brutos?* Esta pergunta corresponde a uma indagação feita anteriormente: há *indícios* em si, ou para que algo seja indício já devemos pressupor um quadro interpretativo?

Enfim, mais uma vez nos defrontamos com a dificuldade de sustentar uma posição *construtivista* (como as de Wurmser e Loparic) sem recorrer implicitamente a algo real; em contrapartida, testemunhamos a dificuldade de sustentar uma posição *realista* (como a de Mezan) sem considerar os argumentos construtivistas. Haverá saída para estes impasses no campo do pensamento representacional?

9

Balanço das posições realistas e construtivistas: a ponte

Em que condições o conhecimento se transforma em problema? Em que condições o conhecimento se transforma no mais decisivo problema a exigir solução convincente e definitiva?

No início deste livro estivemos às voltas com algumas pistas para responder a estas questões. Fundamentalmente, o conhecimento é problematizado quando os homens se descobrem *desenraizados do mundo*, quando percebem que entre eles e suas convicções, de um lado, e as coisas que se mostram e se abrem ao seu conhecimento, de outro, há um verdadeiro abismo em que proliferam as suspeitas, a dúvida, a descrença e as mais irredutíveis discordâncias. Em outras palavras: *o conhecimento torna-se problemático quando já não é mais possível habitar serena e confiadamente o mundo e acreditar espontaneamente naquilo que se mostra tal como se mostra*, como é o caso quando dominam as "tradições empíricas e históricas", para lembrarmos a terminologia de Feyerabend.

Na nova situação, tão característica da Modernidade ocidental, as crenças ficam repartidas entre dois polos quase inconciliáveis: o sujeito das crenças e os objetos das crenças. *Conhecer*, nestas condições, seria exatamente *fazer das crenças uma ponte sólida e segura que leve do sujeito ao objeto e do objeto ao sujeito*. Numa linguagem mais técnica, a questão seria a de fazer com que as crenças *representem os objetos* no sentido preciso de aproximá-los ou, em certos casos, de afastá-los, de forma a *colocá-los diante do sujeito e à sua disposição*. Quando estão excessivamente próximos ou quando se perdem numa excessiva distância, escapando aos domínios do representável, os "objetos" deixariam simplesmente de ser. Apenas a sua representabilidade daria aos fenômenos uma efetiva realidade. Nesta medida, *conhecer* – ou seja, elaborar representações verdadeiras – desempenharia uma função indispensável na consolidação da realidade "objetiva" e, naturalmente, do próprio sujeito que apenas se pode assegurar de sua própria condição diante de ou sobre uma realidade consolidada.

Mas por onde começar a construção desta ponte? Isso vai depender do que se considere como sendo o terreno mais sólido em que se possam assentar as crenças.

Podemos achar, por exemplo, que os objetos são em princípio mais sólidos e que eles têm uma consistência própria, uma estabilidade própria, enfim uma independência em relação aos sujeitos e que, portanto, é daí que devemos começar. Esta seria uma posição *realista* no campo da ontologia e uma posição *fundacionista* no campo da epistemologia: *um conhecimento direto e sem mediação dos objetos na sua realidade deve servir de fundamento às nossas crenças*. Conhecer é, portanto, uma atividade humana totalmente dominada pela tarefa de trazer os objetos à nossa presença da maneira mais adequada e que melhor corresponda ao que os objetos são em si mesmos, independentes de nós. Os positivismos são bons exemplos desta posição.

O problema com o conhecimento psicanalítico, para os que adotam esta posição, é o de que ele depende excessivamente do sujeito da crença, isto é, ele não se funda efetivamente em *dados da realidade* suficientemente públicos, acessíveis a todos etc. Trata-se aqui do questionamento do estatuto dos "fatos clínicos". A psicanálise poderia até ser boa geradora de hipóteses, mas seria necessário levar estas hipóteses para o campo experimental e da observação pública para que elas pudessem se transformar em conhecimentos.

A partir deste ângulo fica difícil de explicar por que continuam havendo – e não só em psicanálise – tantas divergências entre as crenças. Se há uma realidade independente e ela é, necessariamente, a mesma para todos, por que cada um vê, ouve, pensa, representa esta realidade de modos tão "pessoais"? Das duas uma: ou não aplicam rigorosamente o método correto de ver e pensar (daí um certo fetichismo metodológico que aposta nas virtudes do método como neutralizador dos vieses particulares), ou bem estas divergências têm sua origem em fatores sociológicos (p. ex., interesses de classe) ou psicológicos (p. ex., desejos indômitos) praticamente intransponíveis e inevitáveis. E será, então, que alguém escaparia destes determinantes? *Será que existe alguma forma em que se consiga perceber o mundo sem vieses, sem interesse algum, sem desejo?* Se existem pessoas ou modos capazes desta proeza, quem pode garantir que estes sejam os que pensam de um jeito e não os que pensam do jeito exatamente oposto? Como legitimar a pretensão de que seria este ou aquele o dotado desta *visão privilegiada? Com que critérios, enfim, diferenciar uma visão privilegiada da verdade* de todas as suas competidoras? Talvez não exista este critério... Isto nos leva a reconhecer que começar a construir a ponte do lado do objeto é muito mais complicado do que parecia de início.

Há, contudo, outra possibilidade. Mesmo acreditando que os objetos existem independentemente do que nós pensamos deles, ou seja, mesmo nos mantendo numa posição *realista* no plano ontológico, podemos reconhecer que não há como verificar se nossas crenças correspondem ou não a eles. Devemos abandonar, assim, a pretensão de dar um fundamento pleno e definitivo às nossas crenças, ou seja, a ponte não pode começar a ser construída pelo lado do objeto; deixamos assim para trás a posição fundacionista.

É pelo lado do sujeito que devemos começar lançando experimentalmente as hipóteses para ver se elas de alguma maneira engatam no outro lado e podem funcionar, mesmo precariamente, como uma ponte viável (ainda que provisória). A realidade aqui não seria o ponto de partida, mas o ponto de chegada, mesmo que nunca se chegue completamente a ela. Em outras palavras, a única coisa que podemos fazer é expor nossas crenças ao confronto com os objetos, cuja única tarefa, aliás, será a de nos lançar objeções: mesmo não chegando a conhecê-los com segurança, podemos ficar sensíveis à sua resistência às nossas expectativas. Se pensamos assim, tornamo-nos refutabilistas ou falsificacionistas, na linha de Popper.

Para os que adotam esta perspectiva, o problema do conhecimento psicanalítico seria o de ele não poder ser de fato refutado pelos dados da clínica. Isto ocorreria por três razões: (1) as hipóteses teóricas psicanalíticas seriam muito pouco precisas e não entrariam em confronto com nenhum dado clínico; assim, por mais estranho que este fosse à primeira vista, seria sempre possível, por exemplo, *acomodar* o fenômeno estranho com o auxílio de alguma hipótese *ad hoc*, introduzida no argumento apenas para salvar a teoria do confronto; (2) em segundo lugar, os dados clínicos seriam excessivamente vulneráveis a "deformações" geradas pelas expectativas teóricas (é o problema da *indução de resultados* ou da *sugestão* que levariam o paciente a dizer o que o psicanalista espera que ele diga); (3) finalmente, todo acesso a estes dados é pela via de uma experiência extremamente privada que torna praticamente impossível a discussão pública, principalmente porque se considera que este acesso é monopolizado pelos psicanalistas (em contraposição aos demais estudiosos) e, entre os psicanalistas, por alguns em detrimento de outros (trata-se aqui da inexistência de uma sociedade aberta, ou seja, da forte hierarquização que se verifica nas sociedades psicanalíticas). Por todas estas razões, a psicanálise jamais seria capaz de testar seriamente suas hipóteses e se constituiria numa pseudociência completamente distinta das ciências verdadeiras.

No entanto, se formos leitores atentos de Popper, veremos que as coisas não são tão simples. Mesmo as "objeções" dos *objetos*, em qualquer ciência e não apenas na psicanálise, dependem de algo que não está apenas neles, mas, por exemplo, da nossa capacidade de observá-los, de procurá-los, de *interpretá-los* de uma certa maneira. Isto quer dizer que, em qualquer ciência, nunca se sai completamente do nosso lado da ponte para atravessá-la completamente e passar para o lado do *objeto*. Mesmo as *objeções dos objetos* estão marcadas pela nossa presença, pelas nossas crenças etc.

Se avançarmos um pouco mais na direção do sujeito como ponto de partida da construção da ponte podemos ter de abandonar a ontologia realista, ou seja, passamos a não levar inteiramente a sério a existência de objetos completamente independentes de nós. Do ponto de vista do sujeito: se não apenas meu conhecimento teórico é antes de tudo meu e jamais será mera cópia do objeto, mas se até minhas observações e experiências com o "objeto" só existem no contexto das minhas expectativas, da minha linguagem, da minha "visão de mundo", das minhas estruturas cognitivas etc., então, para todos os efeitos práticos os *objetos* seriam *construções* dos homens. Esta é uma posição *construtivista*. É como se o outro lado da ponte não preexistisse à própria ponte: é a ponte do conhecimento que constituiria o seu "outro lado". Haveriam assim tantos "outros lados" quantas pontes construídas.

No que concerne à psicanálise – mas isso se aplicaria a qualquer outra área – os *objetos* do saber e das práticas analíticas seriam constituídos pelo método e pelos conceitos psicanalíticos. Nesta medida, certas divergências no campo das práticas e das teorias em psicanálise engendrariam diferenças na própria constituição de seus *objetos*.

Só que isso nos deixa com um problema: Por que, afinal de contas, as pontes precisam ser refeitas ou redirecionadas, por que as nossas crenças precisam ser "corrigidas" já que nada parece haver fora delas que exija correção? Ou será que não há de fato correção alguma e apenas mudanças pontuais? De qualquer forma: o que gera as mudanças nas crenças de um homem ou de uma comunidade? Serão apenas fatores casuais? Serão determinantes psico ou sociológicos? Ou haverá algo que não funciona nas crenças e pode nos obrigar a revê-las?

Thomas Kuhn chama este "algo-que-não-funciona" de *anomalia*. Será o acúmulo de anomalias que acabam gerando mudanças, já que instalam um imenso desconforto na comunidade. No entanto, ao falar de um "algo-que-não-funciona" somos imediatamente levados a pensar que as crenças não funcionam na sua tarefa representacional, ou seja, não dão conta de representar convenientemente algo. Só que por este viés se reintroduz uma certa crença na realidade de algo; ou seja, o construtivismo acaba tendo que reconhecer que há uma realidade independente, mesmo que não saiba muito o que fazer com ela. No que concerne à psicanálise, este retorno da crença em uma realidade que ultrapassa nossa capacidade de representá-la está muito presente tanto nas teorias como nas práticas. Talvez fosse unanimemente condenada, por exemplo, uma escuta que se deixasse guiar apenas pelo foco – por aquilo que a teoria focaliza – e deixasse de lado o que nos chega das margens, enevoadamente, como afeto, "impressão", "clima" etc., ou seja, que nos chega na condição de *desconhecido* e *inominável*.

Outra possibilidade na linhagem construtivista, ou seja, na linhagem dos que acreditam que não existe uma realidade independente e que, portanto, a construção da ponte só pode se iniciar do lado do sujeito, é a de quem acredita que todas ou pelo menos muitas das nossas crenças não devem, podem ou precisam representar coisa alguma. A rigor já não poderíamos falar em "pontes", já que não levam a nenhum "outro lado". Seriam mais como balões de observação: lá do alto, sem repousar em *lugar nenhum*, como puro *u-topos*, sem se sustentar em nada de sólido, as crenças nos dariam uma *perspectiva* para observar nossas próprias experiências, dar-lhes sentido etc. Elas seriam, assim, apenas meios ou dispositivos úteis para organizar o campo de nossas experiências, ou melhor, de constituí-los como campos de experiência humana inteligível. Para os que pensam assim, todas as nossas ideias ou pelo menos muitas delas são apenas *dispositivos* que tornam o nosso mundo habitável e significativo. São apenas analógicas, metafóricas ou ficcionais e estas metáforas ou ficções serão mais ou menos frutíferas em termos de cumprirem melhor ou pior suas funções. Entre estas funções *não estaria a função de representar algo* que exista ou possa ser experimentado sem o recurso a estes dispositivos. Não haveria como testar nossas crenças através de um confronto com a realidade.

Mesmo assim, impõe-se uma reflexão sobre o sentido de os dispositivos teóricos "desempenharem pior ou melhor as suas funções". Em que medida uma ficção pode ser melhor do que outra? Será que é apenas uma questão de charme e simpatia? Ou elas de algum modo nos remetem a um "algo" que não se mostra dócil a qualquer ficção, que não se deixa dizer por qualquer metáfora? Mas, se é assim, algo existe que não foi construído por nós e que pode oferecer alguma resistência. Enfim, eis que reaparece nosso velho conhecido – um certo realismo...

Retornemos às nossas questões iniciais. Em que condições o conhecimento se converte em problema? Vimos que é quando *sujeito* e *objeto* parecem separados por um fosso e que passa a caber às crenças a tarefa de servir de ponte entre estes dois lados do fosso. Vimos que alguns querem começar a construção do lado aparentemente mais sólido dos *objetos* e que outros argumentam que, querendo ou não, é sempre do lado do *sujeito* que se pode começar. Vimos também que cada um dos lados acaba se embaraçando ou deixando questões sem resposta. Ora, o que torna Kant um filósofo maior da Modernidade é o fato de ele em parte fortalecer os terrenos que ficam nas duas extremidades da ponte: o *sujeito transcendental* e a *coisa em si*, sem os quais não haveria nada a ser experimentado e conhecido. Por outro lado, a questão do conhecimento é totalmente reequacionada: os objetos do conhecimento não são heterogêneos ao sujeito (empírico) do conhecimento, não há um fosso intransponível entre sujeitos e objetos do conhecimento, pois os *objetos a serem conhecidos já estão feitos sob medida para o sujeito conhecedor.* Mas, por outro lado, *estes objetos não pertencem exclusivamente ao sujeito: eles não se mostrariam se não houvesse, para além da outra extremidade da ponte, a coisa em si.* Em outras palavras: só podemos conhecer os objetos [fenômenos] porque eles foram "inconscientemente" feitos por "nós" – enquanto sujeito transcendental. Mas não os fizemos a partir do nada, senão a partir de algo que, de um jeito desconhecido, nos "afeta" e que independe de nós, a *coisa em si* mesma.

Não existe posição mais engenhosa e, contudo, mais difícil de ser sustentada. Provavelmente a maior dificuldade seja exatamente a que nos leva a colocar aspas em "afeta". Enfim: Como será que a *coisa em si* pode estar presente para nós? Dela não podemos fazer nenhuma experiência direta, pois ela jamais se fenomenaliza. Dela, obviamente, não podemos elaborar representação alguma; mesmo recorrendo a especulações e analogias devemos ter muito claro que não se trata de uma representação adequada da *coisa em si*, mas apenas de um expediente que nos ajuda a conhecer e a falar dos fenômenos. No entanto, de alguma forma a *coisa em si* contribui para a constituição do mundo fenomenal, e para que isso ocorra é preciso supor que de alguma forma ela "afete" o sujeito transcendental.

Embora Kant esteja situado no fim do século XVIII e os demais autores que discutimos nesta Parte III sejam do século XX, parece que foi em Kant que toda a tradição do pensamento representacional encontrou sua melhor expressão e, ao mesmo tempo, defrontou-se com seus mais graves impasses. Poderíamos dizer isso nos valendo da metáfora da ponte: o projeto da ponte entre sujeito e objeto está muito bem-articulado no pensamento kantiano. O difícil é construir uma ponte em que as duas extremidades repousem em terrenos (sujeito transcendental e coisa em si) que, embora reconhecidos na sua indispensável existência como *condições de possibilidade* da experiência e do conhecimento, estão perdidos nas névoas e fora do campo do experimentável e do conhecível. É como se devêssemos começar a construção pelo meio, sem jamais poder assentar as cabeceiras da ponte em terreno sólido...

Isto, seguramente, relança toda a questão e nos leva à Parte IV, na qual transitaremos pelo campo das filosofias que procuram escapar ao domínio do representacional; voltaremos aos impasses com os quais se deparam as epistemologias realistas e construtivistas no capítulo 15.

PARTE IV

Críticas radicais ao pensamento representacional: rumo à cultura pós-epistemológica

10
Os pragmatismos

Na Parte III estivemos passando em revista alguns desencontros entre epistemologias e psicanálise em que, de uma forma ou outra, os pontos de vista epistemológicos eram usados como plataformas de ajuizamento dos saberes e práticas psicanalíticas. De agora em diante passaremos a tratar de determinadas tendências filosóficas contemporâneas nas quais tende a desaparecer a ideia de que a filosofia forneça parâmetros para o julgamento do que é feito num outro domínio. São filosofias que podem estabelecer com a psicanálise uma relação mais profícua; o que interessa aqui são os efeitos "liberadores" de uma possível interlocução, ou seja, como os parceiros-filósofos podem ser "usados" como aberturas para a psicanálise, fazendo-a pensar e pensar-se a partir de novos ângulos.

A segunda metade do século XIX assistiu a difusão de pontos de vista *pragmáticos*, em diversas versões, na Europa e nos Estados Unidos. Associada a esta posição – embora tal associação tenha se mostrado de maneiras muito diversas e até antagônicas – encontramos na mesma época um *questionamento mais ou menos radical do pensamento representacional.* Esses novos pontos de vista acerca das crenças e do conhecimento podem ser, em linhas gerais, caracterizados pelo reconhecimento de que *as crenças, sejam as de senso comum, sejam as científicas,* estão atreladas *às necessidades, interesses e práticas do homem enquanto organismo biológico e enquanto ser histórico e social.* O "espírito" e seus produtos, em outras palavras, o sujeito e suas obras perdem sua pretensa autonomia para virem a ser considerados a partir de sua *corporalidade* e de seu *enraizamento corporal no mundo*. As representações passam a ser compreendidas a partir de suas *funções* e de suas *consequências* nos planos da vida biológica e social. Do outro lado, o mundo "objetivo" perde sua objetividade e autonomia para ser considerado como *ambiente* em que o homem vive e ao qual se adapta. Enfim, a metáfora da ponte (exposta no capítulo anterior), em que as crenças teriam como tarefa transpor o fosso entre sujeito e objeto, perde aqui sua vigência.

Desde então o *representar passa a ser visto como um momento e uma das formas do intervir*, do fazer, do reagir e responder adaptativamente aos desafios que a vida coloca aos homens. Se isso, de um lado, rompe com o projeto epistemológico da Modernidade, com sua idealização da *verdade como correspondência a objetos plenamente "objetivos"*, de outro explicita uma tendência dominante da Modernidade que desde o início, mas de forma muitas vezes dissimulada, subordinava o *representar* ao *querer*, ao *prever* e ao *controlar*. Ou seja, os pragmatismos, mais do que instaladores de uma nova era, podem talvez ser entendidos (ao menos nas suas formas iniciais no século XIX) como o *desmascaramento de traços definidores da Modernidade*.

No capítulo 8 já encontramos elementos do ponto de vista pragmático em novas leituras da obra de Kant – como a da filosofia do *"como se"* de Vaihinger, no século XX, retomada por Loparic na sua leitura da metapsicologia psicanalítica em que esta é concebida como *ficção frutífera*. Nos próximos capítulos veremos como há muitos elementos pragmáticos em autores como Schopenhauer e Nietzsche. Se tivéssemos tempo poderíamos também examinar alguns desses traços no pensamento de Henri Bergson (1859-1941) que, de resto, manteve com os pragmatistas americanos no final do século XIX (William James, em particular) relações de mútua admiração. Outro autor de relevo na filosofia da ciência da época foi o vienense Ernest Mach (1838-1916) e também nele o ponto de vista pragmático encontra-se muito nítido.

No entanto, em todos os autores acima citados o pragmatismo está presente sem, contudo, exercer um domínio completo e exclusivo, tal como se dá na obra dos filósofos americanos Charles Sander Peirce (1839-1914), William James (1842-1910) e John Dewey (1859-1952). Esta tradição foi revitalizada com grande impacto no campo da filosofia a partir da obra do nova-iorquino Richard Rorty (1931-2007) intitulada *Philosophy and the Mirror of Nature*, de 1979[102].

Este tratado, precedido e sucedido por vários artigos em que Rorty foi elaborando sua posição, é uma crítica detalhada e bastante abrangente do projeto epistemológico da Modernidade e, muito especialmente, da dominância do representacionismo e do correspondentismo (ou seja, da suposição de que conhecer seja apenas representar e de que a verdade é a correspondência entre uma representação mental e a coisa representada). De leitura obrigatória, este livro é, antes de mais nada e fundamentalmente, uma revisão crítica da separação mente-corpo e sujeito-objeto na Modernidade. Antes de examinarmos um ensaio de Rorty, "Fisicalismo não redutivo"[103], convém tratar resumidamente dos autores que o precederam nesta poderosa tradição filosófica.

No contexto do *fenomenalismo convencionalista* de Mach (designado também de *empiriocriticismo* e com esta denominação – que também se aplica à filosofia de Avenarius – recebendo um ataque violento de Lenin no livro *Materialismo e empirio-*

---

102. Edição brasileira: *A filosofia e o espelho da natureza*. Rio de Janeiro: Relume-Dumará, 1994. O leitor notará que são poucas as citações/referências explícitas a esta obra que, no entanto, se faz presente nas principais teses e argumentos deste livro.

103. Texto extraído de *Objectivity, relativism, and truth* – Philosophical papers I. Cambridge: Cambridge University Press, 1995 [Edição brasileira: *Objetivismo, relativismo e verdade* – Escritos filosóficos I. Rio de Janeiro: Relume-Dumará, 1997].

criticismo), a construção teórica consiste na *organização eficaz dos elementos da experiência* segundo o princípio da economia de tempo e de esforços. As teorias, assim, não representariam a realidade, senão que funcionariam como um *recurso adaptativo dos homens* para ordenar suas experiências e assegurar a eficácia de suas ações adaptativas. Convém assinalar que muito provavelmente Mach exerceu forte influência na formação do pensamento epistemológico de Freud, apesar das reiteradas profissões de fé realistas deste último[104]. De fato, Mach foi um dos mais influentes filósofos da época.

Em Bergson os elementos pragmáticos estão presentes de forma muito mais nuançada: os *instintos* nos animais e o *intelecto* nos homens evoluíram como *dispositivos de adaptação ao mundo* e estão, portanto, subordinados aos interesses vitais destes organismos. Para Bergson, contudo, há efetivamente uma conformidade destes instrumentos adaptativos aos seus objetos – os *eventos individuais* no caso do instinto e as *relações espaciais* no caso do intelecto –, de sorte que os conhecimentos que propiciam são, simultaneamente, condicionados pelas necessidades adaptativas e representações adequadas destes aspectos do mundo. O intelecto, por exemplo, teria evoluído paralelamente à evolução da matéria e está perfeitamente preparado para a apreensão dos objetos inorgânicos e de suas relações espaciais. Haveria, assim, uma afinidade entre o intelecto e a matéria, garantida pela origem comum dos dois num mesmo processo evolutivo. Nesta medida, a adaptação ao não vivo estaria assegurada pelo intelecto e pela sua linguagem conceitual e matemática. Já a apreensão dos fenômenos vitais, na qual importa o movimento como duração e como criação, dependeria de uma via privilegiada e, em grande medida, *incompatível com a formação dos sistemas representacionais: a intuição*, capaz de um contato contemplativo e estético

---

104. Sobre o ambiente científico e a filosofia da ciência contemporânea a Freud, cf. ASSOUN, P.-L. *Introdução à epistemologia freudiana*. Rio de Janeiro: Imago, 1983.

com seus "objetos" (por definição, nunca plenamente conceituáveis e objetiváveis)[105].

Em que pese a presença de elementos pragmáticos no pensamento desses autores, nenhum deles poderia ser simplesmente caracterizado como pragmatista. Este conceito, ao contrário, cabe muito bem aos três filósofos americanos acima mencionados – Peirce, James e Dewey – por vezes agrupados como membros do *pragmatismo clássico*.

C.S. Peirce – autor seminal para o campo da semiótica – afirma que o pensamento é deflagrado quando o organismo tem o curso de sua ação adaptativa interrompido pela dúvida, pela indeterminação. O pensamento cessa, por outro lado, quando se realiza a elaboração de uma crença. O que seria então e para que serviria uma crença neste contexto vital? *Uma crença é uma regra para a ação*, afirma Peirce, ainda que esteja expressa na forma de descrição de um objeto qualquer. *O significado das crenças, nesta medida, não é dado pela relação de referência, mas pelos hábitos e ações que determina.* Isto significa, também, que *o sentido da crença depende de sua interpretação comportamental* (do que se *faz* com ela). Para tornar mais claras nossas ideias devemos explicitar as ações que estão convencional e praticamente associadas a elas, as suas consequências nos que as ouvem, interpretam e sustentam. Do ponto de vista pragmático, a crença na realidade, também ela, admite uma interpretação não realista, isto é, pragmática.

Conhecido na psicologia pela noção de fluxo de pensamento e por uma original teoria das emoções veiculadas no seu *Princípios de psicologia* (1890), William James foi não apenas o princi-

---

105. É interessante observar que posição semelhante é retomada por W. Bion. Embora explicite algumas inspirações kantianas (nítidas nos conceitos de *função alpha, elementos alpha* e *elementos beta*), é nitidamente bergsoniano quando afirma: "Parece que nosso rudimentar equipamento para 'pensar' pensamentos é adequado quando os problemas estão associados ao inanimado, mas não quando o objeto de pesquisa é a própria vida" (*Learning from experience*. Nova York: Jason Aronson, 1983, p. 14).

pal popularizador do pragmatismo de Peirce, como introduziu algumas ideias novas à doutrina. Em primeiro lugar, ele ampliou o espectro de interesses do pragmatismo, tirando-o do reduto da lógica e da filosofia da ciência e levando-o para todos os campos da vida cultural. É assim que elabora uma concepção pragmática da vida religiosa, em que as crenças serão avaliadas pela contribuição que trazem à vida social e às exigências individuais.

É neste sentido que James reivindica um "direito de acreditar"; numa formulação simplificada, este direito daria aos homens a escolha das crenças que mais lhes conviessem em termos de suas consequências. Observemos que, com o reconhecimento deste direito, estamos muito distantes das tendências dominantes da filosofia da Modernidade e da centralidade que a questão epistemológica nela desfrutava. O método pragmático, segundo ele, significa "*a atitude de olhar além das primeiras coisas, dos princípios, das 'categorias', das supostas necessidades; e de procurar pelas últimas coisas, frutos, consequências, fatos*" (JAMES, 1907/1985, p. 21 – grifos do autor)[106].

No entanto, James não quer abrir mão completamente do conceito de *verdade* e elabora um *conceito pragmático de verdade*. Não se trata, como às vezes se supõe, de mera identificação entre *verdade* e *utilidade: não se trata de dizer que o que funciona é verdadeiro*, como às vezes é entendida a posição pragmática. De fato, na condição de *modos de ação* as "representações" cumprem uma função básica, segundo James, e que *não* é a de representar: *as ideias ligam-se umas às outras e assim permitem o trânsito entre diversas experiências do sujeito*. Ideias são ditas "verdadeiras" quando e enquanto cumprem esta função fluentemente – funcionem –, sem levar o indivíduo a impasses e becos sem saída. Há, portanto, um certo princípio de *coerência* envolvido no conceito

---

106. JAMES, W. "Pragmatismo" [1907]. In: *Os pensadores*. 2. ed. São Paulo: Abril, 1985.

jamesiano de verdade. Não é, porém, de uma coerência estática: a *verdade* não seria o atributo de ideias que se encaixam a um esquema previamente dado, mas de ideias que nos *transportam com eficiência entre nossas experiências* e, em especial, *entre experiências passadas e experiências novas/futuras*. Assim, estamos mais próximos de uma ideia de verdade como processo em permanente fazer-se e com consequências práticas para a vida concreta. Ora, o que James, e mais ainda Dewey acentuam, é que as ideias neste uso não representacional antecipam e modelam os elementos da experiência futura.

Instrumentalismo é o termo usado por John Dewey para especificar sua própria posição em relação ao pragmatismo de Peirce e James. Célebre como teórico da educação e defensor da escola como meio de reforma da sociedade democrática, Dewey sublinha que a crença verdadeira favorece a adaptação do organismo na medida em que propicia uma (re)*integração* da experiência cuja integridade foi abalada por um problema.

Em outras palavras: *ideias verdadeiras seriam as que se vão verificando pela capacidade de projetar-se no futuro, ligando-o ao passado, criando novas experiências, ampliando e enriquecendo o campo das experiências de forma harmônica e eficaz*. No dizer de James, que aqui se refere aos escritos de Dewey, "[...] *as ideias (que, elas próprias, não são senão parte de nossa experiência) tornam-se verdadeiras na medida em que nos ajudam a manter relações satisfatórias com outras partes de nossa experiência.* [...] qualquer ideia sobre a qual podemos montar, por assim falar, qualquer ideia que nos transporte prosperamente de qualquer parte de nossa experiência para qualquer outra parte, ligando as coisas satisfatoriamente, trabalhando seguramente, simplificando, economizando trabalho; é verdadeira por tudo isso, verdadeira em toda a extensão, verdadeira *instrumentalmente*" (JAMES, 1907/1985, p. 22 – grifos do autor). Ademais, para Dewey, uma resposta pertinente deve satisfazer não apenas um indivíduo, mas uma comunidade.

Ora, Richard Rorty, que inclui Dewey entre os três maiores filósofos do século XX (ao lado de Heidegger e Wittgenstein), enfatiza dois aspectos nesta argumentação: em primeiro lugar, o campo da experiência a ser ampliado, diversificado, harmonizado, tornado inteligível e habitável etc. *não é um campo individual, mas social*; em segundo lugar, *este campo se constitui na e pela prática linguageira*. Esta questão exige um certo esclarecimento e uma primeira incursão por noções da *pragmática ou pragmática da linguagem* – teorias desenvolvidas por autores como Ludwig Wittgenstein (1889-1951) e John Austin (1911-1960). É nesse tipo de desenvolvimento, oriundo da linguística e da filosofia da linguagem, que Richard Rorty e Donald Davidson (1917-2003) – principais nomes do *neopragmatismo* norte-americano – se baseiam para propor uma nova versão do pragmatismo, agora apoiada sobre a noção de linguagem (e não mais na de experiência).

Façamos uma breve digressão pela questão da linguagem. Podemos partir das elaborações do antropólogo polonês Bronislaw Malinowski (1884-1942) que, com base em seus estudos antropológicos e nas dificuldades encontradas na tradução do trobriandês para línguas europeias, concluiu que era necessário compreender a linguagem em seus usos concretos, em contextos sociais bem determinados. A captação dos sentidos e de sequências de palavras exige a reconstrução dos contextos sociais em que são proferidas, ou seja, sua inserção nos modos de vida peculiares a cada cultura. Muitas das falas, insiste Malinowski, são pura e exclusivamente modos de ação social, sem nenhuma dimensão representacional. "Significado representacional", para esse autor é, em termos antropológicos e em termos do desenvolvimento da linguagem infantil, um significado derivado de significados mais básicos e primitivos; estes são os significados pragmáticos, estabelecidos nas relações sociais e pelas consequências das palavras em seus contextos interativos.

Uma tentativa mais recente de conceber pragmaticamente a linguagem pode ser encontrada na chamada "teoria dos atos da fala", proposta pelo filósofo da linguagem inglês John Austin (1911-1960)[107]. Como em Malinowski, aqui a fala é entendida como um modo de ação. Além de eventualmente ser usada para descrever (*constatar*) estados de coisas, a linguagem possui uma dimensão pragmática: com ela *fazem-se coisas*. Algumas falas podem, inclusive, não ter qualquer função constatativa, mas ainda assim serem úteis, necessárias e terem sentido. São falas que Austin designou como *performativas*, tais como, por exemplo, "Aposto cem reais que vai chover amanhã" ou "Aceito esta mulher como minha legítima esposa". Ou seja, as falas performativas não representam nem um estado de coisas, nem um estado da mente, não representam o mundo ou imagens mentais. Com este tipo de fala, eu não descrevo nada: com elas, eu me comprometo com alguém. Em outros casos, faço promessas, desafios, ponho em dúvida, concordo etc. Mas mesmo falas que aparentemente são apenas *constatativas* geram efeitos em seus ouvintes ou leitores, o que nos permitiria dizer que *sempre há uma ação sendo efetuada quando se fala*. Enquanto os enunciados constatativos podem ser, em princípio, falsos ou verdadeiros (no sentido tradicional desses termos), os performativos podem ser infelizes, fracos, nulos etc., mas não falsos (em termos de uma ausência de adequação entre o conceito e a coisa).

É alinhado com este tipo de distinção que Rorty irá se posicionar. Nas palavras de Jurandir Freire Costa[108], "a tarefa mais interessante da linguagem para estes autores não é a de 'representar', mas de criar laços discursivos entre os sujeitos e entre

---

107. O texto básico de John Austin para esta questão é *How to do things with words* [Edição brasileira: *Quando dizer é fazer* – Palavras e ação. Porto Alegre: Artes Médicas, 1990]. A teoria dos atos da fala foi desenvolvida nos trabalhos de John Searle.

108. COSTA, J.F. *A inocência e o vício*. Rio de Janeiro: Relume-Dumará, 1992.

eles e as coisas e estados de coisas ao redor, de modo a estruturar um universo de sentido minimamente compatível com a sobrevida dos humanos. É essa a *tarefa erótica da linguagem*" (1992, p. 15 – grifos nossos). Retomaremos adiante esta noção de linguagem. Sua tarefa "erótica", no sentido de criação de laços sociais, é assinalada por Rorty no final de um artigo intitulado "Ciência enquanto solidariedade"[109]. Ali ele destaca as funções de *lealdade* e *reciprocidade*: os discursos "científicos", artísticos ou humanísticos (estas distinções pouco valem...) estariam cumprindo suas tarefas quando fossem capazes de gerar uma expansão quantitativa, uma diferenciação qualitativa e a relativa harmonização[110] dos campos de experiências comunitárias, renunciando a qualquer pretensão de escapar da esfera do humano na direção de um mais além, de uma transcendência, de uma verdade como correspondência a um objeto do mundo não humano. Nem o "cientista" é capaz desta proeza, e isso nos obriga a desmistificar este personagem que veio a ocupar na cultura laica posição equivalente à do sacerdote; tampouco o método é garantia deste acesso privilegiado, o que nos obriga a uma desmistificação do metodologismo.

No lugar de busca da *racionalidade* supostamente universal e que consistiria na aplicação do "método", Rorty propõe a tarefa de sermos *razoáveis*, e isto significa: estabelecermos condições em que nossas falas possam nos pôr em contato com os outros, em que nossa escuta abra espaço para outras falas, em que o campo das experiências comuns possa ser *enriquecido* à medida que se mantenha o equilíbrio instável entre consenso e divergência. É este equilíbrio que cria as condições para e engendra uma interminável *prática dialogante*, uma *conversação*. Ou seja, ser razoável não é ser convencional e ajustado, mas participar de um processo histórico em

---

109. Publicado na mesma coletânea de Rorty acima referida.

110. Relativa porque sempre aberta a novas diferenciações, sempre apta a acolher a diversidade.

que as experiências possam ir sendo *ditas e constituídas de forma a tornar melhor a vida humana*. No lugar do desejo de sermos *objetivos*, Rorty sugere o desejo de sermos *solidários* neste sentido de contribuirmos para a formação incessante de novas possibilidades de vida subjetiva e social.

Passemos à leitura do texto "Fisicalismo não redutivo", escrito em 1987, no qual Rorty tenta articular três teses elaboradas originalmente pelo filósofo Donald Davidson, um dos mais importantes filósofos analíticos da atualidade e dos principais interlocutores de Rorty na proposta da noção de sujeito como linguagem. São elas: a) "razões" podem ser "causas"; b) não há nenhuma relação de "verificação" entre sentenças e não sentenças; c) metáforas não têm sentido (cf. RORTY, 1997, p. 158). Da articulação destas teses Rorty espera nos convencer de que é possível construir uma ontologia fisicalista e uma teoria naturalista das crenças, sem deixar de fora nada que diga respeito ao que tradicionalmente tem sido tratado como "mental".

Quanto à primeira tese (a): falas que incluem apenas elementos físicos ou que incluem entidades "mentais" são apenas diferentes *modos de falar* dos mesmos processos que, supostamente, poderiam – ou poderão um dia – ser descritos em termos microestruturais. Nesta medida, tudo que é dito acerca de *razões* (intenções, desejos, crenças) poderia ser redescrito em termos de *causas*; contudo estas falas não são plenamente intercambiáveis e substituíveis porque *servem a diferentes propósitos e nem tudo que se pode dizer numa fala pode ser dito na outra*. Em outras palavras: podemos conciliar uma suposição ontológica fisicalista – e monista – com uma grande variedade de falas, já que *o que legitima um discurso é o uso que se faz dele*. Em certas circunstâncias e no contexto de alguns propósitos, as falas "mentalistas" prestam melhores serviços aos falantes. Além disso, elas fazem parte de nossa tradição, elas impregnam nossos hábitos, elas criam nossa comunidade e não poderão ser descartadas de uma vez por todas ou de uma hora para a outra. Enquanto forem úteis na formação e na manutenção de nossa comunidade falante, elas devem ser respeitadas; devemos "acreditar" nas entidades que elas constituem e que circulam livremente em nossas práticas discursivas.

No que se refere à segunda tese (b): para afirmar que não há entre sentenças e não sentenças uma relação do tipo "tornar verdade", Rorty refaz esquematicamente o percurso histórico da epistemologia ocidental desde Platão e do cristianismo. Ao longo deste percurso o conhecimento seria concebido como *coincidência entre o (verdadeiro) sujeito e objeto na sua realidade eterna e permanente*. Para alcançar tal *coincidência* seria necessário renunciar tanto à animalidade do homem como às aparências das coisas. Na Modernidade o esquema se complica sobremaneira e já não há mais nenhuma possibilidade de *coincidência* simples entre sujeito e objeto. Do lado do objeto, tudo foi reduzido à matéria (átomos e vazios). Do lado do sujeito, há um núcleo inapreensível – o verdadeiro EU – cercado de crenças e desejos necessários (inatos) – e de crenças e desejos empíricos, contingentes (adquiridos).

Embora o círculo médio – o dos desejos e crenças estruturais – seja constituinte do mundo físico (como as *formas da sensibilidade* e as *categorias do entendimento* em Kant), as relações de conhecimento se dão entre o *eu externo* e o mundo. Estas relações envolveriam uma causalidade em direção dupla, uma representação do objeto pelo sujeito e um efeito do objeto sobre o sujeito. A proposta é a de reequacionar todas estas relações, eliminando a de *representação* (conforme Peirce), a de *constituição* (conforme Quine) e de "*tornar verdadeiro*" (conforme Davidson), permanecendo apenas a de mútua causação.

Contudo, a maior mudança deveria ser efetuada em nossa concepção da *subjetividade*. No lugar de um *self acebolado*, postula-se um *corpo* afetado por objetos externos, afetando-se a si mesmo através de processos e mecanismos neurofisiológicos e sendo capaz de afetar o seu meio ambiente, produzir efeitos sobre seus objetos. Entre as coisas que se passam, elaboram e produzem efeitos dentro do corpo estão aquelas com as quais tendemos a nos identificar e que são, numa fala "mentalista", chamadas de *crenças e desejos*. "Essas crenças e desejos são, é certo, estados fisiológicos sob outra descrição" (p. 168 da edição brasileira). Não há nenhum EU distinto de suas crenças e desejos. Não existe um EU que *tenha* crenças e desejos. Os sujeitos são redes relativamente estáveis, mas transformáveis, de crenças e desejos que, por sua vez, são partes do que se passa e se elabora em *corpos fisiológicos*.

É aqui que intervém a terceira tese (c): metáforas não têm sentido. Para Davidson, as metáforas são dispositivos que nada representam e não têm, portanto, qualquer sentido referencial. O que elas têm é *eficácia*, e a eficácia delas é a de nos chamar a atenção, de nos fazer ver determinadas coisas. Em suas palavras: "metáforas fazem-nos atentar para alguma semelhança, frequentemente uma semelhança nova e surpreendente, entre duas ou mais coisas", e ainda, "metáforas nos levam a notar o que, de outra maneira, não teríamos notado"[111].

Assim, além de nos fazer reparar em algo, a metáfora nos leva a reparar em algo como algo um tanto diferente do que estávamos habituados a ver. Dessa forma, as metáforas são extremamente importantes nos processos de transformação das redes de crenças e desejos. As metáforas nos ajudam ou nos obrigam a *redescrever* uma porção da realidade, mas ao fazê-lo elas estão transformando os próprios sujeitos (que, como vimos acima, para Rorty não são nada além destas redes de crenças e desejos com as quais nos identificamos). Veremos adiante como Jurandir Freire Costa aproveita esta ideia para pensar as mudanças propiciadas pelo processo analítico.

---

111. DAVIDSON, D. "What metaphors means?" In: *Inquiries into Truth and Interpretation*. Oxford: Clarendon, 1985.

Desse modo, muito se deve esperar da liberdade discursiva: apenas quando os discursos estão livres para a emergência de novas metáforas e quando os diálogos abrem espaços para formas novas de falar é que se criam as condições para a edificação de novas subjetividades.

Como já dito, nesta Parte IV estaremos percorrendo algumas filosofias que renunciam a desempenhar o papel de juiz a quem caberia a tarefa de identificar o estatuto do conhecimento psicanalítico e de avaliar sua legitimidade. No encontro com os pragmatismos, a psicanálise pode vir a encontrar um parceiro no desmascaramento da autonomia do sujeito epistêmico, ou seja, no reconhecimento de que os saberes são *movidos por* e *servem a* interesses que vão além do campo das representações puras e objetivas (e também da noção de "verdade por correspondência"). O projeto epistemológico da Modernidade, diante do qual tanto se humilharam os psicanalistas, já estava na mira dos pragmatismos desde o século XIX.

No caso particular do encontro com Rorty, a psicanálise pode ser levada a repensar-se, assumindo-se então como uma prática linguageira que, em princípio, não é mais nem menos legítima do que qualquer outra – a rigor, para Rorty, não há discursos e saberes privilegiados. Desde aí é que ela pode e deve se reconhecer como um dos dispositivos éticos que participam da construção da vida social e das subjetividades. A questão deixa de ser: "a psicanálise é científica?", ou "que tipo de ciência é a psicanálise?", para ser: "a psicanálise como teoria e como prática pode participar da conversação contemporânea (entre os homens em geral, entre os diversos saberes do homem etc.) mantendo o espaço dialogal aberto, contribuindo para esta abertura, colaborando na ampliação e no enriquecimento do campo das experiências possíveis?" Pensar e repensar a psicanálise – melhor dizendo, fazer e refazer psicanálise – como um dispositivo teórico-prático a serviço desta tarefa edificante é o que vem sendo tentado, por exemplo, por Jurandir Freire Costa e seus colegas, como veremos a seguir.

10.1 Neopragmatismo e psicanálise: um encontro

Quando se trata de estabelecer conexões entre psicanálise e neopragmatismo, cabe mencionar que o próprio Rorty é autor de um importante ensaio sobre Freud[112], datado de 1986. Não iremos nos deter sobre sua (polêmica) leitura do inconsciente como um "parceiro conversacional", de caráter racional e linguístico. Mais interessante é ressaltar como Rorty concebe o propósito do processo analítico na direção da ampliação/enriquecimento do *self*, ao invés de um empreendimento de autodescoberta e autopurificação. Isto decorre da maneira como Rorty situa o legado da obra freudiana. Segundo ele, Freud nos ajudou a ver a nós mesmos como *desprovidos de centro, como um agrupamento fortuito de necessidades contingentes e idiossincráticas*, ao invés de exemplares de uma essência humana comum; Freud também teria nos auxiliado a ser mais irônicos, livres e inventivos nas escolhas de autodescrições. Nessa medida, contribui para nos *libertar da ideia de que temos um self verdadeiro*, compartilhado com todos os outros seres humanos, assim como da noção de que as demandas morais deste *self* verdadeiro têm precedência sobre todas as outras.

No Brasil, o trabalho de Jurandir Freire Costa tem promovido fecundas aproximações entre teoria psicanalítica e pragmatismo (mais especificamente, com a pragmática da linguagem). Mas já de início é importante destacar: este trabalho desenvolve-se em um contexto prático – o da necessidade de analisar dados obtidos em pesquisas empíricas (sobre o impacto da Aids sobre os homossexuais masculinos, p. ex.). Ou seja, Jurandir serve-se da pragmática como um meio para desconstruir noções tomadas

---

112. RORTY, R. "Freud and Moral reflection". In: *Philosophical Papers* – Essays on Heidegger and others. Cambridge: Cambridge University Press, 1995.

como evidentes, como as de identidade e de homossexualidade, e, por extensão, também desmontar conceitos centrais do vocabulário psicanalítico, como os de sujeito e de inconsciente.

Como ele afirma explicitamente: a psicanálise não faz análise de conceitos, e sim dos sujeitos e seus desejos. Já a pragmática linguística fornece os instrumentos teóricos que mostram a impropriedade do uso de certos termos (realistas, idealistas, racionalistas ou estruturalistas) por parte da teoria psicanalítica. "[...] com os instrumentos teóricos da pragmática linguística, creio, podemos evitar mais facilmente que nossas teorias se tornem fetiches, e que os sujeitos enquanto realidades linguísticas sejam reificados em identidades socioideologicamente construídas. [Em trabalhos anteriores] pude mostrar como pragmática e psicanálise podem conviver teoricamente, com ganhos éticos que reputo importantes" (COSTA, 1994, p. 53).

Eis aqui um ponto decisivo: para além de uma preocupação teórica – avançar numa descrição psicanalítica da subjetividade menos "amarrada" à metafísica platônico-kantiana – o projeto de Jurandir inspira-se, sobretudo, em um propósito ético: alertar para o mau uso da teoria (quando considerada como a única e definitiva visão sobre a verdadeira natureza do sujeito) e suas nefastas consequências (cristalizar o que seria um mero arranjo contingente na forma de categorias classificatórias que geram efeitos discriminatórios).

Tome-se como exemplo a forma como ele vê a conduta de grande parte dos psicanalistas pós-freudianos no que se refere ao tema da homossexualidade. Ao suprimir a concepção freudiana de pluralidade identificatória do sujeito e eliminar as hesitações de Freud sobre o assunto, tais psicanalistas teriam forjado um discurso pretensamente científico cuja força performativa gerou repercussões desastrosas (cf. 1995, p. 277 e 278). Daí a pertinência de desconstruir aquilo que, no vocabulário da psicanálise, possui consequências moralmente indesejáveis, como a estigmatização dos homossexuais e o sofrimento daí decorrente. *O uso de parâmetros morais é, pois, totalmente legítimo para criticar e orientar a reformulação das teorias e das práticas a ela associadas.* Fiel à tradição pragmática, Jurandir situa seu empreendimento teórico e suas opções clínicas sob a égide da ética[113].

Dito isto, passemos ao texto "O sujeito como rede linguística de crenças e desejos", publicado como primeiro capítulo do livro *A face e o verso*[114]. Nele se pretende mostrar a compatibilidade entre a teoria freudiana da contingência do Sujeito e as teorias pragmáticas da contingência da linguagem – tais como desenvolvidas por Davidson e Rorty a partir de Wittgenstein[115].

Sendo possível divisar, em Freud, mais de uma concepção de sujeito, a leitura de Jurandir privilegia aquela que o concebe como um precipitado de identificações, "simplesmente um nome coletivo dado à pluralidade identificatória de que somos feitos" (1995, p. 32). A subjetividade é uma realidade linguística – um conjunto articulado de crenças e desejos que são causas ou razões, conscientes ou inconscientes, de nossas ações ou estados psíquicos (1995, p. 44).

Jurandir não nega a dimensão extralinguística do corpo, nem que esta seja capaz de atuar como causa não linguística de efeitos linguísticos – lembre-se dos efeitos de distúrbios hormonais, por exemplo. Porém, as alterações de estados subjetivos só podem ser reconhecidas, diferenciadas, graduadas etc., por meio

---

113. A este respeito, cf. o acalorado debate publicado pela revista *Percurso*: às críticas feitas por Zeljko Loparic no artigo "Ética neopragmática e psicanálise", Jurandir replica com "Resposta a Zeljko Loparic". Cf. *Percurso*, ano VII, n. 14, 1º sem./1995, p. 86-107.

114. COSTA, J.F. *A face e o verso* – Estudos sobre o homoerotismo II. São Paulo: Escuta, 1995.

115. Recorreremos também a ensaio anterior (1994), no qual esses autores figuram no próprio título: "Pragmática e processo psicanalítico: Freud, Wittgenstein, Davidson e Rorty". In: COSTA, J.F. (org.). *Redescrições da psicanálise* – Ensaios pragmáticos. Rio de Janeiro: Relume-Dumará, 1994.

da linguagem. Sensações, emoções e percepções não são fenômenos "físicos" que antecedem a linguagem – ao contrário, requerem a linguagem para serem identificadas como tais. "Enquanto organismos vivos, somos afetados por fatos linguísticos e não linguísticos. Mas mesmo os fatos não linguísticos só determinam mudanças subjetivas se puderem ter o significado de 'mudança subjetiva'. A realidade psíquica ou linguística do sujeito é inevitavelmente coincidente com os termos que a definem" (1995, p. 39). Não há, portanto, sujeito extralinguístico.

Do mesmo modo, inexiste a linguagem como entidade metafísica ou trans-histórica, dissociada das práticas humanas. Em texto anterior (1994), Jurandir resume com clareza as concepções pragmáticas: "a linguagem nada mais é do que uma *habilidade particular dos organismos humanos, desenvolvida na interação com o ambiente*. Por conseguinte, toda imagem da linguagem como forma, estrutura, matriz, código, esquema proposicional etc., é recusada, em benefício dos *atos de fala contextualmente produzidos*. [...] Não existe uma linguagem; existem habilidades linguísticas criadas como respostas ao meio linguístico e não linguístico" (1994, p. 7-8 – grifos nossos). Este é o ponto de partida para as severas críticas endereçadas à teoria lacaniana.

Mas as diversas correntes que compõem a pragmática da linguagem também convergem para a primazia do critério ético na decisão sobre o valor e a verdade das ideias. Mais do que objetividade científica, nossas teorias e práticas devem ter em vista a solidariedade entre sujeitos que se reconhecem como semelhantes no compartilhamento de crenças e aspirações morais. Vejamos como isso repercute na concepção de processo analítico.

Na esteira de Rorty, Jurandir pensa o ideal do processo analítico como autoenriquecimento: "o sujeito que se descreve a partir deste ideal esforça-se por imaginar como novas descrições podem reorientar, de um modo mais satisfatório, aquilo que vive como insatisfação, [...] sofrimento, ou simples vontade de expandir a capacidade de ser feliz. Não pretende 'conhecer-se a si mesmo', conhecendo os fundamentos últimos da linguagem, da verdade e do sujeito; quer 'afirmar-se', nietzscheanamente, como alguém que vive melhor sem fazer mal aos outros" (1994, p. 21).

Concebe-se a análise como um laborioso retecimento da rede de crenças e desejos que é o sujeito. Novas causas e justificativas surgidas no encontro analítico geram novas descrições que, pelo poder performativo da linguagem, vão aos poucos movimentando e modificando a rede. A finalidade de uma psicanálise, no entender de Jurandir, não difere muito daquela apontada por Freud em 1937: "'a análise deve instaurar as condições psicológicas mais favoráveis às funções do Eu; isto feito, sua tarefa estaria cumprida'" (FREUD, apud COSTA, 1994, p. 58).

Para finalizar este percurso pelas ideias de Jurandir, cabe um comentário a propósito da posição por ele assumida no debate realismo X construtivismo, apresentado anteriormente. No segundo capítulo de *A face e o verso*, ao problematizar a ideia de identidade sexual, Jurandir organiza as visões sobre o assunto entre posições realistas-essencialistas e construtivistas. Construtivistas: "nenhum dos termos aplicados à sexualidade corresponde a alguma coisa permanente, fora do contexto histórico em que é definida" (1995, p. 54); não há um dado cru, uma constante biológica, uma invariante mental ou uma essência da homossexualidade, por exemplo. Realistas-essencialistas: existe alguma coisa que persiste como invariante e que permite comparar manifestações de "mesmo tipo" que ocorrem em circunstâncias históricoculturais diferentes. Tais posições se vinculam a duas teses sobre o conhecimento e a verdade, aqui formuladas em termos kuhnianos: a) incomensurabilidade entre paradigmas; b) indeterminação da tradução e inescrutabilidade das referências dos termos utilizados. O construtivista endossa as duas, o realista-essencialista nega ambas (1995, p. 57). Após detalhar essas teses e constatar que as duas posições se equivocam na maneira de entender a noção de paradigma, Jurandir explicita o lugar do pragmatismo: *"como o realista ingênuo,* [o pragmatismo] *diz que existe identidade do evento descrito de maneira X no paradigma X' e descrito de maneira Y no paradigma Y'.* Acha, como ele, que seria impossível comparar ou traduzir descrições de eventos de um paradigma em outro, sem postular a identidade do evento. Mas, diferente do realista ingênuo, não crê que exista uma coisa em si, intuída em sua essência, que caucione versões legítimas ou ilegítimas de sua verdadeira natureza. *Como o construtivista, acha que a identidade do evento também é construída como "identidade". Em suma, a identidade exigida pelos realistas, do prisma pragmático, existe, mas só enquanto construto, e não como realidade independente de descrição"* (1995, p. 84 – grifos e ênfases do autor).

Em suma, Jurandir se afasta e, ao mesmo tempo, conserva algo do realismo e construtivismo. No construtivismo, tudo é constituído na/pela experiência do sujeito, mas "algo" sempre fica de fora – "algo" que pode ser chamado de estrutura cognitiva, paradigma (Kuhn) ou episteme (Foucault). Ou seja, há algo *no sujeito* ou *no contexto* dele que estrutura a subjetividade em sua construção do real. Desse modo, o *construtivismo nos leva à pergunta sobre estruturas* a priori (este "algo" que está fora de questão, uma "estrutura estruturante", de certa forma transcendente). Pois bem, a pragmática busca abolir qualquer transcendente ou *a priori*, pretende acabar com a ideia de "estrutura estruturante"; somente os usos e costumes (modo de vida – Wittgenstein) produzem determinados efeitos. Resta então uma grande pergunta: *será que esta concepção dos "usos e costumes" como incondicionados e contingentes não seria excessivamente ingênua?* Ou ainda, até que ponto tal modo de pensar seria tributário de uma supervalorização dos atributos do indivíduo liberal?

11
Arthur Schopenhauer (1788-1860)

Passaremos agora a tratar de filosofias cujos caminhos já se cruzaram com os de Freud. As presenças de Schopenhauer e Nietzsche estavam nítidas, fortes e explícitas no horizonte das elaborações freudianas e são por ele evocadas muitas vezes com respeito e admiração e outras tantas com temor: o temor de ser influenciado e de ser tomado como um mero repetidor[116].

O filósofo Arthur Schopenhauer foi um dos que, tendo sofrido o impacto da filosofia de Kant, elaborou seu próprio trabalho como uma espécie de *continuação radicalizada* da do mestre. Nesta medida será conveniente retomar o que vimos no capítulo 8.

Comecemos por lembrar os dois extremos incognoscíveis e que são as condições de toda experiência e de todo conhecimento: o sujeito transcendental e a coisa em si. Vimos que muitos autores se perguntaram sobre o papel da coisa em si na constituição dos fenômenos. Mencionamos que Schopenhauer criticou a tese de que a coisa em si pode ser concebida como um *objeto* capaz de *causar* uma representação. Vale repetir o que foi dito, pois este ponto é bastante importante: "todo objeto só existe como objeto na forma de

---

116. O crítico literário Harold Bloom cunhou o termo "angústia de influência" para se referir a fenômenos como estes. A este respeito, cf. tb. ASSOUN, P.-L. *Freud, a filosofia e os filósofos*. Rio de Janeiro: Francisco Alves, 1978.

uma representação; nada adiantaria dizer que uma representação é causa de outra se o problema for o de saber o que é a causa das representações em geral. Se há uma coisa em si, ela deve ser pensada, mas nunca sob a forma de um objeto, isto é, nunca sob uma forma representacional. Para Schopenhauer a grande conquista de Kant foi exatamente a de demonstrar que vivemos imersos em representações, que todo o mundo da experiência é feito de representações (o mundo, diz ele, tem uma natureza onírica) e que não há como sair deste mundo postulando, para além das representações, um mundo objetivo feito de coisas em si".

Porém, dentre os objetos da experiência, há um que permite um outro tipo de acesso: nosso *próprio corpo* em movimento. O corpo vivo, ativo e desejante de cada um se revela tanto enquanto *representação* como enquanto *vontade*. Vontade movida pela carência e pelo sofrimento na direção da satisfação sempre perseguida e sempre adiada. Vai ser desta *relação imediata e pré-representacional* do homem com seu próprio corpo – sua autointuição como *querer* – que Schopenhauer irá partir para, por analogia, supor que todos os corpos são simultaneamente representação e vontade. Daí o título de sua obra principal: *O mundo como vontade e representação* (1819)[117].

As representações seriam expressões desta vontade e esta, por sua vez, seria um impulso cego, sem objeto predeterminado, capaz de dirigir-se a todos os objetos e incapaz de satisfazer-se com qualquer um, um mero e imperativo *querer-viver* que gera continuamente movimento, busca, decepção, sofrimento etc. A vontade pode ser concebida como a coisa em si, desde que evitemos pensar esta coisa em si na forma de um objeto, vale dizer, de uma representação: é "coisa em si", mas não tem a forma de uma coisa, e sim a de um *impulso*, de uma *pulsão*. Enquanto querer-viver, a vontade está diretamente associada à manutenção da vida,

---

117. O volume dedicado a Schopenhauer na coleção *Os pensadores* contém uma tradução da Parte III desta obra [2. ed. São Paulo: Abril, 1985].

à sua expansão e à procriação. Nesta medida, o centro da vontade nos seres vivos está localizado nos órgãos sexuais.

Para melhor entendermos o conceito de vontade em Schopenhauer será conveniente retomar um outro aspecto da filosofia de Kant – o que diz respeito à ação dos sujeitos, ou seja, ao campo da ética.

Vimos anteriormente que o sujeito transcendental não se mostra no campo dos fenômenos. Neste campo, o que se revelam são sujeitos empíricos e, como tais, submetidos às "leis da natureza", condicionados. Nele, todas as ações dos homens devem ter uma causa, uma razão de ser, uma motivação, exatamente como qualquer outro objeto natural. A biologia, a sociologia e a psicologia tratariam de explicar as ações humanas enquanto sujeitos empíricos. Como ficaria, então, a liberdade?

Os sujeitos empíricos não podem agir livremente, mas, segundo Kant, como sujeito transcendental somos livres para *agir*. Apenas na ação o sujeito transcendental pode dar o ar de sua graça, mesmo continuando fora do campo do conhecimento, no sentido preciso da palavra.

O sujeito transcendental não é condicionado, é condição. É ele que intuitivamente consideramos em nossos julgamentos morais ao atribuir *responsabilidade* a alguém ou a nós mesmos; culpa e punição, por exemplo, só fazem sentido se tomarmos os sujeitos como sujeitos livres, ou seja, como sujeito transcendental incondicionado. Se alguém mata e nós reconhecermos que ele tinha razões tão fortes para matar que, mais do que razões, houve uma *causa* para a ação e que o sujeito não teve como agir de outra forma, não poderemos julgá-lo e muito menos condená--lo. Para julgar um crime é necessário atribuir responsabilidade ao criminoso, e isto supõe tomá-lo como sujeito incondicionado de suas ações. Em termos kantianos, isto quer dizer: reconhecemos neste sujeito empírico um nível de funcionamento em que se vislumbra o sujeito transcendental. A subjetividade em Kant será, desta forma, sempre pensada na sua duplicidade – empírica e transcendental – havendo um permanente conflito entre estas partes do sujeito.

Já havíamos nos referido à liberdade quando dissemos que a razão é livre e dispõe de certa autonomia em relação ao campo do conhecimento, podendo, inclusive, regulá-lo. Pois bem, a liberdade na ação ética corresponde à submissão aos ditames da razão: a vontade autônoma – a vontade livre – é, para Kant, a vontade que se identifica à razão e se contrapõe a todos os condicionantes, sejam as autoridades, sejam nossos próprios gostos, preferências, interesses, motivos e impulsos. O homem livre é aquele que consegue, na sua ação, sobrepor sua subjetividade transcendental à sua subjetividade empírica, sua razão a seus motivos e impulsos. Outra forma de dizer a mesma coisa é afirmando que o homem livre impõe sua vontade a si mesmo; sua vontade soberana é a que nasce e se submete à razão universal. A razão dita o *dever*. Agir moralmente é agir de acordo com o dever, e não na busca do prazer e na promoção de seus interesses. Ora, o conceito de "vontade" em Schopenhauer fica ainda mais escandaloso e perturbador quando se contrapõe ao conceito de "vontade autônoma" em Kant. Em Schopenhauer a *vontade não se subordina à razão*; muito ao contrário, todos os processos cognitivos estão subordinados à vontade.

O ponto de vista pragmático aqui aparece como a subordinação do conhecer (*representar*) ao *querer*. Diz ele na seção 33 de *O mundo como vontade e representação*: "originalmente, portanto, e conforme sua essência o conhecimento é útil à vontade [...]. Regra geral, o conhecimento permanece sempre sujeito ao serviço da vontade, dado que se formou para este serviço, e mesmo emergiu da vontade como a cabeça emerge do tronco" (1819/1985, p. 11). Em contrapartida, as representações contrárias à vontade, ameaçadoras das funções vitais, são evitadas e suprimidas. Estas operações supressivas geram lacunas no mundo das representações; a loucura se instalaria, segundo o autor, quando as funções de conhecer e representar são maciçamente atacadas devido à inconveniência das representações.

No entanto, Schopenhauer é muito mais do que um pragmatista, e seu interesse para a psicanálise diz respeito exatamente a isso que transborda dos limites pragmáticos. Em primeiro lugar, a própria noção de vontade nos proporciona descrições que muito se aproximam dos conceitos de pulsão e de desejo. Ligado a isso, temos aqui uma recuperação do corpo vivo do sujeito como fundamento de toda experiência, de todo conhecer representacional e de todo filosofar.

Contudo, se o corpo e seus movimentos regidos pela vontade são as fontes geradoras das representações – tanto as cotidianas como as científicas –, Schopenhauer insistirá que estas representações nunca serão totalmente adequadas à vontade; por isso, serão sempre insatisfatórias, obrigando a vontade a ir mais além. A vontade não repousa nem dá repouso aos sujeitos, nem no cotidiano nem nas atividades científicas. Eis o cerne do pessimismo de Schopenhauer.

A vontade poderia, porém, repousar nas representações mais adequadas e satisfatórias oferecidas pelas obras de arte. Embora nasçam da vontade, as representações artísticas estariam menos atreladas às necessidades e interesses vitais e à busca de uma satisfação imediata para o corpo, o que nos aproxima do que poderia ser entendido como um processo sublimatório. Dentre as artes, apenas a música seria capaz de presentificar a vontade ela mesma, sem o recurso de alguma representação (toda a seção 52 de *O mundo como vontade e representação* é dedicada à música). Esta forma de contato com a verdade, propiciada pela contemplação estética, requer a colocação entre parênteses do circuito pragmático vigente no cotidiano e nas ciências; esta condição permite ao gênio artístico a suspensão dos seus interesses particulares, de seus desejos e necessidades e da sua memória (compreendida por Schopenhauer como uma função racional e adaptativa). Em suma, assistimos à inversão da hierarquia racionalista: a experiência estética é colocada numa posição superior à experiência científica[118].

Mesmo as artes, todavia, não interrompem o processo; o repouso, o fim do sofrimento, a libertação do circuito de voracidade-consumo-decepção-voracidade, exigiria a extinção das vontades individuais e o retorno ao todo indiferenciado em que a grande vontade impera: é o Nirvana, a morte dos desejos. Haveria, portanto, um desejo de morte habitando o querer-viver: o desejo de escapar às atribulações e vicissitudes da vida. Como veremos no próximo capítulo, este será um ponto decisivo da ruptura de Nietzsche com Schopenhauer.

A filosofia de Schopenhauer desemboca, assim, numa ética ascética em que todas as suas conquistas – o resgate do corpo, uma consideração do potencial criativo dos impulsos e da sexualidade, uma visão crítica do mundo das/como representações, a valorização de um contato pré-representacional com o mundo das/como forças – são negadas em nome de uma libertação. Trata-se, naturalmente, de um ascetismo nada kantiano: não implica sustentar o conflito entre razão e impulsos dando a prevalência à razão, mas de entregar-se ao impulso, à vontade, renunciando aos impulsos e vontades; entregar-se à grande Vida, deixando-se morrer. É impossível não aproximar estas formulações do filósofo ao "mais além do princípio de prazer" postulado por Freud.

11.1 Schopenhauer e a psicanálise: um encontro

O campo da representação – o campo dos fenômenos – está limitado (como já se podia reconhecer desde Kant), mas para lá deste campo há uma realidade outra, a qual se tem acesso já não mais pela via da representação: trata-se da "realidade esfomeada", de uma realidade insaciável, feita de *falta* e de *busca*, de uma rea-

---

118. Esta inversão é própria do movimento romântico, ao qual, ainda que em posição marginal, Schopenhauer costuma ser associado.

lidade *dinâmica*, isto é, constituída por forças. Esta é a realidade da vontade. A ela temos acesso pela via imediata do "conhecimento" que o corpo tem de si mesmo como apetite, movimento e ação.

Projetando para nossa compreensão da psicanálise esta lição schopenhaueriana, torna-se possível conceber um "inconsciente" que não seja apenas o depósito sedimentar de *representações inconscientes*, mas que seja heterogêneo ao campo das representações; ou seja, que rejeite toda representação possível e que nesta condição de estrangeiridade ao mundo dos fenômenos regule toda a dinâmica representacional. Esta afirmação de um "inconsciente" heterogêneo ao campo das representações foi elaborada por Michel Henry, que toma as possibilidades abertas por Schopenhauer como ponto de partida para esta releitura da psicanálise[119]. Como veremos a seguir, Alfredo Naffah Neto, partindo de Nietzsche, também advoga um inconsciente que seja pura força e pulsão. Em contrapartida, *mas afirmando a mesma heterogeneidade entre o campo da representação e o da pulsão*, Luiz Alfredo Garcia-Roza diferencia o *inconsciente* – que é o "campo da ordem", o "espaço da representação" – daquilo que seria o "lugar da pulsão", situado "para além da ordem e da lei, para além do inconsciente e da rede de significantes". Nesta medida, o campo psicanalítico abarcaria dois domínios totalmente heterogêneos, sendo que apenas um – o espaço das representações – pertenceria ao psíquico[120].

Encontramos nos ensaios de Maria Lucia Cacciola[121] indicações precisas sobre os aspectos em que a filosofia de Schopenhauer

---

119. HENRY, M. *Généalogie de la psychanalyse*. Paris: PUF, 1985.

120. Cf. GARCIA-ROZA, L.A. "A desnaturalização da psicanálise". *Revista de Psicologia e Psicanálise*, 3, 1991, p. 67-81.

121. CACCIOLA, M.L. "Schopenhauer e o inconsciente". In: KNOBLOCH, F. (org.). *O inconsciente* – Várias leituras. São Paulo: Escuta, 1991. • "A vontade e a pulsão em Schopenhauer". In: MOURA, A.H. (org.). *As pulsões*. São Paulo: Escuta/ Educ, 1995.

evoca fortemente certas posições freudianas, como a precedência da vontade sobre o intelecto, o estatuto central do corpo (a vontade se manifesta diretamente nos atos do corpo, sem a mediação de representações) e uma concepção ampliada de sexualidade: "de fato, se ao nível humano, vontade e sexualidade são conceitos que se recobrem, tomando a dianteira sobre os processos racionais, Schopenhauer não pensa a sexualidade de forma redutora. Para ele, a sexualidade expande-se e amolda-se nas várias manifestações da vida afetiva e intelectual" (1995, p. 59).

No mesmo texto, Cacciola aponta ainda que há interpretações de Schopenhauer (como as de Deleuze e Lacan) que privilegiam o aspecto uno da vontade, deixando de lado a permanente discórdia instalada em seu interior. Por meio de uma digressão pela história natural schopenhaueriana, a autora mostra que a vontade abriga um conflito entre forças que lutam para alcançar graus superiores de objetivação. É uma leitura que acaba por diminuir a distância entre Schopenhauer e Nietzsche, assim como faz ecoar o segundo dualismo pulsional freudiano: "o querer-viver, em perpétuo conflito, afirma-se como impulso constante, mesmo às custas da vida individual. O interesse maior da vontade é a conservação da espécie e não a do indivíduo [...]. Este caráter unificador do querer-viver nos evoca a própria tendência de Eros em Freud [...]" (1995, p. 62).

Entretanto, como dito anteriormente, não são estas (ou outras) "semelhanças" entre os autores o que importa mapear. Mais interessante é ressaltar como Schopenhauer nos impele a leituras da psicanálise que acentuam a "desconfiança" nas representações e a tentativa de livrar-se delas. É o que vemos em um autor como Wilfred Bion (1897-1979)[122], por exemplo. Façamos o exercício de ler suas "Notas sobre a memória e o desejo" (originalmente publicadas em 1967) tomando como ponto de partida o pensamento de Schopenhauer.

---

122. BION, W. "Notas sobre a memória e o desejo". In: SPILLIUS, E.B. *Melanie Klein hoje*. Vol. 2. Rio de Janeiro: Imago, 1990.

Trata-se de um texto em que Bion, assíduo leitor de Kant, defende a tese de que o atendimento psicanalítico deve ser conduzido sem desejo e sem memória, fora do regime das representações, mediante um contato intuitivo, direto, imediato com a experiência emocional do cliente. Todas as representações – tanto as que se elaboram a partir dos desejos do analista, entre os quais e principalmente o seu desejo de compreender, como as que se sedimentam a partir de sua experiência passada com o paciente, tanto, ainda, as sistematizadas nas teorias – são falsas. O que importa é captar o que emerge no escuro e sem forma sem que tenha representação disponível. Mais ainda: o que importa é entrar em contato com o próprio processo de *emergência*, que em si mesmo não é da ordem do representável (é o acontecendo do acontecer). "Em qualquer sessão ocorre uma evolução. A partir do escuro e do informe, algo evolui [...]. Ela compartilha com os sonhos a qualidade de ser totalmente presente ou inexplicável e repentinamente ausente. Esta evolução é o que o psicanalista deve estar pronto para interpretar" (BION, 1967/1990, p. 31). Numa linguagem schopenhaueriana, a expressão mais adequada da "vontade" é aquela em que, como na música, nada se objetiva numa representação. Não falta ao texto de Bion uma forte marca de ascetismo e renúncia, dirigida aqui ao analista que deve abrir mão de seus dispositivos e recursos representacionais.

Vemos que a questão do passado é abolida, cancelada. Neste ponto, mostra-se uma enorme distância em relação à abordagem de Serge Viderman: não se trata de (re)construir um passado; o que importa é o presente e a experiência imediata. Estamos diante de um autor que escapa das alternativas representacionais – realistas ou construtivistas. Bion almeja obter acesso ao material clínico livre de qualquer mediação representacional; privilegia a intuição, em detrimento da compreensão. Para ele, a observação psicanalítica diz respeito a algo que está acontecendo, que está presente – por isso a representação torna-se dispensável. O que importa é intuir o acontecer do acontecimento – o alvo é o *processo* do acontecer. Processo de emergência, de desabrochar, a partir do escuro e sem forma: é sobre isso que o analista pretende se debruçar e intervir, sem memória (sedimentos de representação) e sem desejo (precipitador de representações).

12
Friedrich Nietzsche (1844-1900)

Uma apresentação sumária do referencial nietzscheano requer, naturalmente, muitas escolhas e recortes. Trata-se de um pensador cujas publicações se distribuem no decorrer de apenas duas décadas (1870-1888), mas que comportam mudanças de posição, terminologia e estilo. Para uma contextualização do pensamento do autor, bem como uma indicação sumária dos passos avançados (ou revistos) em cada obra, sugere-se a leitura da introdução a suas *Obras incompletas*[123] [124].

Propomos dois esquemas para uma aproximação a Nietzsche. No primeiro, veremos como neste autor se colocam as questões do *conhecimento* e da *verdade*. No segundo, abordaremos a questão do *niilismo*. A rigor, não há precedência lógica de um esquema em relação ao outro, pois, como veremos, eles se cruzam. Nietzsche, porém, que por razões filosóficas preferia expressar-se mediante *aforismos* e *fragmentos* ao invés de escrever

---

123. Sob responsabilidade de Olgária Mattos e Marilena Chauí: "Nietzsche: vida e obra". In: *Obras incompletas*. 3. ed. São Paulo: Abril, 1983.

124. Temos no Brasil uma excelente safra de comentadores de Nietzsche. Sem prejuízo de outras referências, que preferimos não explicitar para evitar omissões, indica-se como leitura obrigatória: GIACÓIA JR., O. "O conceito de pulsão em Nietzsche". In MOURA, A.H. (org.). *As pulsões*. São Paulo: Escuta/Educ, 1995.
• MARTON, S. "Nietzsche: consciência e inconsciente". In: KNOBLOCH, F. (org.). *O inconsciente* – Várias leituras. São Paulo: Escuta, 1991.

tratados sistemáticos, parece suscitar e exigir múltiplas entradas ao invés de *uma* via régia e excessivamente unificadora. Também por este motivo pareceu-nos interessante manter o texto inicial em formato de notas.

Passemos, pois, às notas sobre o conhecimento e a verdade[125].

1) O método genealógico

A genealogia no sentido nietzscheano é uma arma de ataque ao niilismo, pois promove a rememoração crítica das origens insignificantes e baixas dos mais "altos valores" e ridiculariza as suas pretensões de, do alto, julgarem a *vida*. Efetua-se, assim, a desmistificação dos valores pretensamente transcendentais da moral e da epistemologia (o *bem*, o *justo*, o *verdadeiro* etc.). Conforme se verá adiante, o niilismo é, sobretudo, negação da vida; a pesquisa genealógica, ao contrário, está a serviço da afirmação da vida, não se resumindo jamais a uma mera forma de produção de novos conhecimentos.

2) A questão do valor

Todo "valor" (e toda norma a ele associada) é entendido – pragmaticamente – como *condição de vida*, seja a vida dos animais, seja a das "coletividades-macro" (a sociedade), seja a das "coletividades-micro" (o indivíduo, que é uma coletividade instável de entes em permanente conflito). Os valores organizam e protegem estas coletividades, instituem uma forma de dominação.

---

125. Muitas dessas notas foram formuladas a partir de fragmentos póstumos e da coletânea *Vontade de poder* ou *Vontade de potência*, conforme a tradução. Cf. os textos reunidos por Gérard Lébrun sob o título "Sobre o niilismo e o eterno retorno" (1881-1888) nas *Obras incompletas* (Coleção Os Pensadores, 1983), com tradução de Rubens Rodrigues Torres Filho. Cf. tb. excertos citados por Wolfgang Müller-Lauter em seu *A doutrina da vontade de poder em Nietzsche*. São Paulo: Annablume, 1997 [Tradução de Oswaldo Giacóia Jr.].

3) A vida como *vontade de potência* em suas duas dimensões

Como *vontade de potência*, a vida promove *a conservação e a estruturação das formas* necessárias à adaptação e à sobrevivência. No entanto, também como *vontade de potência*, a vida quer *o seu próprio incremento e potenciação*, e isso implica a desestruturação das formas na proliferação e na transfiguração: trata-se de um ir-além de si mesma na direção de si mesma, de um ultrapassar-se; *o que a vontade de potência quer é mais potência.*

4) O conhecer como representar

Representar é ter ou fixar a coisa diante de si, dando-lhe estabilidade, constância, docilidade, previsibilidade, tornando-a controlável e comunicável. Os pressupostos metafísicos do conhecimento e da lógica são a (fictícia) identidade das coisas consigo mesmas – pois apenas as "mesmas coisas" são previsíveis e controláveis. Há aqui uma moral embutida: *vale mais o que permanece, vale mais o que se repete.*

5) O conhecimento numa concepção pragmática

O conhecimento tido como *"verdadeiro"* – *a representação tida como válida* – tem um sentido político/pragmático: é um dispositivo de domínio do mundo e dos outros, construído pelos mais fracos que precisam deste aparato para se defenderem da vida.

No início de "Sobre verdade e mentira no sentido extramoral" (1873), Nietzsche afirma que o indivíduo utiliza o intelecto para a representação, de modo a tornar possível a autoconservação e a coexistência social. Isto requer uma "legislação da linguagem", isto é, a fixação de uma "designação uniformemente válida e obrigatória das coisas", que possibilite a comunicação no seio de uma coletividade.

A linguagem é, pragmaticamente, entendida como mera convenção (mas que oculta seu caráter convencional), e não como expressão adequada da realidade; é, antes, criação e compartilhamento de metáforas. "Acreditamos saber algo das coisas mesmas, se falamos de árvores, cores, neve e flores, e no entanto não possuímos nada mais do que metáforas das coisas, que de nenhum modo correspondem às entidades de origem" (NIETZSCHE, 1873/1983, p. 47). Mas essas metáforas tendem a se cristalizar e, com o uso, passam a ser tomadas como obrigatórias e a se estabelecer como verdadeiras. "[...] as verdades são ilusões, das quais se esqueceu que o são, metáforas que se tornaram gastas e sem força sensível, moedas que perderam sua efígie e agora só entram em consideração como metal, não mais como moedas" (p. 48).

A palavra empregada na formação de conceitos implica ainda uma outra operação – a desconsideração do individual e da diferença: "todo conceito nasce por igualação do não igual" (p. 48)[126]. Ou seja, a linguagem conceitual nivela, simplifica e esquematiza, eliminando a multiplicidade em prol de abstrações estabilizantes. No *Crepúsculo dos ídolos* (1888) Nietzsche forja uma bela imagem ao dizer que "os 'supremos conceitos', isto é, os mais universais, os conceitos mais vazios [...] [formam] a última fumaça da realidade evaporada" (apud MÜLLER-LAUTER, 1997, p. 88-90).

6) A vontade de verdade

A *vontade de verdade* é a vontade de redução da variabilidade, de estagnação dos fluxos, de interrupção dos processos. Em um certo nível, esta vontade está a serviço da vontade de potência, pois é necessária à sua conservação; porém, em seus excessos, a

---

126. E a citação continua: "Assim como é certo que nunca uma folha é inteiramente igual a uma outra, é certo que o *conceito de folha é formado por arbitrário abandono dessas diferenças individuais*, por um esquecer-se do que é distintivo, e desperta então a *representação*, como se na natureza além das folhas houvesse algo, que fosse 'folha', *uma espécie de folha primordial*, segundo a qual todas folhas fossem tecidas, desenhadas, recortadas, coloridas [...] por mãos inábeis, de tal modo que nenhum exemplar tivesse saído correto e fidedigno como cópia fiel da forma primordial" (NIETZSCHE, 1873/1983, p. 48 – grifos nossos).

vontade de verdade é uma *pulsão de morte,* uma vontade negativa de potência: "esta vontade é abismo da morte". Como diz um dos fragmentos póstumos, "o conhecimento é para a humanidade um excelente meio de se aniquilar ela mesma".

7) A verdade como *erro útil* e a verdade como *potenciação*

A "verdade" (entre aspas) é uma *ilusão necessária* de constância. Esta "verdade" não se opõe, antes se identifica, com a noção de *erro: é o erro útil à conservação, útil à comunicação, útil ao domínio.* Tal noção de *erro,* por sua vez, opõe-se a outra acepção do termo *verdade,* acepção em que *verdade não implica imitação ou cópia de uma realidade estática, mas em uma participação no processo de expansão, variação e incremento da vontade de potência* (veremos adiante que, nos termos de Alfredo Naffah, isto seria uma libertação do *inconsciente ativo*).

8) O conhecer como *esquematizar* e sua posição subordinada

Conhecer é esquematizar o caos, ou seja, é uma defesa ressentida contra a variabilidade, a imprevisibilidade e o caráter incontrolável da vida que a ameaçam de dissolução; nesse sentido, conhecer seria uma garantia e condição de autoconservação. Mas o conhecimento representacional é um valor subordinado à *arte como excesso,* como transbordamento, superação das formas e intensificação do caos, ou seja, da vida como incremento de potência. A arte abre o apetite para a vida e "*é a forma de mentira mais próxima da verdade*" que o homem pode tolerar, já que a potenciação da vontade (momento dionisíaco) é alcançada através da criação de formas puramente inventadas e "falsas" (momento apolíneo).

9) O além do homem, o eterno retorno e o *amor fati*

Em "Sobre o niilismo e o eterno retorno" Nietzsche afirma que o*s mais fortes* são (ou seriam) os homens mais comedidos, aqueles que não necessitam de artigos de fé extremados, de crenças dogmáticas, de esquemas rígidos e imperiosos. Seriam aqueles que não apenas admitissem, como também amassem uma boa dose de acaso e insensatez – os mais ricos de saúde, os mais seguros de sua potência (cf. "Sobre o niilismo e o eterno retorno", 1881-1888/1983, p. 385).

O *amor fati* – amor aos fatos e amor aos fados – opõe-se ao *ódio instintivo à realidade* expresso como o excesso de vontade de verdade. Este é o ódio dos ressentidos e dos fracos que não toleram a vida e se refugiam nos "altos valores" do platonismo, do cristianismo, do cartesianismo e do kantismo para se defenderem. Estas defesas são, porém, como prisões e os ressentidos são escravos delas: por isso todos os "altos valores", em qualquer campo em que surjam – epistemologia, ontologia, estética e/ou ética – são sempre ingredientes de uma *moral de escravos*, ou seja, de uma moral niilista.

Visto desta perspectiva, todo o projeto epistemológico da Modernidade é uma das expressões deste ódio à vida e, nessa medida, um momento decisivo na história do niilismo. *O superinvestimento da teoria seria uma expressão do ódio à realidade* e a *dominância dos valores epistemológicos, um sintoma da fraqueza, do ressentimento e do espírito de vingança.* O mesmo se poderia dizer da dominância dos valores morais e do ascetismo (seja nas formas cristã e kantiana, seja na sua versão schopenhaueriana), tão fortemente presente e dominante no campo epistemológico e sua obsessão pelo método.

Nietzsche ironiza a pretensão das filosofias modernas de conhecer o conhecimento, até porque nega ao intelecto a possibilidade de se autoexaminar. "É quase cômico que nossos filósofos exijam que a filosofia tenha que começar com uma crítica da faculdade de conhecimento: Não é muito improvável que um órgão do conhecimento possa 'criticar-se' a si mesmo?"; "Uma ferramenta não pode *criticar* sua própria aptidão; o próprio intelecto não pode determinar suas fronteiras, também não seu ser bem-sucedido ou malogrado" (Fragmentos póstumos, apud MÜLLER-LAUTER, 1997, p. 137-138 – grifo no original)[127].

Na contramão do projeto moderno também vai a afirmação de que "não há fatos, apenas interpretações" e, mais ainda, a ideia de que *não há intérprete*; seria errôneo perguntar "quem interpreta" e uma ficção colocar o intérprete por detrás da interpretação (cf. MÜLLER-LAUTER, 1997, p. 125). Este comentador enfatiza: "[...] também 'o' intérprete nada mais é do que uma multiplicidade 'com fronteiras inseguras'. Nós somos uma 'multiplicidade *que se imaginou uma unidade*', anota Nietzsche. A consciência, o intelecto, serve como meio com o qual 'eu' 'me' engano a mim mesmo" (MÜLLER-LAUTER, 1997, p. 79; citações de fragmentos póstumos – grifos no original).

Passemos ao segundo bloco de observações, agora sobre o niilismo.

O niilismo na sua forma mais óbvia está presente na expressão "Deus está morto", com a qual se assinala o descrédito dos mais elevados valores e dos mais sublimes sentidos do mundo e da vida: tudo vale e nada vale. Em consequência da derrocada destes "altos valores" impõem-se, como atitudes dominantes, a indiferença e o cinismo "decadente".

Mas o niilismo em um sentido ampliado será tomado como o próprio movimento de toda a história ocidental desde Platão. Nesta medida, toda a história da filosofia ocidental seria uma forma de platonismo. À carga contra Platão vai se somar o ataque demolidor a uma de suas versões mais perniciosas, que seria o cristianismo. Em contraposição, Nietzsche faz o elogio dos pré-socráticos nos quais a aceitação da vida não fora ainda sufocada pelo niilismo filosófico e religioso. Nietzsche procura efetuar a genealogia do niilismo assim entendido através da identificação das forças que o engendraram e o sustentam:

---

127. O intelecto como órgão de conhecimento e ferramenta: note-se como são evidentes os aspectos pragmáticos do pensamento nietzscheano.

O primeiro e inaugural momento do niilismo consistiu na "invenção" de um mundo suprassensível e atemporal: o mundo dos *valores, normas e ideais religiosos, cognitivos, éticos e estéticos.* Por exemplo, *o verdadeiro, o bem, o belo etc.* seriam valores supramundanos, supravitais, a partir do qual o *mundo da vida* é rebaixado, avaliado e... condenado.

A genealogia desta separação dos dois mundos pretende nos mostrar como, a partir da dificuldade de suportar a vida (e suas forças pulsantes), com tudo o que ela tem de *efêmero, plural, contraditório e imprevisível,* que o mundo suprassensível (Deus, as ideias e essências etc.) é projetado como defesa dos *fracos* contra a vida e como procura do *eterno, permanente, estável, uno, harmonioso, previsível e controlável.*

O que está em jogo é a própria *invenção da identidade.* Para Nietzsche, o idêntico, ou seja, a mesmidade das coisas, é sempre da ordem do ficcional, embora seja uma ficção até certo ponto necessária e útil para a conservação da vida; são as "mesmas coisas" que se prestam, em sua monótona regularidade, ao conhecimento e ao controle.

As forças envolvidas neste processo são forças reativas, movidas pelo *ressentimento* e pelo *espírito de vingança,* por sua vez engendrados pela incapacidade de enfrentar e digerir o sofrimento. Em outras palavras, as forças reativas estão sob o domínio de um passado "intragável", que volta sempre como a comida maldigerida que se regurgita e faz sentir de novo o seu gosto, ou seja, é re-sentida. São essas forças que geram este *niilismo larvar ou latente.*

Porém, em que medida poderia deixar de haver niilismo quando valores tão poderosos guardam todo o seu vigor? E mais: Será possível uma vida sem valores? Para responder estas questões é necessário reconhecer de início que todos os valores – independentemente de suas outras qualidades, são *condições de vida* mais ou menos disfarçadas; ou seja, Nietzsche abraça, em alguma medida, uma visão pragmática dos valores e das crenças. No entanto, os valores da tradição ocidental dominante (platônica e cristã) são condições de uma vida *despotenciada*, amortecida, esterilizada, decadente; por isso são valores que impõem à vida uma camisa de força ascética e ortopédica.

Um segundo momento significativo da história do niilismo é marcado pela laicização/profanação dos mais altos valores e sua aparente substituição por outros valores que, no entanto, são igualmente gerados pelo ressentimento e pela vingança diante do sofrimento e da efemeridade. É aqui que imperam as noções de "objetividade da ciência" (Bacon e Descartes), de um "dever transcendental" puramente humano (Kant), a ideia de "progresso", o culto da "humanidade" etc. Esta forma é a do *niilismo incompleto*: os valores perderam uma base transcendental própria e independente dos homens, mas conservam seu caráter de *valores absolutos*, apesar de estarem assentados tão somente na humanidade.

Os projetos epistemológicos e moralistas da Modernidade, com seus intentos de construir um sujeito epistêmico/ético universal e absoluto através da razão (cf. cap. 1) pertencem e ilustram este momento da história do niilismo. Em "Sobre o niilismo e o eterno retorno" (1881-1888) encontramos uma articulação direta entre niilismo e sujeito do conhecimento, numa passagem na qual o niilismo é caracterizado como estado psicológico. Diz Nietzsche que o niilismo surge quando procuramos em todo acontecimento um sentido que não está nele; também ocorre quando colocamos totalidade, sistematização ou organização em todo acontecer ou debaixo dele; e quando, em nome da unidade, condenamos o mundo do vir-a-ser como ilusão e inventamos um outro mundo para além dele (o qual, apesar de inventado, passa a ser considerado verdadeiro). "*A crença nas categorias da razão é a causa do niilismo – medimos o valor do mundo por categorias ["fim", "unidade", "ser"] que se referem a um mundo puramente fictício*" (NIETZSCHE, 1881-1888/1983, p. 380-381 – grifos no original).

Finalmente, como decorrência inevitável do momento anterior e do também inevitável reconhecimento do que há de meramente humano e fictício no mundo dos valores, o *niilismo completo* vai se caracterizar pelo "assassinato de Deus" e o descrédito de todos os valores e sentidos. Diante dele pode-se observar seja uma resignação lamurienta e cínica, própria do *niilismo passivo* (oportunista e aproveitador – como na famosa frase "ou restaure-se a moralidade ou locupletemo-nos todos"), seja uma atitude iconoclasta e destrutiva, característica do *niilismo ativo*. Mesmo este niilismo ativo, porém, apesar de ser uma passagem obrigatória rumo à superação do niilismo e ao reencontro com a vida, ainda não é a verdadeira superação do niilismo (embora a prepare). A superação efetiva ocorrerá apenas com o *niilismo consumado ou extático*.

A superação do niilismo implica a *transvaloração*, ou seja, na *criação de uma nova hierarquia de valores totalmente voltados à potenciação da vida – livres, portanto, do ressentimento e da vingança, livres do passado*. Trata-se de dizer *sim* ao mundo e à vida. Trata-se da ética do *amor fati*, que se dramatiza e experimenta no pensamento do *eterno retorno*, no qual são abolidas toda separação entre mundos e toda condenação da vida pelo mundo de valores transcendentais. Nenhum homem, tal como conhecemos esta espécie, é capaz de sustentar este *sim* e de aceitar o eterno retorno do mesmo sem as queixas e remorsos dos fracos. Somente o *além-do-homem* (tradução mais adequada do que muitas vezes é chamado de *super-homem*) seria a subjetividade suficientemente forte para o *amor fati*.

Em que medida, cabe a pergunta, a psicanálise pertence à história do niilismo e aonde ela se localizaria nesta história? A interpelação da psicanálise desde um nietzscheano *dizer sim*, renunciando à questão de sua cientificidade e insistindo em sua dimensão ética – e trágica – é o que caracteriza o trabalho de psicanalistas como Alfredo Naffah Neto.

Para efetuar a transição rumo à psicanálise, será útil destacar alguns pontos do excelente artigo de Scarlett Marton sobre concepções nietzscheanas ligadas aos temas da consciência/inconsciência[128]: 1) Noção de corpo: palco de luta permanente, no qual a vida se confunde com processos de dominação; a vontade de potência própria de todo ser vivo encontra-se espalhada pelo organismo. "Não só o querer, mas também o sentir e o pensar estariam disseminados pelo organismo; e a relação entre eles seria de tal ordem que, no querer, já estariam embutidos o sentir e o pensar. Entendendo que pensamentos, sentimentos e impulsos já se acham presentes nas células, tecidos e órgãos, Nietzsche não se limita a afirmar que os processos psicológicos teriam base neurofisiológica, mas, mais do que isso, procura *suprimir a distinção entre físico e psíquico*" (p. 34 – grifos nossos). 2) Noção de consciência: órgão de adaptação de origem biológica, surgido tardiamente e sujeito a erros, possui caráter falsificador: "[...] o mundo consciente é estreito, ínfimo, superficial" (p. 40). 3) Nexo entre consciência e linguagem: intimamente ligadas, partilham o solo da gregariedade (p. 39), já que ambas derivam da necessidade de comunicação na vida coletiva. Quando o pensamento se apresenta na consciência e na linguagem, já teria passado pelo filtro gregário, tornando-se banal e comum: a fala vulgariza. Porém, existe pensamento fora do âmbito da consciência: "[...] não é todo o pensamento que se dá em palavras; apenas aquele que se torna consciente. Se a vontade de potência se exerce nos numerosos seres vivos que constituem o organismo e se, no querer, já se acham embutidos o sentir e o pensar, o pensamento está disseminado por todo o corpo" (p. 40). 4) Inconsciente não é um conceito em Nietzsche. Ainda assim, "[...] se no quadro do pensamento nietzscheano fosse possível discorrer sobre o inconsciente, ele seria justamente essa região que não se expressa em palavras, o domínio que escapa à linguagem" (p. 40). Remete,

---

128. MARTON, S. "Nietzsche: consciência e inconsciente". Op. cit.

portanto, ao indizível (p. 41), e ao *corpo*, acrescentaríamos com base nas ênfases assinaladas pela autora.

12.1 Nietzsche e a psicanálise: um encontro

Podemos então passar à visitação de Freud por Nietzsche, ou vice-versa, promovida por Alfredo Naffah Neto[129]. Em *O inconsciente como potência subversiva*, Naffah assume como ponto de partida exatamente esta constatação de Marton: "aqui a noção [de inconsciente] não pode, pois, designar qualquer *representação*, nem remeter a nenhum princípio ordenador transcendente, metafísico ou linguístico; quando muito pode significar *silêncio, singularidade, indizibilidade*, melhor dizendo, *tudo aquilo da experiência humana que escapa às possibilidades de representação da linguagem e da consciência, dado o seu caráter inusual, raro, singular, sutil*" (1992, p. 26-27 – grifos do autor).

Neste livro, Naffah monta as bases conceituais daquilo que, dois anos mais tarde, em *A psicoterapia em busca de Dioniso*, lançará como sua proposta terapêutica: uma *psicoterapia genealógica*. Para tanto, critica a metapsicologia freudiana, o que lhe permitirá, na obra seguinte, formular toda uma psicopatologia e uma concepção da clínica em linguagem nietzscheana.

Tomando como referência a reflexão de Deleuze sobre as forças ativas/reativas em Nietzsche, Naffah postula a distinção entre dois tipos de inconsciente. O *inconsciente ativo* (o inconsciente no sentido forte do termo) é formado por forças ativas, que tendem à expansão, à intensificação e à criação de valores: "não é produzido, mas produção incessante; não é memória camuflada, mas usina de criação. Irredutível aos códigos, mais múltiplo e polivalente do que qualquer sistema de linguagem, ele

---

129. NAFFAH, A. *O inconsciente como potência subversiva*. São Paulo: Escuta, 1992.
• *A psicoterapia em busca de Dioniso* – Nietzsche visita Freud. São Paulo: Escuta/Educ, 1994.

escapa e extravasa por todas as bordas, confundindo-se em parte com a *vida*, em parte com o *mundo*, ou para usar um só termo, como a *vontade de potência [...]*" (1992, p. 70 – grifos do autor). Já o *inconsciente reativo* diz respeito ao conjunto de traços mnêmicos acoplado à consciência, mas que deve, por conta das necessidades adaptativas, ser mantido separado desta.

Ainda apoiado em Deleuze, Naffah aponta semelhanças entre o inconsciente reativo e o inconsciente freudiano, como o fato de serem concebidos como um conjunto de marcas mnêmicas, distinto e mantido à margem da consciência. Mas há diferenças importantes entre ambos: em Freud, o recalque é o mecanismo responsável por afastar as representações da consciência, mantendo-as, porém, intactas[130]. A noção de recalque, ressalta Alfredo, estaria apoiada em dois preconceitos filosóficos: a) idealista: pressupõe que haja uma representação fechada, conclusiva e que se mantém inalterada ao ser expulsa da consciência; b) racionalista: consciência tem função central e necessária nos processos de interpretação da realidade (cf. 1994, p. 46 e 47).

Já Nietzsche se refere ao mecanismo do *esquecimento* como uma faculdade ativa, que propicia a metabolização das experiências – o que o torna, portanto, mais próximo da elaboração e da sublimação do que do recalque. Mas é importante frisar que Nietzsche não está se referindo a "mecanismos psicológicos" e sim a uma conjuntura de forças transpessoal; também é importantíssimo lembrar que em Nietzsche são as forças que interpretam – são elas (e não o ego ou a consciência, p. ex.) os agentes interpretantes (1992, p. 63). O esquecimento possibilita o controle das forças ativas sobre as reativas, evitando que a consciência seja invadida pelas lembranças e sentimentos do passado – isto é, impedindo o re-sentimento.

---

130. Para uma crítica a esta leitura da concepção freudiana de recalque, cf. CINTRA, E.U. "Escravidão, histeria e recalque: notas a uma obra de Alfredo Naffah". *Percurso*, ano VII, n. 14, 1/1995.

Em suma, "Para Nietzsche, vivemos sempre sob o comando de forças inconscientes. A questão não é, pois, nunca a de distinguir se é o inconsciente ou a consciência quem predomina, mas qual dos dois inconscientes está no comando: se o *mnemônico, reativo* ou se o *plástico, ativo*" (1992, p. 60 – grifos do autor).

Naffah anseia por uma "psicoterapia que retome e realize aspirações da genealogia nietzscheana" (1994, p. 20), cuja tarefa seria a transmutação dos valores. Terapeuta é aquele que se dedica ao tratamento da vida doente e das formas patológicas da vontade de potência, de modo que a psicoterapia genealógica ultrapassa em muito o âmbito da profissão de psicólogo ou da prática clínica.

Partindo da noção de "grande livramento" descrita em *Humano, demasiado humano* (1886), Naffah pensa a saúde como "[...] *autodomínio e disciplina capazes de permitir ao espírito habitar a multiplicidade; envergadura interior para contornar os narcisismos paralisantes de meio-caminho; excesso de forças plásticas que dão forma à vida e a regeneram, lançando-a no ensaio, na aventura*" (1994, p. 29 – grifos do autor). A saúde é também associada com o circuito-nobre – forma de vida afirmativa e criadora de valores (1994, p. 32). O circuito-nobre é salutar porque afirma a vida enquanto devir e sustenta o *amor fati*. O circuito-escravo seria o contrário: dominância das forças reativas sobre as ativas, do inconsciente reativo sobre o ativo, aprisionamento pelo Outro e hegemonia do ressentimento (quando o homem está privado de sua potência de agir no presente, pois encontra-se em plena reiteração do sentimento passado e da vivência passiva). O ressentido não é capaz de esquecimento: eterniza o fortuito/contingente, deseja ser indenizado pelas injustiças que julga ter sofrido e persiste em sua sede de vingança.

O objetivo da terapia seria, pois, o de "abrir caminho para as forças ativas, plásticas, onde quer que estejam; preparar o advento de um novo funcionamento da personalidade onde a maleabilidade, a invenção, o improviso, sejam as armas maiores.

Do início ao fim do processo, como o horizonte que o possibilita, o inspira, o acolhe e impulsiona, está o desejo de autossuperação, a morte ativamente desejada e escolhida como condição para um renascimento, em busca da conquista maior: uma envergadura interior capaz de acolher a vida em toda a sua riqueza caleidoscópica" (1994, p. 102 – grifos do autor).

Naffah acentua a postura ativa e supramoral do terapeuta. As forças ativas marginais (que escapam à captura pelo circuito-neurótico e seus códigos) tornar-se-ão aliadas do terapeuta-genealogista: ele tentará instrumentalizá-las, mas evitando codificá-las com os valores morais da consciência. Por isso, a função terapêutica supõe, em algum nível, o ultrapassamento dos valores morais, o além-do-homem. Essas forças marginais estão sempre presentes, insistindo e produzindo aberturas como o lapso, o chiste, o sonho; "nesses *atos de resistência* buscam, dentro do possível, *embaralhar o código dominante e reconstituir o movimento característico das forças vivas, restaurar a multiplicidade, o acaso, o devir. Essa luta é a que melhor descreve, nas neuroses, o movimento subversivo, restaurador, do inconsciente*" (1994, p. 55 – grifos do autor). Estamos, pois, diante de uma concepção na qual se atribui ao próprio inconsciente um potencial tônico e revigorante, uma inclinação àquilo que Nietzsche chamaria de *saúde*.

13

Martin Heidegger (1889-1976)

Trataremos agora do impacto do pensamento de Heidegger na superação da dominância do pensamento representacional, isto é, da perspectiva heideggeriana de crítica da Modernidade e da metafísica tal como entendida em nossa tradição filosófica ocidental. Uma aproximação a esta problemática pode ser encontrada no "Prefácio" de Zeljko Loparic ao livro *Escutar, recordar, dizer*[131]. Nesse texto, Loparic afirma que só com o pensamento da diferença ontológica começa a se dar o ultrapassagem radical da metafísica, o que faz de Heidegger o primeiro pensador pós-metafísico[132].

Neste capítulo vamos acompanhar a leitura de dois textos heideggerianos – "Que é metafísica" (1929) e "Sobre a essência da

---

131. FIGUEIREDO, L.C. *Escutar, recordar, dizer* – Encontros heideggerianos com a clínica psicanalítica. São Paulo: Escuta/Educ, 1994. Nesse livro encontram-se mais desenvolvidas muitas das ideias aqui apresentadas, sobretudo as aproximações com a clínica psicanalítica. Cf. tb. do mesmo autor: "Heidegger, língua e fala". *Psicanálise e universidade*, vol. 3, 1995, p. 67-75. • "Foucault e Heidegger – A ética e as formas históricas do habitar (e do não habitar). *Tempo Social*, 7 (1-2), out./1995, p. 139-149. USP. • "Heidegger e a psicanálise: encontros". *Psicanálise e universidade*, vol. 4, 1996, p. 39-52.

132. Concordando com Heidegger, Loparic argumenta que Nietzsche ainda faria um uso do ser na chave da presentidade e que trataria a vontade de potência como um ente, permanecendo, pois, no solo da metafísica. Tal interpretação não é única (há outras, como as de Vattimo e Derrida) nem unânime: Müller-Lauter (1997, op. cit.), p. ex., discorda frontalmente dela.

verdade" (1930)[133]. Ambos são posteriores a *Ser e tempo* (1927), mas ainda pertencem à primeira fase do pensamento do autor (embora já antecipem temas da segunda).

O tratado *Ser e tempo* permaneceu inconcluso; nele, a investigação do ser pressupunha uma prévia elucidação do único ente para o qual o ser é questão: o homem. Daí o grande espaço dedicado à analítica existencial, isto é, à fenomenologia dos modos cotidianos de existir. A partir de meados da década de 1930, Heidegger radicaliza sua pesquisa sobre o ser; deixa de lado a analítica existencial e passa a refletir sobre a tradição filosófica ocidental, a obra de arte e, principalmente, sobre a linguagem e a fala. É nesta segunda fase que fica mais evidente a crítica de Heidegger à Modernidade, ao humanismo e ao pensamento representacional. Ao longo de sua obra, nota-se também um progressivo afastamento dos ideais iluministas e das metáforas ligadas à visão (próprias à metafísica da luz) em prol da problemática da fala e da escuta.

Na introdução ao volume *Os pensadores* encontramos um resumo dessas duas fases. Um mesmo problema filosófico fundamental atravessaria a obra inteira de Heidegger: *o que é o ser, qual seu sentido e sua verdade.* Em *Ser e tempo* a análise fenomenológica da existência humana teria sido um meio, uma porta de entrada para a investigação do ser. Posteriormente, o ser é quem abre a possibilidade de compreender o existir do homem, sendo desde então abordado preferencialmente no/pelo universo da *linguagem*. Vale citar uma passagem esclarecedora: "o ser do 'segundo' Heidegger é uma espécie de iluminação da linguagem; não da linguagem científica, que constitui a realidade como objeto, nem da linguagem técnica, que modifica a realidade para aproveitar-se dela. O 'ser' habita antes a linguagem poética e criadora [...]. Elevar-se até o ser não seria, portanto, conhecê-lo pela análise

---

133. Traduzidos por Ernildo Stein, os dois ensaios constam do volume *Heidegger*. 2. ed. São Paulo: Abril, 1983 [Coleção Os Pensadores]. Marilena Chauí é a consultora da "Introdução" citada a seguir.

metafísica, nem explicá-lo ou interpretá-lo através da linguagem científica. Seria 'habitar' nele, através da poesia" (1983, p. XI). Ao que se soma um "lembrete" importante para compreensão da problemática do ser em todo pensamento heideggeriano e útil para a sequência de nosso capítulo: o ser não se confunde jamais com a aparência – "é presença permanente, o horizonte luminoso, no qual todos os entes encontrariam sua verdade. Não é o conjunto dos entes, nem um ente especial, é o 'habitar' de todos os entes" (1983, p. XI-XII).

1) Introdução a *Que é metafísica?*

O texto corresponde a uma conferência pronunciada em 1929 (aula inaugural ao assumir a cátedra de Filosofia em Freiburg-im-Breisgau), mesmo ano em que veio à luz o manifesto do positivismo lógico intitulado *A concepção científica do mundo – O círculo de Viena*, mencionado no capítulo 5. A exposição de Heidegger precisa ser entendida como tendo, entre outros, o sentido de uma contestação explícita (uma das mais explícitas em toda sua obra) às teses cientificistas e positivistas.

É interessante ressaltar que foi exatamente assim que os positivistas a entenderam. No texto "Superação da metafísica" (1932) Rudolf Carnap submete a conferência de Heidegger a uma avaliação supostamente arrasadora: ele tenta mostrar como o texto heideggeriano está repleto de pseudoproposições, isto é, de enunciados destituídos de qualquer sentido por violarem as regras sintáticas e semânticas de uma linguagem significativa. Não nos interessa aqui expor esta polêmica, em parte estéril e já superada, e sim acompanhar a "marcha do mostrar de Heidegger" nas poucas páginas que compõem esta palestra.

A primeira consideração a fazer é que neste trabalho Heidegger trata da *metafísica* como "movimento e conduta" e não como "corpo dogmático", ou seja, como sistema de representações acerca de algum ente transcendental. Enquanto corpo dogmático (sistema de teses positivas sobre o ser), Heidegger travará uma luta permanente contra a metafísica em todo o longo período que vai dos meados da década de 1930 até seus últimos escritos e seminários no final da década de 1960; lembremos que ele morreu em 1976, quase cinco décadas após a publicação de *Ser e tempo*. Enumeremos os passos desta "marcha do mostrar":

1) Heidegger inicia reconhecendo como fato da nossa atualidade o predomínio do discurso científico na cultura contemporânea e explicitando neste discurso aquilo em que mais se revela o ponto de vista positivista na apreciação e legitimação das ciências positivas[134]: as ciências, dizem os cientistas e seus filósofos, tratam dos *entes* (ou seja, de *tudo que se mostra como sendo isto ou aquilo*) com a finalidade de descrever, explicar e/ou interpretar os entes situando-os nas tramas, nos sistemas, nos contextos de outros entes, nos contextos de suas razões e causas. Ao fazê-lo, os entes ganham o caráter de "objetos", ganham consistência objetal.

Para tratar dos entes e dar-lhes objetidade, os cientistas pretendem ignorar acintosamente tudo que não seja ente – "a ciência nada quer saber do nada". No entanto, ela só consegue delimitar o seu campo de ação, o seu alcance, com o auxílio do *nada* – este mesmo nada do qual ela nada sabe e de que nada quer saber: "a ciência estuda os entes e nada mais"; em outras palavras, há uma negação implícita, e frequentemente explícita, na constituição dos objetos aptos ao conhecimento científico: "os entes e mais nada". A questão que Heidegger se coloca é aparentemente desconcertante e sem consequências: o que acontece com este *nada* ao mesmo tempo ignorado e constitutivo?

---

134. É preciso tomar muito cuidado ao ler Heidegger porque frequentemente ele começa seus argumentos expondo posições de senso comum e fáceis de compreender, mas que são contrárias à sua; nesta exposição ele prefere não deixar clara a sua discordância, de forma a levar estas posições até um extremo para que, então, passe a atacá-las. Todo o início desta conferência está elaborado neste estilo.

2) A pergunta acerca do *nada* é embaraçosa. Primeiramente, porque qualquer tentativa de resposta parece nos levar a uma contradição: dizer "*o nada é...*" – independentemente do que ele seja – já nos coloca diante de um *algo* que, portanto, não pode ser o *nada* que nos levara a pesquisar. O *nada* não é, portanto, representável, convertível em objeto de qualquer enunciado. Assim sendo, do ponto de vista da lógica, a investigação deveria ser aqui interrompida.

Contudo, o entendimento procede sempre por negações, pois ao determinar qualquer ente como sendo um algo, necessariamente, nega o que ele não é. Desta maneira, a questão da negação e do nada reaparecem dentro do próprio campo da lógica, para o qual, contraditoriamente, a questão do *nada* não pode ser nem ao menos formulada, quanto mais respondida... Neste momento Heidegger levanta uma hipótese de extraordinário alcance: a de que seria possível e necessário investigar o *nada* fora do campo do pensamento representacional, inclusive para entendermos a proveniência das representações e da lógica que as regula. Em suma: ao invés do *nada* provir da negação lógica, seria a própria negação que proviria de alguma *experiência do nada*.

3) Para desenvolver esta investigação seria necessário que houvesse outra via de acesso ao *nada*. Heidegger vai encontrar esta via de acesso nas *disposições afetivas*. Acompanhemo-lo.

O *nada* seria, para o entendimento, o *não ente em sua totalidade*, ou seja, não seria nem este, nem aquele, nem aqueloutro ente em particular (e assim por diante, em relação a todos os entes). Muito bem, só que não há como representar o ente em sua totalidade – só podemos representar entes determinados; isso, contudo, não impede que *estejamos sempre no meio do ente em sua totalidade*, ou seja, imersos numa clareira em que os entes se mostram e nos afetam antes mesmo de termos deles uma interpretação precisa do que eles são em suas

242

particularidades. O homem como o *ser-aí, ser-no-mundo*, está sempre *lançado no meio do mundo, é sempre como a abertura (não escolhida) por onde os entes podem se mostrar, nos afetar, ser interpretados e representados.*

Esta abertura é analisada em termos da *disposição afetiva*, da *compreensão prévia* e da *linguagem*. A *disposição afetiva*, ou *humor*, é o que resulta do *fato* de sermos como *ser-lançado* no meio dos entes, irreversivelmente, e de sermos afetáveis por eles. Esta é a primeira e básica forma de os entes se mostrarem: sob uma certa luz, num certo clima, com um certo colorido, numa certa intensidade. Já a *compreensão prévia* abre o campo da significância, antecipando e regulando as interpretações possíveis, ou seja, os encontros com entes determinados, o reconhecimento de algo como isto ou aquilo. Finalmente, a *linguagem* possibilita e regula os pronunciamentos acerca daquilo que afetou e foi interpretado. As três dimensões da abertura do *ser-aí* estão entrelaçadas, mas há certa precedência das disposições afetivas: toda compreensão prévia do mundo, todas as interpretações de entes determinados e todos os pronunciamentos estão impregnados de afeto, de humor.

Ora, dentre as disposições afetivas, Heidegger concede importância primordial a uma que, curiosamente, é manifestamente a mais rara: a *angústia*. Se em todas as disposições afetivas, se em todos os humores, há um desvelamento dos entes em sua totalidade, *a angústia se caracteriza exatamente por colocar o ser--aí diante do nada*. O *nada*, enfim, é irrepresentável, mas através da angústia podemos "saber" do *nada*. *Este nada é exatamente a própria abertura do ser-aí, a sua incompletude, o espaço vazio que o ser-aí é essencialmente*[135]; *espaço no qual, e apenas porque ou quando está vazio, algo pode aparecer.*

---

135. Não seria despropositado aproximar esta falta de apoio originária de um ente que não pode apoiar-se em si mesmo porque está aberto (e é "como abertura") do conceito de *Hilflosigkeit*, com o qual Freud designa o desamparo e a necessidade de ajuda do recém-nascido.

O termo *pre-sença*, adotado na tradução brasileira de *Ser e tempo* para *dasein*, no caso significa: ser-adiante-de-si ou precedendo-se a si, indicando que o *ser-aí é desequilibrando-se,* inclinando-se na direção dos entes com os quais se *ocupa* e se *preocupa*[136]. Na ausência destes entes – que em última análise servem de apoio – o que emerge é a abertura ela mesma, a inclinação ou desequilíbrio – nomes da finitude, da morte – o *estar em suspenso à beira do abismo.* A angústia é a disposição afetiva que coloca o *ser-aí* em contato com este estar em suspenso dentro do nada, remetendo-o à sua própria falta; melhor dizendo, *remetendo-o a si próprio como "falta", "incompletude"*[137] *e finitude.*

Nesta medida há uma enorme diferença entre angústia e medo, pavor, ansiedade etc. O medo e seus derivados são sempre medo de algo que nos afeta e se deixa interpretar como ameaçador. Mesmo o medo difuso da ansiedade nos remete a indícios de um perigo mais ou menos generalizado que nos vem "de fora". Na angústia não há lugar para qualquer objeto: o que angústia é o *nada.* De certa forma, os medos já são defesas contra a angustia na medida em que todas as defesas contra a angústia nos colocam numa fuga *na direção dos entes.* Ora, mesmo fugindo deste ou de muitos entes, ainda estamos, mais do que tudo, fugindo de uma ameaça de aniquilamento radicada na nossa própria constituição e, assim, fugindo na direção dos entes. É aqui que se origina a ne-

---

136. Para Heidegger, os entes se mostram originalmente no contexto pragmático, ou seja, antes de mais nada os entes aparecem como algo que tem função e sentido no plano das práticas; isto dá lugar a uma apreensão hermenêutica dos entes. Só de modo derivado pode-se *contemplá-los* e falar deles com "objetividade" – o que seria uma apreensão apofântica. Lembremos que um enunciado apofântico, segundo Aristóteles, é aquele passível de ser considerado verdadeiro ou falso; por isso seria objeto da lógica, e não da retórica ou da poética.

137. Em *Ser e tempo* Heidegger dedica muitas páginas para mostrar que essa "falta" e essa "incompletude" do *ser-aí* não podem ser concebidas como *deficiências* diante de um padrão de completude e totalização; nesta medida, estes termos, que podem nos aproximar do modo de ser do *ser-aí*, devem ser eles mesmos superados mediante uma nova interpretação da temporalidade.

gação (inclusive a negação lógica): a primeira atividade do *ser-aí* impelido pela angústia é a de negar o vazio (encontrado nas experiências nadificantes da frustração, da proibição e da privação) e determinar os entes que possam ocupá-lo. Assim, fugimos do *nada* procurando apoios nos entes que deste *nada* podem aparecer. Todos os dispositivos do cotidiano, bem como as diversas patologias, podem ser entendidos como modos de lidar e evitar o *nada* e a angústia.

No entanto, a angústia não se deixa eliminar e pode retornar inesperadamente sem qualquer pretexto aparente: ela permanece a maior parte das vezes em registro *latente ou pulsante*. Quando ela se manifesta há como que um estranhamento: o *ser-aí* torna-se estranho para os entes e os entes se mostram estranhos (sem sentido, sem peso, sem densidade). Na angústia retornamos à experiência original de sermos como "lançados num mundo estranho e inóspito", experiência que tratamos de esquecer, com sucesso, a maior parte do tempo. Por isso a angústia é muda: as palavras de uso cotidiano foram feitas para representar os entes e para integrá-los aos circuitos coletivos de comunicação e domínio, mas não para dizer o *nada*. Todavia, como veremos a seguir, a angústia é também, e fundamentalmente, a possibilitação dos entes e a condição para a emergência de uma outra fala, de caráter não representacional (tal como trabalhada no livro *Escutar, recordar, dizer*).

4) Dizer que a angústia é a possibilitação do ente se justifica se percebermos que os entes só podem se fenomenalizar aonde se abriu uma clareira, ou seja, aonde existe um vazio, uma "incompletude". No cotidiano, este vasto dispositivo de controle da angústia (sobre o qual Heidegger se dedicou com minúcia em *Ser e tempo*), obtura praticamente todos os espaços. A abertura do *ser-aí* está confinada e previamente codificada pelo *falatório* (ou tagarelice: o império da fala representativa e comunicativa

que cada "eu" pretende emitir e que de fato marca o domínio pelo *impessoal* – é interessante observar que o "eu" é uma das criações do *impessoal*). Somente quando o *ser-aí* é remetido à impotência e à inciência, à falta de apoios com os quais possa contar, é que se abre o espaço das fenomenalizações. Em outras palavras, a angústia é a parteira da "transcendência", entendida aqui como o movimento de ir adiante de si na direção do... nada, deixando os entes virem ao encontro. E é só neste movimento que pode haver "descoberta".

5) A ciência também faz parte dos dispositivos de preenchimento do vazio, de constituição e domínio dos entes em que podemos nos apoiar. Porém, na medida em que se destina a "descobrir", ela só pode nascer das experiências de *estranheza, admiração, procura e questionamento proporcionadas pela angústia*. Há, portanto, um "momento *metafísico*" na atividade científica, o que leva o cientista a ir adiante de si mesmo sem rumo e sem método.

2) Introdução a *Sobre a essência da verdade*

Esta palestra, de 1930, deve ser entendida como fazendo parte de uma série de trabalhos de Heidegger que se estendem por mais de 50 anos e nos quais a questão da verdade retorna de forma cada vez mais radical até o momento em que, de um certo modo, ela é *abandonada*.

Já em *Ser e tempo*, no capítulo "metodológico" sobre a fenomenologia (§ 7), encontramos indicações preciosas sobre o tema; contudo, é no § 43, intitulado *Presença, abertura e verdade*, que a questão é elaborada de forma mais completa. Nas obras subsequentes vamos reencontrar desenvolvimentos decisivos no texto sobre Platão, de 1940 (*A doutrina de Platão sobre a verdade*) e nos textos sobre Heráclito (*Aletheia*, de 1943 e *Logos*, de 1951), entre outros.

No entanto, vai ser num de seus derradeiros trabalhos, a palestra *O fim da filosofia e a tarefa de pensamento*, de 1966, que

Heidegger dará o passo decisivo que é o de separar claramente a *alétheia* – desocultação ou desvelamento – da verdade entendida como *adequação, conveniência* ou *correspondência*. Ele dirá então que foi um erro ter traduzido *alétheia* como *verdade* mesmo que sempre houvesse procurado diferenciar duas acepções do termo *verdade*: uma acepção, que ele chama de derivada, legada pela tradição filosófica, e a outra que seria a da *verdade originária*. Esta acepção, embora originária, estaria esquecida; ainda assim, continuaria operando, já que apenas sobre ela a outra poderia ser concebida. Esta acepção da *verdade originária* é a que no texto de 1966 será finalmente admitida como algo que deve ser trabalhado independentemente da questão da *verdade*, como algo que, efetivamente, concerne uma questão anterior à questão da *verdade*.

O texto que iremos examinar pode ser lido como uma obra de transição[138], já que nele estão presentes tanto o percurso já feito como indicações do percurso ainda por fazer e que só irá se completar 36 anos depois. Passemos então ao texto.

A noção corriqueira de verdade é a legada pela tradição filosófica e, *grosso modo*, pode ser identificada como aquela que nos veio da tradição platônica[139]. Trata-se da noção de *verdade por correspondência, adequação* ou *concordância* entre o conceito e a coisa, entre a representação e algo representado. A esta noção, a Modernidade acrescenta a de *certeza subjetiva*: "verdadeira será a representação que se assente na certeza do sujeito acerca da sua conveniência ao (e domínio do) objeto". A *verdade* torna-se assim um *estado de concordância* que se opõe categoricamente ao de *falsidade*, no qual faltaria, exatamente, a concordância ou correspondência entre o conceito e a coisa.

---

138. Ernildo Stein considera este texto como marco inicial da passagem do primeiro para o segundo Heidegger. Cf. "Nota do tradutor" à edição *Os pensadores*, p. 129.

139. No texto sobre Platão, Heidegger mostra exatamente o processo de passagem de uma concepção da *verdade* como *desvelamento* a uma de *verdade* como *adequação*: desde então a *alétheia* fica sob o domínio da *ideia* e o *processo de desocultação* fica subordinado à *contemplação exata e concordante* com a *ideia*.

Investigando-se, porém, a noção de *concordância*, percebe--se que ela não pode ser facilmente aplicada às relações em que a ideia de verdade por correspondência seria útil e necessária. Se confrontamos duas moedas do mesmo tamanho, do mesmo metal e do mesmo valor podemos facilmente dizer em que elas concordam uma com a outra (em que elas se equivalem); se ambas concordam com um certo padrão monetário diremos que são verdadeiras. Mas qual o sentido de dizermos que um enunciado concorda com um estado de coisas e que é verdadeiro? Em que um enunciado equivaleria a um estado de coisas? Mais do que isso: para podermos ao menos entender a noção de concordância (ou equivalência) neste caso não será preciso que o estado de coisas já se tenha mostrado de alguma forma, já se tenha desvelado?

É assim que Heidegger descobre, para além da noção tradicional de *verdade*, uma outra que é a própria condição de possibilidade de uma eventual concordância: trata-se da *verdade como desocultação* ou *desvelamento* (*alétheia*). Como estamos sempre, e não por nossa iniciativa, *lançados no mundo* e *ocupados* com os entes, destinados a encontrar o que se mostra e com ele lidar, Heidegger dirá que – fenomenologicamente – estamos sempre "na verdade".

A verdade como desocultação não tem a forma de um *estado*, mas a de um *processo em que os entes vêm ao nosso encontro e podem se mostrar como sendo isto ou aquilo*; em outras palavras, a *verdade* é o vir-a-ser do que se mostra como sendo. A *verdade*, nesta acepção, é da ordem do *acontecimento*. Tal acontecimento de desocultação está condicionado pela *abertura da presença* – pela sua *"incompletude"*, pela sua *suspensão no vazio*, como vimos no texto anterior: se a presença não fosse abertura, nenhum *algo* se poderia mostrar.

Contudo, este acontecimento de vir-a-ser do que se mostra como sendo é promovido no campo linguageiro por falas que não são enunciados representativos, mas *apresentativos* ou *no-*

meadores. Falas nomeadoras são aquelas que dão a ver, abrem o espaço de visibilidade, *libertam os entes do fundo de nada de onde provêm* e os *chamam para o campo do experimentável*. (Quando o nomeado é da ordem do inédito, o que se dá é uma *operação de batismo* em que algo é originalmente acolhido e introduzido no circuito das possibilidades de encontro.)

Podemos nos valer de um exemplo que, muito grosseiramente, ajuda a compreender o que está sendo sugerido. Suponhamos um jogo, jogado ao mesmo tempo por muitas pessoas, que consiste em descobrir figuras num desenho em que linhas e cores se embaralham e se confundem, propiciando inicialmente uma percepção caótica e vazia de qualquer sentido. É como se ali "nada existisse" na forma de um ente reconhecível, interpretável. De outro lado, se nada ali chega-a-ser como um "sendo", indiscutivelmente *há* "algo", um "algo" que *há* mas ainda não *é*. Que algo haja e ainda não seja caracteriza o *enigma*. *Contemplando o enigma longa e ociosamente, olhando o "desenho" a partir de ângulos inusitados* (ou seja, sem um *programa de ver* muito articulado), podem ir sendo desveladas aos poucos algumas formas que evocam nomes, por exemplo, nomes de animais previamente conhecidos. Estes nomes, se ditos em voz alta, podem ir desocultando para os que ainda não viram os animais descobertos. O nome – para quem o ouve ser dito em voz alta, mas também para aquele que foi o primeiro a reconhecer a figura – opera "chamando" o animal, que atende ao chamado destacando-se – *libertando-se* – do emaranhado de linhas. Neste momento as linhas recuam para um segundo plano e uma figura, a do animal chamado, avança para o primeiro plano (o desenho ganha uma terceira dimensão). A fala nomeadora opera con-*figurando*, ou seja, concedendo liberdade para que uma figura se forme e se mostre, *abrindo a clareira em que um facho de luz penetra e desentranha a figura nomeada*. (Às vezes fica difícil depois deixar de ver esta figura.)

249

Suponhamos, aproximadamente, que o mundo é um jogo deste tipo infinitamente complexo, fonte inesgotável de enigmas e figurações. Suponhamos, ainda, que além dos nomes conhecidos, outros possam/devam ser inventados para, *respondendo aos enigmas*, exercerem sua eficácia configurativa, chamando novos e imprevisíveis animais, *deixando-ser* novas formas[140].

No entanto, a cada vez que uma nova abertura se dá, que uma figura é chamada e atende ao chamado, outras se ocultam, se dissolvem, se perdem, retraindo-se para o fundo de onde todas as figuras podem provir. Enfim: *algo se dissimula no exato momento em que algo se desoculta*. É como um jogo de esconde-esconde entre o que, ganhando uma configuração provisória, pode se mostrar como ente, e o *fundo* ele mesmo, que não poderá jamais mostrar-se como tal. Este *fundo* não será jamais *figura*, embora seja a condição de todas as figuras. Para usarmos neste contexto um termo de Heidegger, seria um *"fundo sem fundo"*, porque ele nunca poderá se converter em figura, ou seja, destacar-se ele mesmo de um outro fundo. *Fundo sem fundo é abismo.* A experiência do abismo como abismo é angústia e vertigem. Mas é desde este abismo – que condensa em si vazio e possibilidades, ausência e proliferação[141] – que os entes podem vir-a-ser. Apenas sobre o fundo do que se retrai e se deixa cair no esquecimento algo se pode mostrar.

Pelo que se viu acima, *a verdade como abertura*, como *liberdade para a figuração*, como desvelamento – em suma, como *alétheia* – não se opõe à falsidade, como era o caso para a *verdade* como correspondência: há uma luta e um luto (perdas e esquecimentos) – um *drama* – envolvendo necessariamente desvelamen-

---

140. Em outras palavras, o que *é, é na linguagem*, mas isto não significa que "fora da linguagem" nada haja. A rigor, poderíamos dizer que fora da linguagem há *nada* – se tivermos bem claro que este nada é a "fonte" de todos os entes e que a própria fala é resposta a exigências que desabam sobre o falante.

141. Heidegger algumas vezes o chama de *"plenitude secreta"*.

to e velamento, figuração e retraimento, que tira definitivamente desta acepção de *verdade* qualquer apoio fixo e estabilidade. Esta "verdade" acontecimental não se presta à acumulação. Aqui não há lugar para uma acumulação de "verdades", mas para uma sucessão de fulgurações que é, ao mesmo tempo, uma sucessão de perdas e esquecimentos.

No texto anterior vimos que o nada angustiante – a própria abertura do *ser-aí* – impulsiona-nos na direção dos entes, o que é inevitável, mas traz consigo o risco de uma existência obturada pelos entes em que se apoia. Da mesma forma, o esquecimento do movimento figurativo/dissimulador implicado na verdade como *alétheia*, em benefício de um projeto de representação sistemática e completa dos entes na sua totalidade (que é o ideal da *verdade* como adequação predominante no fazer teórico) nos lança na errância. Ou seja, numa perambulação sem rumo entre representações, sem retornar à proveniência de todas as representações no plano da verdade acontecimental, *da abertura da clareira em que figurações e dissimulações estão entrelaçadas; neste plano, a problemática da correspondência e, mais ainda, a da certeza, não podem desempenhar nenhum papel. Plano no qual a epistemologia não tem nada a dizer.* Plano em que a poesia e as artes tomam a palavra.

Indo além do texto de 1930 e já incorporando algumas formulações heideggerianas das décadas de 1940 e 1950, poderíamos dizer que o retorno ao *fundo sem fundo* é a tarefa da meditação filosófica que recoloca a questão do *ser*. Contudo, este retorno – esta rememoração do que é necessariamente esquecido a cada vez que algo vem a nós como *sendo* – não pode pretender capturar o *ser*, o que o transformaria num certo tipo de ente (Deus, as ideias, as essências fixas e eternas, o sujeito do conhecimento etc.). A metafísica como corpo doutrinal é exatamente o que resulta das tentativas de representar o *ser*, confundindo-o com um determinado ente.

O outro nome da metafísica é ontoteologia, já que as teses ontológicas e teológicas identificam-se pelo compartilhamento da crença de que existe um "ente que verdadeiramente é", para lá dos entes que se mostram. A história da metafísica é a história dos vários e sucessivos momentos de esquecimento da diferença ontológica. A destruição da metafísica como ontoteologia é a tarefa heideggeriana por excelência, o que implica recordar a diferença ontológica.

Fazer e sustentar a diferença ontológica – a diferença entre *ser* e *ente* – consiste em pensar o ser como *fundo sem fundo*, como *envio e retraimento*, como *vazio e proliferação*, ou seja, consiste em renunciar a produzir teses dogmáticas a respeito do *ser*. Daí o uso por Heidegger da grafia ser, em que a cruz sugere a interdição. Pensar o *ser*, portanto, exige renunciar ao mundo das representações. Trata-se de recordar a diferença sem a presunção de substituir os "erros da metafísica" por novas teses ontológicas. Este teria sido, segundo Heidegger, o destino de Nietzsche ao colocar a "vontade de potência" no lugar dos antigos entes primordiais (Deus, coisa em si etc.)[142].

Contudo, com que finalidade haveríamos de nos empenhar neste exercício aparentemente frustrante de recordação que não nos levaria a "agarrar nada com as mãos"? Somente sustentando a diferença ontológica mediante um pensamento rememorativo abre-se o espaço para novas fenomenalizações e, nesta medida, o pensamento rememorativo se mostra um pensamento precursor. Pensar o *ser* nesta perspectiva de rememoração da diferença ontológica e possibilitação dos entes (sem qualquer tentativa de

---

142. Toda a discussão acerca da interpretação heideggeriana de Nietzsche diz respeito, exatamente, à sua compreensão da "vontade de potência" como ente, mesmo reconhecendo que se trataria de um ente extremamente refratário às categorias clássicas de interpretação. As leituras da obra de Nietzsche que insistem na dimensão cosmológica e ontológica da "vontade de potência" acabam por corroborar a posição de Heidegger, segundo a qual a "vontade de potência" seria a quintessência da metafísica moderna e Nietzsche, o último dos metafísicos.

dominá-los mediante os recursos da representação) é o que Heidegger mais adiante chamará de *"serenidade"*.

Se entendermos a íntima relação entre angústia e serenidade ficará mais fácil deixarmos de associar a angústia ao desespero e à agitação e a serenidade à apatia e à indiferença. A *serenidade* – a que Heidegger alude de passagem em *Ser e tempo* chamando-a de *equanimidade* – nasce do que naquela obra foi chamado de "antecipação da morte", ou seja, da aceitação da finitude, da mortalidade como modo de ser do *ser-aí*.

Nesta "antecipação" não se trata de representar a morte, de prevê-la, programá-la, defender-se dela ou, ao contrário, produzi-la, procurando exercer algum controle sobre o futuro. A aceitação da morte não seria também a resignação fatalista a uma ocorrência futura inevitável. *Antecipar a morte é assumir já o fato da mortalidade, é viver como mortal,* quer dizer, entrar em contato a cada instante com a possibilidade absolutamente certa de toda impossibilidade, com a irreversibilidade do tempo. A morte a ser "antecipada" não é o término mais ou menos remoto da existência, mas a impossibilidade inscrita no campo dos possíveis, as possibilidades a cada momento descartadas, passadas, irrecuperáveis. Antecipar a morte é, deixando passar, deixar vir-a-ser.

Tanto em suas análises magistrais da angústia quanto em sua proposta de um pensamento da serenidade, o que se coloca é a experiência de confronto com o nada e a possibilitação do vir-a-ser do "sendo" como acontecimento. Tanto na angústia muda como na tácita serenidade instaura-se o silêncio, criam-se intervalos e rasgam-se descontinuidades, deixam-se fazer as diferenças de onde os entes podem brotar inesperadamente.

13.1 Heidegger e a psicanálise: um encontro

Os encontros entre a filosofia de Heidegger e a psicanálise têm sido, historicamente, bastante férteis e seguem tendo inúmeros desdobramentos. No entanto, nesta tradição que abriga autores tão diversos como Ludwig Binswanger e Médard Boss, pode-se observar uma nítida resistência aos principais postulados de Freud – como o inconsciente, a sexualidade polimórfica e a dinâmica pulsional.

Em particular, os construtos metapsicológicos freudianos permanecem como o alvo principal das críticas fenomenológicas e existenciais endereçadas à psicanálise. Como visto anteriormente (cap. 4 e 8), as metapsicologias atestariam uma visão cientificista e naturalista do homem, reduzindo-o a mero objeto ou a um organismo como os demais. Nas críticas mais sofisticadas as metapsicologias costumam ser, quando muito, consideradas como metáforas ou ficções necessárias aptas a conferir alguma inteligibilidade ao material clínico, mas carentes de qualquer valor descritivo ou densidade ontológica.

Exceção a esta regra é o trabalho do psicanalista Pierre Fédida, que tem em Heidegger um de seus grandes interlocutores[143]. Para esse autor, a metapsicologia encontra-se enraizada na atividade clínica do analista, principalmente em sua dimensão *pática*, decantada na dinâmica transferência/contratransferência. O conhecimento psicopatológico é na verdade um *saber do/pelo sofrimento* – daí seu fundamento trágico. Fédida também sublinha que o tratamento analítico é marcado por um tipo de "encontro" paciente-analista em que cada um "encontra" o outro e a si próprio aonde não o espera, isto é, a partir de seus mútuos desencontros; o plano da comunicação e da intersubjetividade se vê, assim, posto em questão. O silêncio do analista, seu retraimento e disponibilidade são requisitos fundamentais para que se instaure a abertura de espaços e tempos vazios nos quais possa irromper a alteridade do outro. Alguns desses aspectos serão retomados nas considerações a seguir, cujo intuito é apontar como Heidegger

---

143. Para exposição detalhada desses argumentos, cf. FIGUEIREDO, L.C. "Maldiney e Fédida: derivações heideggerianas na direção da psicanálise". *Cadernos de Subjetividade*, n. 4, 1º e 2º sem./1996. PEPG em Psicologia Clínica, PUC-SP/Educ.

tem se mostrado um autor especialmente instigante para pensar questões que se abrem a partir da clínica psicanalítica.

Vamos então resumir algumas ressonâncias que as proposições heideggerianas sobre a verdade, a linguagem e a fala adquirem no plano do tratamento analítico, inclusive no que diz respeito à posição do analista e sua técnica.

Como vimos, em contraposição à noção de verdade como correspondência e adequação, Heidegger nos oferece uma outra noção, mais original e fundante: a verdade como desvelamento e fulguração. Esta parece fazer mais jus às falas e interpretações psicanalíticas na clínica, as quais, mais do que se adequar aos fatos, possibilitam a abertura de uma clareira na qual a experiência pode se mostrar. A verdade não é a luz que erradica as sombras, mas que, ao contrário, preserva aquela obscuridade do fundo sem fundo de onde podem provir sempre novas e surpreendentes figuras.

A língua deixa de ser concebida como instrumento de representação ou de comunicação, e sim como ambiente e morada que nos proporciona uma espécie de sustentação, um meio universal no qual se organizam e de onde decorrem as experiências. Por isso a eficácia das falas é caracterizada como modo de configurar, de dar a ver, de recolher e instituir os entes na justa distância em que podem ser. Longe da ênfase no caráter retórico ou argumentativo, Heidegger sublinha a potência da fala em dar a ver – em instituir diferenças que criam um lugar onde algo se pode mostrar.

Neste sentido, a posição do psicanalista na clínica seria a de se manter disponível e à espera do inesperado – uma atitude mais serena e solícita do que propriamente racional ou técnica (capaz de operar com o cálculo ou a manipulação da realidade). Tal como empregado por Heidegger, o termo serenidade talvez condense a vocação por excelência da clínica psicanalítica: conservar-se na abertura, na escuta, na espera, num estado de atenção que mantém desobstruído o acesso àquilo em direção a qual ela tende.

Em outra ocasião, a noção de "acontecimento" se prestou à articulação dessas dimensões[144]. A fala em análise teria o estatuto de um acontecimento ou de dispositivo acontecimental. Um acontecimento é uma ruptura na trama das representações e, simultaneamente, transição para um novo sistema representacional. Se a realidade se apresenta como um tecido de fatos/experiências rotineiras e não surpreendentes, o acontecimento rasga esse tecido: o real (irrupção do inesperado) destroça a realidade. Inesperado, impossível e inantecipável, o acontecimento é a figura paradigmática da alteridade. O real se dá no/como acontecimento e aparece como enigma, que demanda alguma figurabilidade, ou seja, que impele à formulação de respostas metaforizantes (simbolização). Não se trata exatamente da "tradução" de um enigma (Jean Laplanche), mas de conduzir e fazer transitar o acontecimento em direção ao seu acabamento, conclusão, possibilitando que se converta em uma experiência histórica para o sujeito.

Estamos enfatizando a dimensão traumática do acontecimento, aquela que promove uma desancoragem da existência. O trauma é exatamente um acontecimento inconcluso – que não se consuma, não transita, não se converte em história; na medida em que não chega a se inscrever em uma trama representacional, sequer se constitui como experiência. Ora, a fala acontecimental é a que permite que o acontecimento acabe de acontecer e se torne disponível para a simbolização. Fala que "faz acontecer", que faz história e liberta da repetição instaurada pelo trauma.

Eis-nos no cerne do dispositivo analítico – que tenta resgatar esta eficácia primitiva da fala, anterior e distinta de qualquer interpretação, mas condição necessária de toda atividade interpretativa e elaborativa por parte do psicanalista e/ou do paciente.

---

144. FIGUEIREDO, L.C. "Fala e acontecimento em análise". Artigo originalmente publicado na revista *Percurso* e incluído em *Escutar, recordar, dizer*.

14
Emmanuel Lévinas (1906-1995)

Nesta curta apresentação tentaremos oferecer um retrato das principais temáticas levinasianas, em especial das ligadas a sua extensa reflexão sobre a alteridade e o tempo. Iremos reunir colocações de diferentes épocas sem discriminá-las claramente, embora, ao longo de sua obra, Lévinas tenha modificado e radicalizado suas posições sem renegar explicitamente as antigas. Com isso corre-se o risco de muitas imprecisões, mas o intuito é o de abrir para o leitor um campo de interesse e a possibilidade de leituras[145]. A título de dar "voz" a esse filósofo ainda pouco conhecido por aqui, inserimos alguns trechos da entrevista concedida em 1981 a Philippe Nemo, publicada no ano seguinte como *Ética e infinito* – que permanece, aliás, uma excelente introdução ao pensamento do autor[146].

---

145. Algumas ideias deste capítulo foram desenvolvidas por L.C. Figueiredo no artigo "O interesse de Lévinas para a psicanálise: desinteresse do rosto", publicado em número especial da revista *Cadernos de Subjetividade*, dedicado a Emmanuel Lévinas (n. 5, 1º sem./1997, p. 39-51. PEPG em Psicologia Clínica, PUC-SP/Educ).

146. *Étique et infini*: dialogues avec Philippe Nemo. Paris: Fayard/Radio France, 1982. Os trechos aqui utilizados foram extraídos de "Entrevista com Emmanuel Lévinas", montagem realizada para o número especial mencionado na nota anterior a partir de excertos desta e de outra entrevista (concedida a François Poirié em 1986). Tradução de Célia Gambini, com revisão de Martha Gambini. Citações indicadas como PN, seguida da paginação nos *Cadernos de Subjetividade*.

Nascido na Lituânia em 1906, Lévinas teve a infância marcada pela Primeira Guerra e a Revolução Russa. A família foi migrando até se estabelecer na Ucrânia em 1916. Criado em um ambiente cultural onde vicejavam os estudos talmúdicos, a leitura dos grandes escritores russos lhe causou grande impressão na juventude. Em 1923, foi estudar Filosofia em Estrasburgo, onde o pensamento de Durkheim e Bergson despertava especial entusiasmo nos estudantes. Ali travou amizade com Maurice Blanchot, que o apresentou à literatura francesa. Vai para a Alemanha entre 1928-1929 assistir aos cursos de Husserl depois de ter lido as *Investigações lógicas*; é então que tem início o caminho pela fenomenologia que o levou até Heidegger, cujo seminário frequentou na mesma época. A seguir, após a publicação de seu doutorado sobre Husserl, vai para Paris e, em 1930, naturaliza-se francês. Mobilizado em 1939, cai prisioneiro no ano seguinte e passa toda a guerra num campo de trabalho alemão; quase toda sua família é exterminada pelo nazismo. Após a guerra, retoma os estudos sobre o Talmude e começa a trabalhar em instituições israelitas ligadas à educação, bem como a frequentar colóquios de intelectuais judeus; ressalte-se que Lévinas tem uma grande produção sobre questões religiosas, particularmente as ligadas ao judaísmo. Professor na Universidade de Poitiers (1961), Nanterre (1967) e Sorbonne (1973), publica ativamente durante as décadas de 1970 e 1980, além de atuar como conferencista na França e em outros países.

Paul-Laurent Assoun[147] vê a obra de Lévinas desdobrar-se em três tempos. Nos anos de 1930, o trabalho sobre a fenomenologia husserliana e a ontologia heideggeriana dá origem ao doutorado sobre *A teoria da intuição na fenomenologia de Husserl* (1930) e aos ensaios reunidos em *Descobrindo a existência com*

---

147. ASSOUN, P.-L. "O sujeito e o outro em Lévinas e Lacan". *Cadernos de Subjetividade*, n. 5, 1º sem./1997, p. 91-116. PEPG em Psicologia Clínica, PUC-SP/Educ [Publicação original em *Rue Descartes*, n. 7: Logiques de l'étique, jun./1993 [Tradução de Martha Gambini]].

Husserl e Heidegger (1949). Num segundo tempo, nota o desabrochar no pós-guerra de um pensamento mais autoral, que *grosso modo* recobre o período entre *Da existência ao existente* (1947) e *O tempo e o outro* (1948) até *Totalidade e infinito* (1961). O terceiro momento tem início na década de 1970, quando Assoun detecta uma mudança de estilo: "como se Lévinas, em *Outramente que ser ou para além da essência* (1974) tentasse descrever, em consequência da conflagração produzida na ética, a significação teológico-metafísica do acontecimento das décadas precedentes – o que se confirma com *De Deus que vem à ideia* (1982), ao passo que as 'leituras talmúdicas' relançam o questionamento do judaísmo, associado desde sua origem ao trabalho do *logos* filosófico" (ASSOUN, 1997, p. 94). Este período inclui outras publicações importantes, como *Humanismo do outro homem* (1972), *Nomes próprios* (1977), *Do sagrado ao santo – Cinco novas leituras talmúdicas* (1977), *Transcendência e inteligibilidade* (1984) e *Entre nós – Ensaios sobre a alteridade* (1990).

A essas informações sobre vida e obra de Lévinas, cabe acrescentar que, além da interlocução privilegiada com Husserl e Heidegger, ele manteve amizade duradoura com Blanchot (a quem dedica vários ensaios em 1975) e um consistente diálogo com Derrida (que pronuncia o discurso "*Adieu*" por ocasião de seu falecimento, em 1995). No campo filosófico, sobressai como um severo crítico da *metafísica da presença* e do primado do pensamento teórico-representacional; as questões sobre a *alteridade* e o *tempo* ocupam lugar de destaque em sua obra.

Lévinas pretende reintroduzir a questão da alteridade no pensamento filosófico, embora, aparentemente, esta venha de longa tradição na filosofia. A este respeito, Paul-Laurent Assoun (1997) esclarece que, para Lévinas, o *logos* filosófico costuma fazer uma abordagem reducionista do Outro, na tentativa de preservar a identidade do sujeito pensante. "O itinerário da filosofia continua sendo o de Ulisses, cuja aventura no mundo não passou de um retorno à sua terra natal – uma complacência no Mesmo, um desconhecimento do Outro" (LÉVINAS, apud ASSOUN, 1997, p. 97). O Outro é o grande esquecido da filosofia, um tema que suscita alergia nos filósofos. Este seria o motivo pelo qual Lévinas se volta para o estudo do judaísmo e do texto bíblico: "[...] é o recurso à alteridade dita pelo texto [bíblico] que garante ao filósofo Lévinas, leitor do Talmude, um 'ponto de apoio' para reintroduzir, no interior do funcionamento do texto filosófico, o 'apelo da alteridade'. Não é o Ser que foi objeto do esquecimento, como afirma Heidegger: é 'o Outro'" (ASSOUN, 1997, p. 97). Vejamos como esta problemática perpassa todo o percurso intelectual levinasiano.

Embora Husserl tenha tido um papel fundamental em sua formação, Lévinas foi um grande crítico deste que, segundo ele, é dos filósofos que mais longe levou a filosofia da consciência, da representação e a metafísica da presença. Ao conceber a consciência como intencionalidade, Husserl teria concedido primazia à relação sujeito-objeto e tomado o conhecimento como modelo das relações entre homem e mundo. Para Lévinas, um objeto só se mostra e se dá a conhecer à medida de um outro – o sujeito; por isso, não se pode falar em independência ou exterioridade do objeto que, ademais, não se deixa assimilar por completo pelo sujeito cognoscente. Lévinas detecta em Husserl a primazia da "mesmidade", assimilativa e autorreferida, sobre a alteridade.

No que se refere à temporalidade, Lévinas vê em Husserl um representante da metafísica da presença[148] na medida em que supõe que *ser* é estar em presença no presente e que futuro/passado são modos derivados e inferiores de presença. A representação seria capaz de tornar presente aquilo que já ou ainda não está, seja como objeto intencional da memória, seja como objeto

---

148. Maiores detalhes sobre a noção de "metafísica da presença" podem ser obtidos em FIGUEIREDO, L.C. "Contemporâneo, extemporâneo, con[tra]temporâneo – Convite à filosofia". *Boletim de Novidades Pulsional,* ano IX, n. 87, jul./1996.

intencional da expectativa. Assim, os sistemas representacionais assegurariam a contemporaneidade absoluta entre os objetos intencionais, e também entre estes e o sujeito.

Ora, Lévinas chama nossa atenção para os limites da intencionalidade e da representação. Propõe uma consciência não intencional e, mais do que isso, traumatizada por um excedente de sentido que emana da alteridade do outro. No fundo de toda subjetividade intencional jaz uma passividade fundante (anterior mesmo à constituição do psiquismo ou da subjetividade), uma exposição indefesa ao excesso traumático que o outro irradia e que escapa totalmente ao campo das intencionalidades.

Martin Heidegger é sem dúvida a principal referência de Lévinas, embora ele o considere indesculpável pelos vínculos com o nacional-socialismo e um filósofo a ser confrontado. O lituano declara admirar sobretudo o Heidegger de *Ser e tempo* (1927) e suas análises fenomenológicas da existência humana: "com Heidegger, a palavra 'ser' revela sua 'verbalidade', o que nele é acontecimento, o 'acontecer' do ser. Como se as coisas e tudo o que é 'vivessem à maneira de ser', 'tivessem como ofício ser'. Foi a esta sonoridade verbal que Heidegger nos habituou. [...] A filosofia teria sido assim – mesmo quando ela não se dá conta disso – uma tentativa de responder à questão da significação do ser, como verbo. Husserl ainda propunha à filosofia – ou parecia propor – um programa transcendental, enquanto Heidegger definia claramente a filosofia, em relação aos outros modos de conhecimento, como 'ontologia fundamental' [...] [a ontologia é precisamente] a compreensão do verbo ser. A ontologia seria distinta de todas as disciplinas que exploram *o que é*, os seres, isto é, os 'entes', sua natureza, suas relações. Pois elas esquecem que, ao falar desses entes, já têm uma compreensão prévia do sentido da palavra 'ser', sem, entretanto, tê-lo explicitado" (PN, p. 16 e 17).

Em *Da existência ao existente* (1947) já se esboça um movimento de saída da ontologia por parte de Lévinas, que postula um *algo* anterior ao ser e aos entes, por ele denominado de *há* (*Il y a*): algo impessoal, um silêncio ruidoso, um vazio cheio, uma experiência perturbadora que não se confunde com o nada nem com a angústia (que seria o acesso autêntico e direto ao nada). Em fenômenos como a insônia e o cansaço insinua-se a sombra do *há*. Pois bem, para sair do *há*, isto é, para liberar-se deste "barulho anônimo e insensato do ser" (PN, p. 25), é preciso voltar-se para o outro, estabelecendo com ele uma relação des-inter-*essada* (grafia que destaca o "ser", *essere*).

Nesse livro enuncia a *primazia do outro* que, doravante, irá marcar todo o pensamento levinasiano: "A ideia essencial é de que o verdadeiro portador do ser – a verdadeira saída do *há*, está na obrigação – no 'para o outro' que introduz um *sentido* no não sentido do *há*. O eu subordinado ao outro! No acontecimento ético aparece alguém que é o sujeito por excelência. É esse o núcleo de tudo o que eu diria depois" (PN, p. 25 – grifos do autor).

Daí que Lévinas tenha menos interesse no Heidegger posterior, crescentemente voltado para a análise da linguagem em seu caráter originário: "de fato, para mim, o *dito* não conta tanto como o próprio *dizer*. Este último me importa menos por seu conteúdo em informações e mais pelo fato de se endereçar a um interlocutor" (PN, p. 19 – grifos do autor). O *dito* é o campo do sentido no qual somos lançados e no qual estão disponíveis os objetos já reduzidos à mesmidade imposta pela compreensão prévia.

Para Lévinas, Heidegger teria deixado à margem o *dizer*, enquanto resposta ao outro e pelo outro. Há algo na alteridade do outro que me solicita, que me interpela, que me obriga e me impõe uma *responsabilidade* incontornável. O *dizer*, ainda que sem palavras (um olhar, um gesto, uma recusa), já é uma resposta à face nua e vulnerável do outro, a este rosto que me invade traumaticamente.

O *dizer* precede o *dito* e é da ordem de uma resposta ao outro – eis uma das teses mais fortes e estáveis da filosofia de

Lévinas: *a preeminência da ética e sua precedência sobre a ontologia e sobre o conhecimento*. Em *Outramente que ser* (1974) o autor reitera a "[...] responsabilidade como estrutura essencial, primeira, fundamental, da subjetividade. Pois é em termos éticos que descrevo a subjetividade. *A ética não aparece aqui como suplemento de uma base existencial prévia; é na ética entendida como responsabilidade que se funda o próprio núcleo do subjetivo*" (PN, p. 31 – grifos nossos). Em suma, "a responsabilidade não é um simples atributo da subjetividade, como se esta já existisse nela mesma, antes da relação ética. A subjetividade não é um para si; ela é, ainda uma vez, inicialmente para um outro" (PN, p. 31).

Em um ensaio sobre o pensamento de Lévinas, Jacques Derrida observa que nele encontramos uma ética que não chega a se determinar em leis ou conceitos. E acrescenta: "isso não é uma objeção. Não esqueçamos que Lévinas não quer nos propor leis ou regras morais, não quer determinar *uma* moral, e sim a essência da relação ética em geral. Mas na medida em que esta determinação não se dá como *teoria* da Ética, trata-se de uma Ética da Ética" (DERRIDA, 1964/1989, p. 149-150 – grifos do autor).

No plano propriamente relacional, a relação com o outro não é pensada em termos de mera intersubjetividade. Estamos longe do nivelamento pressuposto no diálogo eu-tu (Martin Buber), que aponta para um encontro simétrico e recíproco. Para Lévinas, ao contrário, não há simetria nem reciprocidade; retomando algumas ideias desenvolvidas no início da década de 1960 em *Totalidade e infinito*, ele nos lembra: "[...] sou responsável pelo outro sem esperar por sua reciprocidade, mesmo que isto me custe a vida. A reciprocidade é um problema *dele*" (PN, p. 33 – grifo do autor). Minha sujeição e responsabilidade total pelo outro implica responder "[...] por todos os outros e por tudo dos outros, inclusive sua responsabilidade. O eu tem sempre uma responsabilidade a *mais* do que todos os outros" (PN, p. 33 – grifo do autor).

Mais importante é a ausência de nivelamento/paridade. Lévinas chama *eleidade* à dimensão invisível e não fenomenalizável da alteridade do outro – aquilo que no outro me transcende, introduzindo um "terceiro homem" em toda relação aparentemente dual. Para além do tu (que se mostra e se configura), a eleidade do outro transborda os limites de minha consciência intencional e de minha compreensão, impondo-se a mim. O *ele* do tu talvez seja como o *isso* do eu – a instância do não saber e não poder, a do não conter em si seus princípios e fins.

Nem dual, nem tampouco sincrônica: a relação com o outro é repleta de paradoxos. Contra a noção de tempo predominante na metafísica da presença, Lévinas combate o primado que a sincronia adquire naquela tradição. Como visto acima a propósito de Husserl, a visada teórico-representacional pressupõe e institui a contemporaneidade entre o sujeito conhecedor e os objetos a serem conhecidos. Os empreendimentos teóricos tentam, mediante dispositivos representacionais, manter os objetos sempre ao alcance e à disposição do sujeito – em sua presença. Ora, a novidade de Lévinas em relação a Husserl e a Heidegger (sem entrar no mérito da interpretação que ele faz de seus mestres...) é a diacronia do tempo plenamente admitida e tematizada a partir da questão da alteridade.

Desde as conferências que deram origem a *O tempo e o outro* (1948), temporalidade e alteridade não podem ser concebidas separadamente. "O livro tenta compreender o papel do tempo nessa relação [com o outro]: o tempo não é uma simples experiência da duração, mas um dinamismo que nos leva para além das coisas que possuímos. Como se, no tempo, existisse um movimento para além do que é igual a nós. O tempo como relação com a alteridade inatingível e, assim, interrupção do ritmo e de seus retornos" (PN, p. 28).

A admissão da diacronia passa pelo reconhecimento de uma passividade fundamental do sujeito, que está exposto sem defesas à alteridade do outro e é atingido/afetado/traumatizado por sua eleidade. Assim, instala-se um *des-encontro* com o outro, uma radical *assincronia* entre mim e ele. Há sempre o que nele veio muito antes de mim e/ou virá muito depois de mim. Podemos também pensar que há em mim um passado pré-original, irrecuperável e irrepresentável, e também um futuro, imprevisível e igualmente irrepresentável, que ultrapassa a duração da minha vida (dimensão prospectiva lançada por um filho ou uma obra, p. ex.). No limite, talvez possamos dizer que o sujeito não é de todo contemporâneo de si próprio... Todavia, aqui já estamos avançando nas críticas à metafísica da presença, tema a ser retomado no próximo capítulo.

14.1 Lévinas e a psicanálise: um encontro

Alguns psicanalistas começam a localizar e/ou estabelecer pontos de contato entre Lévinas e a psicanálise. A alteridade constitui o eixo mais evidente em torno do qual se efetuam tais aproximações. Jacques André, por exemplo, traz Lévinas para o centro de suas reflexões sobre o amor. Para além do encontro ou simetria, o amor teria uma dimensão traumática, que André associa com a feminilidade. Parafraseando uma passagem de *Le temps et l'autre* na qual a feminilidade é apontada como a própria qualidade da diferença, o psicanalista francês propõe sua questão em termos levinasianos: "nossa hipótese é que essa faceta do amor, seu núcleo, tem com a feminilidade um profundo parentesco; que *a feminilidade é a própria qualidade da alteridade*, ou, mais exatamente, da abertura (amorosa) para esta" (ANDRÉ, 1996, p. 11 – grifos do autor).

O já mencionado ensaio de Assoun, escrito em 1993, também toma a alteridade como ponto de partida: em Lévinas e em Lacan o tema do Outro não é um tema qualquer, e sim o operador de uma verdadeira "reforma do entendimento" levada a cabo por esses autores. Claro que eles partem de pontos de vista diferentes – o "saber do inconsciente" e a questão da lei (Lacan) e o "saber fenomenológico" e a questão da ética (Lévinas); claro também que não se trata do mesmo Outro, nem da mesma concepção de sujeito, mas a hegemonia deste "significante teórico" no vocabulário dos dois autores aponta, no mínimo, para uma convergência de interesses – tanto mais misteriosa porque, apesar de contemporâneos, mantêm-se em total silêncio um sobre o outro.

Podemos testemunhar um encontro bastante profícuo entre Lévinas e a psicanálise num artigo de 1991 assinado por Monique Schneider[149]. Para a autora, Freud teria vislumbrado no texto do "Projeto" (1895/1950) um tipo muito especial de incidência da alteridade na constituição do psiquismo, diante da qual, porém, ele recuou atemorizado. Insinuava-se ali uma noção radical de alteridade nos moldes daquela explorada posteriormente pelo filósofo lituano. Vejamos.

Todo artigo de Schneider é construído em torno das célebres passagens sobre a "vivência de satisfação" e suas repercussões[150], principalmente da descrição do grito emitido pelo recém-nascido que leva o adulto experiente mais próximo a realizar a ação específica, isto é, a atividade capaz de aplacar a necessidade e a tensão situadas na origem do grito (fome, dor, frio etc.). Primeira e mítica situação de contato com o outro, este seria o momento inaugural do humano – o que o torna prenhe de consequências.

Schneider se detém, pois, sobre esta situação primordial e focaliza os movimentos que ocorrem entre os dois – seriam mesmo dois? – personagens em cena: de um lado, o recém-nascido desamparado e sem defesas; de outro, a figura do *Nebenmensch*

---

149. SCHNEIDER, M. "A proximidade em Lévinas e o *Nebenmensch* freudiano". *Cadernos de Subjetividade*, n. 5, 1º sem./1997. PEPG em Psicologia Clínica, PUC-SP/Educ [Publicação original em *Cahier de l'Herne* – Emmanuel Lévinas. Paris: L'Herne, 1991 [Tradução de Martha Gambini]].

150. Cf. itens 11 a 18 da Parte I do "Projeto de uma psicologia" [1895]. Rio de Janeiro: Imago, 1995 [Tradução de Osmyr Faria Gabbi Jr.].

(que Schneider traduz por "ser-próximo", "ser-lateral"), isto é, do adulto que escuta o choro e vem em socorro da criança.

A autora considera este um dos achados mais preciosos e originais de Freud, diante do qual ele teria recuado com um movimento teórico defensivo. A *proximidade do outro* – com todo o desamparo que ela ativa em ambos os polos, todo o risco de indiferenciação que ela acarreta, todo o "entrelaçamento inextrincável" para o qual ela remete – tudo isso seria extremamente ameaçador. Por isso, ao invés de explorar a dimensão sensível e afetiva colocada pela presença do ser-próximo, Freud teria optado pela defesa intelectual, ressaltando as dimensões cognitivas desta situação de proximidade e sua importância para o surgimento da função judicativa.

Daí a tese central de Monique Schneider, para quem toda a obra freudiana "parece se erguer para conjurar uma ameaça: a que poderia nascer de uma relação de vizinhança, de proximidade, entre o outro e o si" (p. 71). Neste aspecto, Freud teria reproduzido a tendência que Lévinas aponta como predominante na filosofia ocidental: a de erguer barreiras entre o si e o outro, de demarcar os respectivos territórios, de transformá-los imediatamente em sujeito/objeto, de proteger a soberania do sujeito pensante.

Schneider vê nesta passagem do "Projeto" uma abertura privilegiada para articular humano e inter-humano, o subjetivo e o intersubjetivo. O que estaria em jogo neste grito: a pura expressão de uma necessidade orgânica ou o apelo originário ao outro? (p. 72). Freud decide pela primeira solução: o outro provê o objeto que satisfaz a necessidade, tornando-se o instrumento adequado para suprir uma falta pontual. Esta é a leitura que se torna hegemônica em Freud e que encobre a dimensão afetiva de apelo/endereçamento ao outro, bem como aquilo que se passa no/com o próprio outro.

Como o ser-próximo é convocado pelo grito? O que, nele, é mobilizado? De que forma reconhece a necessidade em questão?

Há aqui uma dimensão de "invasão" da experiência e da sensibilidade do outro – este outro que talvez também se sinta desamparado (*hiflos* = sem defesa) diante do apelo radical lançado pelo ser sem defesa. *Aquele que chama e aquele que escuta tornam-se reféns um do outro* (cf. p. 73).

O movimento de socorro por parte do adulto chega à criança como "ajuda estrangeira" (*fremde Hilfe*), ou seja, como algo não familiar e sobre o qual não tem qualquer controle, o que desperta terror. Nos rastros de Freud e usando seu vocabulário, Schneider chama a atenção para o *triplo rosto* deste ser-próximo (*Nebenmensch*) desconhecido: ele é, simultaneamente, o primeiro objeto de satisfação, o primeiro objeto hostil e a única potência capaz de prestar socorro; numa mesma imagem se fundem "o semelhante, o salvador e o exterminador" (p. 74).

Desamparo (também) do outro, cuja presença próxima é vivida pelo bebê como paradoxal: estamos no cerne de uma experiência de "volteamento originário", que se dá no campo da sensibilidade e na qual a alteridade é vivida simultaneamente como o "extremo terror" e a "suprema esperança". Mas Freud não consegue se manter neste terreno instável, onde as fronteiras entre as experiências da criança e do *Nebenmesch* se mostram porosas. O "complexo do *Nebenmensch*" (termo que será abandonado a partir de então) alude a uma experiência afetiva de mistura originária e matricial (p. 76); o grito emitido pelo bebê atinge o outro numa situação sem defesa e o reconduz a um estado correlato à sua pré-história como sujeito (p. 76). A vivência do desamparo toma conta do *ser-adjacente* – seja ele a criança ou o próprio *Nebenmensch*.

Diante dos limites imprecisos e permeáveis entre um e outro, Freud poderia trilhar diversos caminhos. Porém, prefere se proteger da indiferenciação vivida como ameaça abissal e enveredar pelos aspectos cognitivos dessa experiência, ressaltando que ela dá origem à possibilidade de julgamento (*Urteil* – cuja etimologia remete à partilha originária, ou seja, primeira divisão/discriminação). Schneider entende que uma motivação defensiva irá desencadear, em Freud *e também na criança por ele descrita*, o recurso a operações cognitivas, judicativas e diferenciadoras. Eis aí o caráter sintomático da intelectualidade usada como escudo contra a afetividade.

Tal estratégia parece confirmada pelo abandono definitivo dessas paragens: "o 'complexo de *Nebenmensch*' destina-se ao soterramento, pois Freud passa a preferir, nas obras posteriores, adotar desde o início do itinerário uma firme distinção entre o sujeito e o objeto" (p. 77). Ou ainda: "urge separar o objeto, rodear-se de muralhas. Assim, a noção de *Nebenmensch* desaparece, para reparar, retrospectivamente, a dimensão de terror ligada à aproximação do ser outro, ser-próximo desconhecido" (p. 78).

É como se Freud estivesse tentando manter a todo custo a distinção sujeito-objeto e as prerrogativas do primeiro. "Sua [de Freud] maior preocupação é garantir ao sujeito o direito de reivindicar um território próprio para além dessa experiência originária de proximidade afetiva, proximidade que torna aleatória ou precária a afirmação de si como sujeito separado. Então, a questão mais decisiva diz respeito à identidade primordial, identidade situada aquém do registro, separando o sujeito e o objeto, e submetida às urgências impostas pela relação dita afetiva" (p. 76).

Daí por que Monique Schneider convoca Lévinas para "socorrer o texto freudiano", à maneira de um médico ou de um *Nebenmensch* (figuras que, lembremos, encarnam a ajuda decisiva e também a ameaça de morte). Perante a temível proximidade precocemente vislumbrada, Freud teria amordaçado o grito originário: "a obra de Freud atua como uma mordaça aplicada sobre a plurivocidade inerente ao grito originário. Mordaça mantida por aparelhagens centradas em operações de separação e atribuição de domicílio. Ao passo que, no efeito de esclarecimento retroativo suscitado pela leitura de Lévinas, não se pode deixar de designar o lugar onde um processo de substituição poderia ocorrer: entrar na pele do outro, sem que esse 'afrouxamento de identidade', expressão de Lévinas, seja compreendido em termos de fusão [...]" (p. 77).

Para Schneider, Lévinas ajuda a desatar este grito estrangulado no discurso freudiano (p. 79) – grito que é exigência de morada, mas privado de qualquer morada. "Daí a urgência de um socorro emanando do *Nebenmensch* e trazendo não somente o objeto que supostamente falta, mas a morada mesma, no interior da qual a falta possa ser experimentada" (p. 80-81).

Em suma, a abordagem da proximidade em Lévinas permitiria ao grito permanecer ecoando, ao invés de ser sufocado tanto pelo objeto supostamente adequado quanto pela função do juízo. "O procedimento filosófico de Lévinas oferece esse socorro necessário à tentativa freudiana de apreender o originário: não tomar como ponto de partida o corte entre o sujeito e o objeto, demorar-se no entrelaçamento do afetivo e do intersubjetivo, antes de colocar os fundamentos do jogo intelectual" (p. 82).

Para o filósofo, o encontro com alteridade não exige saída de si. "Antes de qualquer decisão subjetiva, essa saída, equivalente a um êxodo ontológico convocado a jamais ter fim, já é efetuada sem que seja possível atribuir-lhe um ponto de origem" (p. 83). Daí a "anarquia primordial", que dispensa tanto uma intencionalidade originalmente subjetiva quanto um posicionamento frontal (o objeto perante o sujeito, o outro diante de mim). Na visão de Schneider, Lévinas dispensa muitas dicotomias e nos mostra caminhos para ultrapassá-las. "A alteridade apresenta-se como apelo que não revela de início seu lugar de origem, e a hospitalidade materna que se abre a seu contato abriga uma demanda de ser que ultrapassa a dicotomia de si e do outro" (p. 85). "Impossível domiciliar – em mim, fora de mim – o que se impõe como alteridade" (p. 86). Note-se a vinculação proposta entre exposição à alteridade e maternidade, com sua integral disposição para-o-outro.

Esta disposição primeira para-o-outro acaba implicando uma concepção sobre o inconsciente nada solipsista: "o inconsciente *deixa de estar aprisionado nas profundezas de um psiquismo visto como insular*, concepção à qual conduziam muitas das explorações freudianas. Ele coincide com a impossibilidade de me colocar como fundamento ativo de um movimento que partiria de mim para se orientar para intencionalidades diversas. Quer se trate do vínculo pré-reflexivo, no interior do qual sou atravessado pelo sofrimento do outro, quer a prova fundamental seja a da perseguição, a violência me atingindo num acusativo que nenhum nominativo precede, *o inconsciente é todo o contrário de um continente submerso em alguma reserva interior e privada*" (p. 84 – grifos nossos). E prossegue: "só é possível apreendê-lo [o inconsciente], apreensão não luminosa, mas cega, no movimento que, antes de toda reflexão, me deporta para o outro ou faz de mim um refém não que consente, mas que acolhe. Acolhe aquilo que não pode nem compreender nem conhecer" (p. 84).

Por fim, essas aberturas não exploradas que constam do "Projeto" permitiriam também um acesso à culpabilidade mais primordial do que a leitura edipiana. Ali se anunciavam "os lineamentos de um outro acesso à dimensão ética, acesso que liga precisamente o absoluto desamparo e o socorro prestado por um outro, ou a um outro, socorro inseparável de uma escuta matricial" (p. 89).

Todavia, é claro que Schneider não poderia deixar de ressaltar que, mesmo o grito sendo descrito como pura descarga biológica, Freud o remete de imediato ao surgimento da ética quando diz, explicitamente, que a impotência original do ser humano seria a fonte primeira de todos os motivos morais. O que, convenhamos, indica que o tal recuo defensivo de Freud diante da alteridade radical não foi assim tão extremado, nem se consumou numa rendição...

15

Outro balanço: realismo/ construtivismo como figuras da metafísica da presença

O intuito deste capítulo é o de revisitar as posições realistas e construtivistas, agora à luz das concepções que abordamos nesta Parte IV, críticas em relação às filosofias do sujeito ou da consciência hegemônicas na Modernidade. Alguns dos autores aqui percorridos (como Heidegger e Lévinas) permitem-nos retomar o contraste trabalhado no capítulo 9 a partir de uma nova perspectiva: a da necessidade de crítica e superação daquilo que Heidegger chamou de "metafísica da presença" (à qual aludimos rapidamente no capítulo anterior)[151]. Sob este ponto de vista, realismo e construtivismo não são de todo opostos, pois que ambos se apoiam sobre noções afins de experiência e de temporalidade.

Do platonismo ao senso comum, a metafísica remete ao Ser, onde *ser* é manter-se na plenitude de uma presença estável e constante, é manter-se numa identidade idêntica e coincidente

---

151. Conforme indicado no capítulo anterior, maiores detalhes sobre a metafísica da presença podem ser obtidos em FIGUEIREDO, L.C. "Contemporâneo, extemporâneo, con[tra]temporâneo. Convite à filosofia". *Boletim de Novidades Pulsional*, ano IX, n. 87, jul./1996.

consigo mesma. A palavra francesa *maintenant*, traduzível por "agora", preserva a relação com *maintenir* (manter); aquilo que *é*, dura, mantém-se no agora. A metafísica atribui àquilo que *é* uma presença plena e sem brechas; nessa perspectiva, o passado e o futuro seriam apenas modos derivados e inferiores de ser.

Segundo a metafísica da presença, caberia às ciências tornar as presenças acessíveis por meio das representações. Re(a)presentar é trazer de volta à presença algo que já foi, e atrair à nossa presença aquilo que ainda não é plenamente. Ou seja, além de linear e contínuo, o tempo seria manejável – recuperado por rememorações e previsível por antecipações. Vê-se, pois, que as operações representacionais pressupõem a metafísica da presença na medida em que conjuram o tempo e colocam todas as coisas à disposição do sujeito – em seu presente e em sua presença.

A crítica e a superação da metafísica da presença requerem o questionamento do presente (sempre fraturado, cada presente é algo diferente de si mesmo) e da presença, que nada tem de simples ou plena; antes, o que chamamos de "identidade" implica uma composição heterogênea de alteridades constitutivas. A recusa de compreender o presente e a identidade como blocos monolíticos abre espaços para o irrepresentável (passado irrecuperável e futuro imprevisível), que não pode ser concebido ou "contido" numa (re)presentação unívoca ou numa narrativa integrada e completa. Os textos biográficos, por exemplo, são obrigados a enfrentar perguntas deste tipo: como contar a história de uma vida sem dar a impressão de um encadeamento linear e necessário dos "agoras", plenos e significativos? Como evitar fazer de uma existência um processo meramente aditivo ou subtrativo de atributos provenientes de uma mesma substância permanente e impermeável – a identidade ou o "si-mesmo" do biografado?

Vimos que a Idade Moderna foi o auge dos dispositivos representacionais e da desconfiança em relação ao que deles sobra ou está excluído, como os afetos e o corpo. Os movimentos românticos até procuram, para além do representacional, recuperar a experiência autêntica. Porém, a valorização de um "retorno ao vivido" (que tanto fascina os discursos e práticas "psi") é também a reafirmação da metafísica da presença: implica a crença num agora plenamente significativo e na possibilidade de coincidência do si consigo mesmo, sem restos nem mediações.

A própria noção de inconsciente se presta a ser lida pelo viés da metafísica da presença. Não raro atribui-se ao inconsciente um lugar central, origem da história e/ou fundamento da experiência, fazendo dele a figura mais plena e imediata da presença. Mas o inconsciente freudiano, ao contrário, destitui a subjetividade de qualquer centro e de qualquer originariedade; postula e exige a impossibilidade de uma presença integral, de um vivido autossuficiente, de um "agora" totalmente significativo. Em última instância, o inconsciente psicanalítico problematiza, com toda radicalidade, a própria noção de experiência.

Pois bem. Ao longo deste livro vimos que a filosofia da ciência contemporânea pode ser organizada em dois grandes campos: *epistemologias realistas e epistemologias construtivistas*. Os positivismos e o refutabilismo são as principais vertentes das epistemologias realistas (cf. cap. 5 e 6) e reinavam solitários antes do fortalecimento das duas principais "famílias" construtivistas: as leituras pragmáticas (cap. 10) e a hermenêutica contemporânea, de Gadamer e Ricoeur, inspirada em Heiddegger (brevemente mencionada no item 2.2.1). As abordagens pragmáticas acentuam o caráter constitutivo das falas e seu potencial redescritivo, bem como dimensão dialógica da clínica; mantêm próxima vizinhança com as derivações do kantismo (no cap. 8, acompanhamos o neokantismo pragmatizante de Loparic). Já as hermenêuticas contemporâneas quase não foram tratadas neste volume; além dos autores já citados, haveríamos que incluir Habermas dentre aqueles que privilegiam a construção de narrativas e que recuperam as dimensões da historicidade e da temporalidade. O mais próximo que chegamos dessas paragens foi na visita feita a um habitante das redondezas – o psicanalista Serge Viderman[152].

As epistemologias realistas se defrontam com alguns obstáculos especialmente graves no âmbito da clínica psicanalítica, onde têm que dar conta da precariedade dos "fatos clínicos"; afinal, não se pode negar que o campo analítico tem um forte potencial constitutivo, como aponta Viderman. Por isso, os realistas são criticados por confundir fatos com artefatos, tomando por fatos reais aquilo que, na verdade, seria uma "fabricação".

A partir da década de 1980 assistimos a ressurgência dos argumentos realistas que tentavam defender a psicanálise de uma "onda" de sobrevalorização do caráter constitutivo da linguagem e das teorias. Alguns dos realistas com os quais dialogamos na Parte III (a exemplo de Charles Hanly e Renato Mezan) reafirmam e justificam aquilo que nos diz o "bom-senso": as coisas existem independente do que pensamos e falamos delas.

Para o realismo, contudo, o maior problema trazido pelo construtivismo não é a ideia de correspondência, e sim o ataque à ambição de explicar processos psíquicos a partir da noção de causalidade histórica; na versão construtivista, o passado é destituído de qualquer efetividade – torna-se uma versão entre outras, pronta a ser corrigida e/ou substituída, perdendo peso e consistência. Uma segunda ameaça associada ao construtivismo: se a realidade psíquica é efeito das narrativas produzidas na clínica, as metapsicologias correm o risco de implodir. Elas não poderiam reivindicar a pretensão de se referir a aparelhos e dinamismos psíquicos; seriam, no máximo, matrizes aptas a gerar boas narrativas. Por fim, a liberdade para "criar" realidades psíquicas introduz uma séria questão ética. A fala do analista assume um estatuto quase divino, resultando

---

152. Para maiores detalhes do balanço que se segue, cf. FIGUEIREDO, L.C. "Temporalidade e narratividade nos processos de subjetivação da clínica psicanalítica". In: ROVALETTI, M.L. (org.). *Temporalidad* – El problema del tiempo em el pensamiento actual. Buenos Aires: Lugar, 1998, p. 271-282 [Palestra proferida no XXVI Congresso Interamericano de Psicologia, 1997].

numa espécie de criacionismo verbal[153]. Além do perigo autoritário que isto acarreta, a onipotência da fala teria o poder de impedir a emergência de aspectos do psiquismo que resistem aos poderes construtivos da linguagem e das narrações.

Já as epistemologias construtivistas compartilham o pressuposto de que é impossível garantir a correspondência entre representação e coisa representada, como, por exemplo, entre metapsicologia/aparelho mental e interpretações do analista/história factual. Consequentemente, as teorias perdem critérios de decisão e certeza, embora às práticas seja atribuída uma forte capacidade de efetuar transformações (eficácia heurística e interventiva). A ênfase recai sobre a coerência das histórias e sobre as modificações decorrentes da fabricação de novas versões de si. O passado é constituído a partir do presente, da situação analítica e do jogo transferencial/contratransferencial.

No entanto, os construtivismos também se deparam com impasses. Ao menos na clínica é necessário supor que algo irrompe/escapa das expectativas de escuta (as "anomalias", no dizer de Bernardi) (cf. cap. 7). Resta um sem-sentido que não pode ser expurgado, "fatos" para além ou aquém da palavra, elementos anteriores e refratários a qualquer narrativa. E é bem disso que se trata em psicanálise, na clínica e na teoria. Daí os construtivistas terem que recorrer a algum "realismo": precisam conceder algum espaço para aquilo que não se conforma, que se rebela, que produz efeitos disruptivos – para aquilo que conserva uma efetividade estranha às narrativas e que, quando emerge, tem o poder de desmontá-las. Há algo fora do tempo das narrativas e fora do espaço do aparelho psíquico que faz trabalhar a análise.

Porém, e é isto que importa sublinhar neste novo balanço, as epistemologias realistas e construtivistas estão assentadas no campo da representação. *Compartilham a mesma concepção acrí-*

---

153. Como aponta o psicanalista J.L. Ahumada em "Interpretation and creationism". *International Journal of Psychoanalysis*, 75, 1994, p. 695-707.

tica de experiência e temporalidade que caracteriza a metafísica da presença: ambas concebem a experiência como presentidade.

Quer a narrativa seja tomada como reprodução da história (realismo), quer como criação de estórias (construtivismo), nos dois casos a narração teria o poder de amarrar memórias e expectativas – as memórias presentes do passado e as expectativas presentes do futuro – numa suposta realidade presente. Ora, a psicanálise sugere e solicita outra noção de experiência, já que tem que se haver com o fora do tempo (extemporâneo) e com não fatos (traumas e emergências pulsionais). Ou seja, a clínica psicanalítica requer outra maneira de lidar com a relação experiência/temporalidade.

Não cabe aqui aprofundar esta temática. Contudo, uma alternativa interessante talvez possa surgir com a exploração do par conceitual *apoio/posterioridade*, tal como trabalhado por Claude Le Guen (1991)[154]. Pensar a experiência como se constituindo a cada momento na dialética do apoio/posterioridade quiçá nos permita saltar para fora do campo da presentidade.

Em poucas palavras: na esteira de Laplanche, Le Guen traz para o primeiro plano o termo *Anlehnung* (apoio), empregado por Freud para explicar a relação entre sexualidade e autoconservação, bem como para distinguir duas modalidades de escolha objetal – a por apoio (também traduzida como "anaclítica") e a narcísica. Le Guen assinala que o apoio designa uma relação de *passagem*, de natureza *processual,* cujo efeito é o de impor uma *sujeição* e um *limite.* Assim, propõe ampliar este conceito, já que o entende atuante sempre que se anuncia a predeterminação daquilo que poderá sobrevir, qualquer que seja a complexidade do que efetivamente virá.

No que se refere à *posterioridade* ou *a posteriori* (*Nachträglichkeit*), Le Guen adverte contra a tendência de concebê-la em ter-

---

154. LE GUEN, C. *A dialética freudiana I* – Prática do método psicanalítico. São Paulo: Escuta, 1991 [publicação original, 1982]. Cf. esp. o cap. 1.

mos estritamente temporais; também em um *processo*, ela se liga à ideia de *advento de sentido*, onde o atual modifica aquilo que o predetermina, promovendo a possibilidade de *historicização*. Lembremos seu uso na teoria do trauma: um fato atual desencadeia uma angústia que só tem sentido e só existe devido a um acontecimento anterior, que o preparou; o movimento se dá em dois sentidos – do atual para o anterior e vice-versa (LE GUEN, 1991, p. 46).

Na visão do autor, apoio e *a posteriori* funcionam em ação recíproca, constituindo um único e fundamental processo operante na vida psíquica e no próprio método psicanalítico. A dialética apoio/*posterioridade* é um modelo que tenta dar conta dos paradoxos lançados por Freud: "[...] ultrapassagem que suprime aquilo que precede, conservando-o ao mesmo tempo, tornando isso inútil ao mesmo tempo em que nele se apoia, conserva-o transformando-o e negando-o" (LE GUEN, 1991, p. 52).

Retomando os limites do realismo e do construtivismo a partir deste ângulo: os realistas, ao enfatizar a "realidade do acontecido", deixam de reconhecer na epistemologia o que a teoria e a clínica demonstram: os efeitos da posteridade. Os construtivistas, por sua vez, ao enfatizarem unilateralmente os efeitos do *a posteriori*, acabam por ignorar os apoios como condições e limites da eficácia constitutivos das narrativas. Isto é, claro que a fala tem função constitutiva, mas deve poder possibilitar a escuta de um algo que não pode ser reduzido a "efeito de linguagem".

Daí a importância, para a psicanálise, de filósofos que se debruçaram sobre a dimensão da temporalidade, como Husserl, Heidegger e Lévinas, a partir de quem, como vimos, pode-se pensar que o campo psicanalítico não é simultaneidade de presenças (embora implique a concomitância de vários tempos...), nem conversação entre sujeitos (pois que a relação com o outro é sempre assimétrica e envolve dimensões alteritárias irredutíveis) – o que abala a noção de intersubjetividade. Porém, um aprofundamento do assunto terá que ficar para outra ocasião.

Considerações finais
Incidência das críticas à representação nas teorias e práticas clínicas

Ao longo da Parte IV, apresentamos algumas das correntes que, na contramão da epistemologia tradicional, puseram em xeque o conjunto de pressupostos sobre os quais ela se assentava. Constatamos que as filosofias críticas à representação problematizaram de modo radical as noções de consciência, linguagem, conhecimento e verdade. Esses pontos de vista foram interpelados a partir daquilo que efetivamente se dá na situação clínica psicanalítica. Findo este trajeto, deparamo-nos com a necessidade de rever não apenas nossas concepções ontológicas, epistêmicas e éticas, como também o modo como pensamos/vivemos as dimensões da experiência e da temporalidade.

O capítulo 15, em particular, mostrou como a experiência clínica solicita um movimento *por entre* as ontoepistemologias realistas e construtivistas. A fala tem evidentemente uma função constitutiva, mas há algo a ser escutado que não se reduz a efeito da linguagem; algo no sujeito ou em seu contexto que baliza a subjetividade em sua apreensão e/ou construção do real, algo que subjaz ao processo de constituição dos objetos e da própria experiência. Assim, somos levados a nos perguntar sobre a natureza deste "algo" que, para aquém ou além do sujeito, o antecede e/ou ultrapassa; e que, neste sentido, lhe é transcendente – mesmo se situado no plano da imanência. Simultaneamente, a reflexão sobre a experiência e a temporalidade parece exigir o recurso a outras lógicas, capazes de dar conta das contradições e paradoxos que não cessam de brotar dessas dimensões. Cabe aqui retomar alguns aspectos anunciados desde o Prólogo e colocados como problemas no decorrer das partes I, II e III – especialmente os relativos às teorias e práticas clínicas[155]. Voltemos às questões elencadas no início do capítulo 2, sobre as quais tem se debruçado a filosofia da ciência – *natureza* e *função das teorias, estatuto dos fenômenos* estudados e do *pesquisador* – e que no decurso deste livro foram sendo abordadas em diferentes patamares.

Por meio de uma narrativa abrangente e estimulante ambientada na *história do pensamento*, elas foram introduzidas já no "Prólogo". Lembremos de Paul Feyerabend e suas ressalvas em relação aos dispositivos teóricos que, segundo ele, não passam de uma das modalidades possíveis de conhecimento, não sendo sequer os mais aptos a captar a diversidade e a heterogeneidade características do mundo da vida. Ali ele já assinala que a partir da Modernidade as tradições histórico-empíricas (recursos representacionais de baixa abstração) foram subjugadas pelas tradições teórico-epistemológicas.

No capítulo 1, acompanhamos a montagem *histórica* das "políticas da certeza" e do sujeito epistêmico, obcecado pela busca de fundamentos seguros e regras confiáveis para produção/ avaliação do conhecimento. No campo da filosofia, testemunhamos a centralidade que a questão epistemológica assumiu na Modernidade ordeira e civilizadora.

---

155. As considerações a seguir encontram-se desenvolvidas e aprofundadas em três ensaios contidos em *Revisitando as psicologias*: da epistemologia à ética das práticas e discursos psicológicos. 2. ed. rev. e ampl. São Paulo/Petrópolis: Educ/Vozes, 1996. São eles: "Teorias e práticas na Psicologia Clínica: um esforço de interpretação", "Psicologia e cientificidade: para uma política do rigor" e "A investigação em Psicologia Clínica".

O segundo capítulo percorreu o tratamento que essas questões receberam na dimensão propriamente *epistemológica*. Vimos como o projeto moderno ganhou escopo e se consolidou por meio da epistemologia das ciências naturais (2.1). No entanto, desde os inícios do século XIX, este projeto veio sofrendo fortes abalos – provocados pelas ciências humanas (2.2) e pelas filosofias antirrepresentacionais (Parte IV). De terrenos específicos, como o da psicologia (cap. 3) e o da psicanálise (cap. 4), também surgiram impasses que minaram os ideais epistêmicos modernos.

Nesses capítulos apontamos a situação problemática dos saberes "psi" no que tange a sua cientificidade. Ao naturalizar, historicizar e singularizar o sujeito humano, concebendo-o como ser biológico e cultural, eles impõem elementos contrários à crença na neutralidade e objetividade da ciência, na universalidade e na soberania da razão. É nessa medida que desafiam e desautorizam a epistemologia, apesar de se deixarem avaliar pelos padrões impostos por ela.

No terreno da psicologia e da psicanálise as questões sobre o conhecimento se replicam e adquirem fisionomia bem mais complexa. Em particular: quais as modalidades de conhecimento em jogo, que tipo de relação se estabelece entre teoria e prática, como se efetua o trânsito entre essas dimensões, de que modo entender o nexo entre as experiências e as condições de possibilidade a elas subjacentes, isto é, entre fenomenal/metafenomenal (cf. 3.3) – todos esses são aspectos que assumem nuanças peculiares nas circunstâncias práticas de atendimento (especialmente na clínica). Aqui *a experiência pessoal é origem, destino e contexto de significação de toda teoria*; vale dizer, neste campo é impossível produzir ou professar conhecimentos apartados da experiência subjetiva.

Eis aquilo que as epistemologias desde sempre tentaram negar/suprimir e que, na direção inversa, é reafirmado pelos autores da Parte IV. Nietzsche, Heidegger e outros argumentam em prol da natureza necessariamente (inter)subjetiva, concreta, sensível, afetiva e não racional do conhecimento. De diferentes maneiras, todos acabam por endossar algum tipo de *perspectivismo*, associado à nossa corporeidade, contingência e finitude: nossa organização biológica e interesses vitais, nossa inserção histórico-cultural e interesses políticos, nossos desejos e afetos, nossas inclinações e aversões etc. – todos esses fatores dissolvem por completo a crença na objetividade.

A clínica psicanalítica introduz "agravantes" neste cenário quando constata que, além de subjetivos, o teorizar e o fazer estão fortemente infiltrados pelas pulsões, pelo inconsciente, pela transferência e todo seu cortejo de manifestações insensatas... O conhecer diz respeito a uma subjetividade descentrada e sempre atravessada pela alteridade – do outro e de si própria. Por isso pensar as relações entre teoria e prática na clínica impõe o resgate de visões não representacionais do conhecimento.

Do ponto de vista de seus praticantes, a clínica "psi" envolve *dois planos* – pertinentes um ao outro, mas não coincidentes. Por um lado, tem-se o plano da *teoria*, dos conhecimentos explícitos e discursos representacionais; de outro, o plano das *práticas*, dos conhecimentos tácitos e saberes da experiência. A circulação entre esses planos está longe de ser simples – todos sabemos da dificuldade de transformar as teorias em prática e de traduzir as práticas em linguagem teórica. Esses planos se encontram (e devem, aliás, manter-se) em permanente *tensão*[156].

As noções de conhecimento tácito e explícito já nos são familiares, assim como o nome de seu autor, Michael Polanyi. Recuperemos um parágrafo do "Prólogo": "[...] a noção de 'conhecimento tácito' alude àquele saber que reconhecemos *impregnado no corpo* e resistente à articulação no discurso. Remete ao

---

156. Uma sugestão a ser desenvolvida em outra oportunidade: para manter uma tensão ótima entre esses dois planos talvez seja interessante lançar mão daqueles dispositivos representacionais menos abstratos, como as narrativas históricas e dramáticas (Feyerabend); mais próximos da experiência, fariam a mediação com a camada conceitual.

campo do não representacional ou pré-representacional – ainda não é conhecimento, ou já não é conhecimento de um objeto, nem reside em um sujeito; na verdade, se dá num plano anterior à separação sujeito/objeto. O conhecimento tácito seria o conjunto das habilidades perceptivas e de execução entranhadas no corpo e que atuam em um nível pré-reflexivo, ou seja, sem autoconsciência. Uma bailarina, por exemplo, traz incorporada a habilidade da dança – seu corpo 'sabe' bailar, ainda que ela não consiga explicar o que é ou como se dança. Trata-se daquilo que no campo da psicologia clínica chamaríamos de *saber de ofício*: um conhecimento estritamente pessoal, em grande medida intransferível e dificilmente comunicável. Em contraposição, o 'conhecimento explícito' se organiza como um sistema de representações (em geral, uma teoria) que pretende descrever e explicar objetivamente um aspecto da realidade. Ele já supõe a diferenciação sujeito/objeto, possui caráter reflexivo e, nesta medida, é passível de formalização e de transmissão; sendo compartilhável, torna-se acessível a críticas e correções. Como veremos a propósito da clínica psicológica, a conversão de conhecimentos tácitos em explícitos e vice-versa apresenta enormes dificuldades, mas a este ponto retornaremos bem mais adiante".

Pois bem, acrescentemos uma outra distinção proposta por Polanyi, que é consoante mas não idêntica à anterior: a oposição entre conhecimento *focal* e *subsidiário*. Basicamente, a relação entre eles é análoga ao contraste figura/fundo: a figura se destaca com nitidez contra um fundo que permanece difuso, mas que é condição indispensável para que a figura apareça, isto é, se deixe configurar. Assim, o conhecimento focal implica a apreensão temática e clara de aspectos particulares do mundo; porém, ele só se torna possível graças ao conhecimento subsidiário – uma apreensão não temática do mundo, que permanece imprecisa e passa despercebida, mas cuja existência contextualiza o foco, permite que ele se diferencie em relação ao fundo e ganhe significação. Em outras palavras, possuímos conhecimentos focais significativos porque somos possuídos pelo conhecimento subsidiário em que estamos imersos.

Situado às margens da consciência e enraizado no corpo, o conhecimento subsidiário, apesar do nome, é primário em relação ao focal e mantém uma relação complexa com os discursos teóricos. Tal como o conhecimento tácito resiste à representação que lhe permitiria converter-se em explícito, o conhecimento subsidiário jamais será completamente representável e passível de focalização. No entanto, é importantíssimo assinalar outro aspecto: os conhecimentos explícitos/focais só operam e só existem efetivamente como saber se forem apropriados e integrados aos conhecimentos tácitos/subsidiários.

Isto aponta para um fenômeno que percebemos "intuitivamente": a compreensão de uma teoria não se confunde com sua apreensão explícita e focal, isto é, não se resume ao "entendimento de seus conceitos". Uma teoria só é de fato compreendida quando "digerida" e incorporada, restando disponível para um uso "não consciente", tal como uma lente invisível através da qual vamos atribuindo sentido ao mundo. Em suma, uma teoria torna-se válida e proveitosa apenas quando "silencia", quando recua para a condição de fundo e se instala às margens da consciência focal. Se originalmente o conhecimento tácito precede o explícito (e se o subsidiário é condição do focal), pode-se dizer *a destinação última do conhecimento representacional é sua reassimilação e reincorporação ao âmbito da experiência. Ritornello:* a experiência pessoal é origem, destino e contexto de significação de toda teoria.

Desses trânsitos existentes entre teorias e práticas poderíamos decalcar duas funções dos dispositivos representacionais, sejam eles mais abstratos (metapsicologias, teorias) ou menos (narrativas de caso). Em primeiro lugar, eles organizam a experiência e ajudam a configurar os fenômenos clínicos; em segundo lugar, porém, eles podem ter a função crítica de desalojar os conhecimentos tácitos impregnados em práticas que se tornaram rotineiras ou mecânicas, nelas reintroduzindo a possibilidade de encontro com o inesperado, a inquietação que gera pesquisa e o espaço para o pensamento.

As duas funções mostram que o que está em jogo é menos a "veracidade" de uma teoria do que seus efeitos/eficácia sobre a experiência – à qual ela se dirige e de onde ela provém. Mas aqui estamos enfatizando que a teoria possui – e é imprescindível que o mantenha – um forte potencial "desorganizador"; nesta sua segunda função, a teoria tem o efeito de abrir, no curso da ação prática, o tempo da indecisão, do adiamento, da hesitação. A instauração deste intervalo é fundamental para que possam emergir novas possibilidades de escuta e de fala.

Para isso, porém, é necessário que a teoria esteja "agindo em silêncio" e de forma a "fazer silêncio", silêncio que é a primeira condição para a *ausculta* do inusitado, daquele (novo *ritornelo*...) "'algo' no sujeito que, para aquém ou além dele, o antecede e/ou ultrapassa". Uma escuta também cujo exercício supõe uma subjetividade descentrada e capaz de tirar partido de seu próprio descentramento. Uma escuta, por fim, que assume na clínica uma face *ética*, pois coloca aquele que ouve numa disponibilidade (com)passiva, próxima e aberta ao padecimento do outro.

Referências

AHUMADA, J.L. "Interpretation and creationism". *International Journal of Psychoanalysis*, 75, 1994, p. 695-707.

ANDRÉ, J. *As origens femininas da sexualidade*. Rio de Janeiro: Zahar, 1996.

ANSART-DOURLEN, M. *Freud et les lumieres*. Paris: Payot, 1985.

ASSOUN, P.-L. "O sujeito e o outro em Lévinas e Lacan". *Cadernos de Subjetividade*, n. 5, 1º sem./1997, p. 91-116. PEPG em Psicologia Clínica PUC-SP/Educ.

_____. *Introdução à epistemologia freudiana*. Rio de Janeiro: Imago, 1983.

_____. *Freud, a filosofia e os filósofos*. Rio de Janeiro: Francisco Alves, 1978.

AUSTIN, J. *Quando dizer é fazer* – Palavras e ação. Porto Alegre: Artes Médicas, 1990.

BACON, F. *Novum Organum*. 3. ed. São Paulo: Abril, 1983 [Col. Os Pensadores].

BERNARDI, R. "The role of paradigmatic determinants in Psychoanalytic understanding". *International Journal*, 70, 1989, p. 341-356.

BINSWANGER, L. "La conception freudienne de l'homme à la lumière de l'anthropologie". In: *Discours, parcours et Freud*. Paris: Gallimard, 1970 [publicação original, 1936].

BION, W. "Notas sobre a memória e o desejo". In: SPILLIUS, E.B. *Melanie Klein hoje*. Vol. 2. Rio de Janeiro: Imago, 1990.

_____. *Learning from experience*. Nova York: Jason Aronson, 1983.

BLEICHER. *Hermenêutica contemporânea*. Lisboa: Ed. 70, 1992 [publicação original, 1980].

CACCIOLA, M.L. "A vontade e a pulsão em Schopenhauer". In: MOURA, A.H. (org.). *As pulsões*. São Paulo: Escuta/Educ, 1995.

_____. "Schopenhauer e o inconsciente". In: KNOBLOCH, F. (org.). *O inconsciente* – Várias leituras. São Paulo: Escuta, 1991.

CANGUILHEM, G. "Qu'est-ce que la Psychologie?" In: *Études d'histoire et de philosophie des sciences*. Paris: Vrin, 1968.

CINTRA, E.U. "Escravidão, histeria e recalque: notas a uma obra de Alfredo Naffah". *Percurso*, ano VII, n. 14, 1/1995.

CIOFFI, F. "Freud and the idea of a pseudo-science". In: BORGER, R. & CIOFFI, F. (orgs.). *Explanation in the Behavioral Sciences*. Cambridge: Cambridge University Press, 1975.

CORETH, E. *Questões fundamentais da hermenêutica*. São Paulo: EPU/Edusp, 1973.

COSTA, J.F. "Resposta a Zeljko Loparic". *Percurso*, ano VII, n. 14, 1º sem./1995.

_____. *A face e o verso* – Estudos sobre o homoerotismo II. São Paulo: Escuta, 1995.

_____. "Pragmática e processo psicanalítico: Freud, Wittgenstein, Davidson e Rorty". In: COSTA, J.F. (org.). *Redescrições da psicanálise* – Ensaios pragmáticos. Rio de Janeiro: Relume-Dumará, 1994.

_____. *A inocência e o vício*. Rio de Janeiro: Relume-Dumará, 1992.

DARTIGUES, A. *O que é a fenomenologia*. Rio de Janeiro: Eldorado, 1973.

DAVIDSON, D. "What metaphors means?" In: *Inquiries into Truth and Interpretation*. Oxford: Clarendon, 1985.

DERRIDA, J. "Violencia y metafísica – Ensayo sobre el pensamiento de Emmanuel Lévinas". In: *La escritura y la diferencia*. Barcelona: Anthropos, 1989 [publicação original, 1964].

DILTHEY, W. *Introducción a las ciencias del espíritu*. Madri: Alianza, 1980.

FERNANDES, S.L. *Foundations of Objective Knowledge* – The relations of Popper's theory of knowledge to that of Kant. Dordrecht: D. Reidel, 1985.

FEYERABEND, P. *Adeus à razão*. Lisboa: Ed. 70, 1991.

_____. *Contra o método*. Rio de Janeiro: Francisco Alves, 1989.

FIGUEIREDO, L.C. "O interesse de Lévinas para a psicanálise: desinteresse do rosto". *Cadernos de Subjetividade*, n. esp. dedicado a Emmanuel Lévinas, n. 5, 1º sem./1997a. PEPG em Psicologia Clínica, PUC-SP/Educ.

_____. "Temporalidade e narratividade nos processos de subjetivação da clínica psicanalítica" [Palestra proferida no XXVI Congresso Interamericano de Psicologia, 1997b [datilografado]]. In: ROVALETTI, M.L. (org.). *Temporalidad* – El problema del tiempo em el pensamiento actual. Buenos Aires: Lugar, 1998.

_____. "Contemporâneo, extemporâneo, con[tra]temporâneo – Convite à filosofia". *Boletim de Novidades Pulsional*, ano IX, n. 87, jul./1996.

_____. "Heidegger e a psicanálise: encontros". *Psicanálise e universidade*, vol. 4, 1996, p. 39-52.

_____. "Maldiney e Fédida: derivações heideggerianas na direção da psicanálise". *Cadernos de Subjetividade*, n. 4, 1º e 2º sem./1996. PEPG em Psicologia Clínica, PUC-SP/Educ.

_____. *Revisitando as psicologias*. 2. ed. rev. e ampl. São Paulo/Petrópolis: Educ/Vozes, 1996.

_____. "Heidegger, língua e fala". *Psicanálise e Universidade*, vol. 3, 1995, p. 67-75.

_____. "Foucault e Heidegger – A ética e as formas históricas do habitar (e do não habitar). *Tempo Social*, 7 (1-2), out./1995, p. 136-149. São Paulo: USP.

_____. *Modos de subjetivação no Brasil e outros escritos*. São Paulo: Escuta/Educ, 1995.

_____. "A fabricação do estranho: notas sobre uma hermenêutica 'negativa'". *Boletim de Novidades da Pulsional*, 57, 1994, p. 17-22.

_____. *Escutar, recordar, dizer* – Encontros heideggerianos com a clínica psicanalítica. São Paulo: Escuta/Educ, 1994.

_____. "Fala e acontecimento em análise". *Percurso*, ano VI, n. 11, 2/1993.

_____. *A invenção do psicológico* – Quatro séculos de subjetivação (1500-1900). São Paulo: Escuta/Educ, 1992.

_____. "Convergências e divergências: a questão das correntes de pensamento em psicologia". *Trans-in-formação*, 4 (1, 2, 3), jan.-dez./1992, p. 15-26.

_____. *Matrizes do pensamento psicológico*. Petrópolis: Vozes, 1991.

_____. *Psicologia*: uma introdução. São Paulo: Educ, 1991.

_____. "Reflexões acerca das matrizes do pensamento psicológico", 1991 [datilografado].

_____. "Empirismo lógico: valores, vicissitudes, perspectivas". In: *Epistemologia, metodologia*: ciências humanas em debate. São Paulo: Educ, 1988.

_____. "Psicanálise e marxismo: destinos paralelos". In: FIGUEIRA, S.A. (org.). *Efeito psi* – A influência da psicanálise. Rio de Janeiro: Campus, 1988.

_____. "Novas reflexões acerca da teoria do conhecimento Psicológico". *Arquivos Brasileiros de Psicologia*, 38 (2), abr.-jun./1986, p. 84-98. Rio de Janeiro.

_____. "Reflexões acerca dos projetos de psicologia como ciência independente". *Psicologia*, 12 (3), 1986, p. 1-9.

_____. "Prolegômenos a uma teoria do conhecimento psicológico". *Arquivos Brasileiros de Psicologia*, 37 (3), jul.-set./1985, p. 49-69. Rio de Janeiro.

_____. "Um capítulo na história do conhecimento científico do indivíduo: a metodologia experimental de caso único". *Psicologia*, 11 (2), 1985, p. 1-25.

_____. "A verdade das coisas e a nossa verdade". *Arquivos Brasileiros de Psicologia*, 36 (2), abr.-jun./1984, p. 39-50. Rio de Janeiro.

_____. "Alguns reflexos da teoria da evolução no desenvolvimento da psicologia como ciência biológica". *Psicologia*, 4 (3), 1978, p. 19-37.

FOUCAULT, M. "O que é um autor?" 4. ed. Lisboa: Vega, 1997 [publicação original, 1969].

FREUD, S. "Projeto de uma psicologia" [1895]. Rio de Janeiro: Imago, 1995 [Tradução de Osmyr Faria Gabbi Jr.].

_____. "Pueden los legos ejercer el análisis? – Diálogos com un juez imparcial" [1926]. In: *Obras completas*. Vol. XX. Buenos Aires: Amorrortu, 1992.

_____. "El porvenir de uma ilusión" [1927]. In: *Obras completas*. Vol. XXI. Buenos Aires: Amorrortu, 1992.

_____. "Algunas lecciones elementales sobre psicoanálisis" [1938a]. In: *Obras completas*. Vol. XXIII. Buenos Aires: Amorrortu, 1992.

_____. "Esquema del psicoanálisis" [1938b]. In: *Obras completas*. Vol. XXIII. Buenos Aires: Amorrortu, 1992.

GADAMER, G. *Verité et méthode* – Les grandes lignes d'une herméneutique philosophique. Paris: Seuil, 1976 [versão reduzida], 1996 [versão integral] [publicação original, 1960] [Edição brasileira: *Verdade e método*. Petrópolis: Vozes, 1997].

GARCIA-ROZA, L.A. "A desnaturalização da psicanálise". *Revista de Psicologia e Psicanálise*, 3, 1991, p. 67-81.

GAY, P. *Freud*: uma vida para o nosso tempo. São Paulo: Companhia das Letras, 1989.

GELLNER, E. *O movimento psicanalítico*. Rio de Janeiro: Zahar, 1988.

GIACÓIA JR., O. "O conceito de pulsão em Nietzsche". In: MOURA, A.H. (org.). *As pulsões*. São Paulo: Escuta/Educ, 1995.

GROSSKURTH, P. *O círculo secreto* – O círculo íntimo de Freud e a política da psicanálise. Rio de Janeiro: Imago, 1992.

_____. *Melanie Klein* – Her world and her work. Harvard University Press, 1987.

GRÜNBAUM, A. *Les fondements de la psychanalyse*. Paris: PUF, 1996 [publicação original, 1984].

HAHN, H.; NEURATH, O. & CARNAP, R. "A concepção científica do mundo – Círculo de Viena". *Cadernos de História e Filosofia da Ciência*, 10 (1986), p. 5-20.

HANLY, C. *O problema da verdade na psicanálise aplicada*. Rio de Janeiro: Imago, 1995.

HEIDEGGER, M. "O que é metafísica" e "Sobre a essência da verdade". In: *Heidegger*. 2. ed. São Paulo: Abril, 1983 [Col. Os Pensadores].

_____. *Ser e tempo*. Petrópolis: Vozes, 1988.

HENRY, M. *Généalogie de la psychanalyse*. Paris: PUF, 1985.

HOBBES, T. *Leviatã*. 3. ed. São Paulo: Abril, 1983 [Col. Os Pensadores].

HUSSERL, E. "Investigações lógicas". In: *Husserl*. São Paulo: Abril, 1985 [Col. Os Pensadores].

JAMES, W. "Pragmatismo". In: *William James*. 2. ed. São Paulo: Abril, 1985 [Col. Os Pensadores].

JANIK, A. & TOULMIN, S. *A Viena de Wittgenstein*. Rio de Janeiro: Campus, 1991.

KELKE, A. & SCHÉRER, R. *Husserl*. Lisboa: Ed. 70, 1982 [publicação original, 1954].

KOCH, S. "Psicologia e ciências humanas". In: GADAMER, G. & VOGLER, P. (orgs.). *Nova antropologia*. São Paulo: EPU/Edusp, 1977.

KOLAKOWSKI, L. *Positivist philosophy* – From Hume to the Vienna Circle. Harmondsworth: Penguin Books, 1972.

KUHN, T. *A estrutura das revoluções científicas*. 3. ed. São Paulo: Perspectiva, 1991.

_____. "Lógica da descoberta ou psicologia da pesquisa?" In: LAKATOS, I. & MUSGRAVE, A. (orgs.). *A crítica e o desenvolvimento do conhecimento*. São Paulo: Cultrix/Edusp, 1979.

LAGACHE, D. *La unidad de la psicología*. Buenos Aires: Paidós, 1980.

LE GUEN, C. *A dialética freudiana I* – Prática do método psicanalítico. São Paulo: Escuta, 1991 [publicação original, 1982].

LE RIDER, J. *A modernidade vienense e as crises de identidade*. Rio de Janeiro: Civilização Brasileira, 1992.

LÉVINAS, E. *Étique et infini*: dialogues avec Philippe Nemo. Paris: Fayard/Radio France, 1982.

LÉVI-STRAUSS, C. *Anthropologie structurale*. Paris: Plon, 1958 [Edição brasileira: *Antropologia estrutural*. Rio de Janeiro: Tempo Brasileiro, 1975].

LOPARIC, Z. "Ética neopragmática e psicanálise". *Percurso*, ano VII, n. 14, 1º sem./1995.

_____. "Um olhar epistemológico sobre o inconsciente freudiano". In: KNOBLOCH, F. (org.). *O inconsciente* – Várias leituras. São Paulo: Escuta, 1991.

MANN, T. "A posição de Freud na moderna história das ideias". In: *Ensaios*. São Paulo: Perspectiva, 1988 [org. de Anatol Rosenfeld] [publicação original, 1929].

_____. "Freud et l'avenir". In: JACCARD, R. *Freud, jugements et témoignages*. Paris: PUF, 1976 [publicação original, 1936].

MARTON, S. "Nietzsche: consciência e inconsciente". In: KNOBLOCH, F. (org.). *O inconsciente* – Várias leituras. São Paulo: Escuta, 1991.

MEZAN, R. "Existem paradigmas em psicanálise?" In: *A sombra de Don Juan e outros ensaios*. São Paulo: Brasiliense, 1993.

_____. "Diálogo com Loparic". In: KNOBLOCH, F. (org.). *O inconsciente* – Várias leituras. São Paulo: Escuta, 1991.

MONZANI, L.R. *Freud, o movimento de um pensamento*. 2. ed. Campinas: Unicamp, 1989.

MÜLLER-LAUTER, W. *A doutrina da vontade de poder em Nietzsche*. São Paulo: Annablume, 1997.

NAFFAH, A. *A psicoterapia em busca de Dioniso* – Nietzsche visita Freud. São Paulo: Escuta/Educ, 1994.

_____. *O inconsciente como potência subversiva*. São Paulo: Escuta, 1992.

NIETZSCHE, F. *Obras incompletas*. 3. ed. São Paulo: Abril, 1983 [Col. Os Pensadores].

NUTTIN, J. "O comportamento humano: o homem e seu mundo fenomenal". In: GADAMER, G. & VOGLER, P. (orgs.). *Nova antropologia*. São Paulo: EPU/Edusp, 1977.

OLIVEIRA, M.A. *Reviravolta linguístico-pragmática na filosofia contemporânea*. São Paulo: Loyola, 1996.

PALMER, R. *Hermenêutica*. Lisboa: Ed. 70, 1986 [publicação original, 1969].

PENNA, A.G. *História das ideias psicológicas*. 2. ed. Rio de Janeiro: Imago, 1991.

_____. *Introdução à história da psicologia contemporânea*. 3. ed. Rio de Janeiro: Zahar, 1982.

PHILLIPS, J. "Hermeneutics in Psychoanalysis: review and reconsideration". *Psychoanalysis and Contemporary Thought*, 14 (3), 1991, p. 371-424.

POLANYI, M. *Personal knowledge*. Illinois: University of Chicago Press, 1960.

POLITZER, G. *Crítica dos fundamentos da psicologia*. 2. ed. Lisboa: Presença, 1976.

POPPER, K. "A ciência normal e seus perigos". In: LAKATOS, I. & MUSGRAVE, A. (orgs.). *A crítica e o desenvolvimento do conhecimento*. São Paulo: Cultrix/Edusp, 1979.

_____. "O balde e o holofote: duas teorias do conhecimento". In: *Conhecimento objetivo*. Belo Horizonte: Itatiaia/Edusp, 1975 [publicação original, 1949].

_____. "Sobre a teoria da mente objetiva". In: *Conhecimento objetivo*. Belo Horizonte: Itatiaia/Edusp, 1975.

_____. *A lógica da pesquisa científica*. São Paulo: Cultrix/Edusp, 1972.

PROTTER, B. "Toward an emergent Psychoanalytic Epistemology". *Contemporary Psychoanalysis*, 21 (2), 1985, p. 208-227.

RICOEUR, P. "Existência e hermenêutica". In: *O conflito das interpretações* – Ensaios de hermenêutica. Rio de Janeiro: Imago, 1978 [publicação original, 1969].

_____. "A tarefa da hermenêutica". In: *Interpretação e ideologias*. Rio de Janeiro: Francisco Alves, 1977.

_____. *Da interpretação* – Ensaio sobre Freud. Rio de Janeiro: Imago, 1977 [publicação original, 1965].

RORTY, R. *Objectivity, relativism, and truth* – Philosophical papers I. Cambridge University Press, 1995 [Edição brasileira: *Objetivismo, relativismo e verdade* – Escritos filosóficos I. Rio de Janeiro: Relume-Dumará, 1997].

_____. "Freud and Moral reflection". In: *Philosophical Papers* – Essays on Heidegger and others. Cambridge: Cambridge University Press, 1995.

_____. *A filosofia e o espelho da natureza*. Rio de Janeiro: Relume-Dumará, 1994 [publicação original, 1979].

ROUANET, S.P. "O mal-estar na Modernidade". *Ide*, n. 23, 1993.

ROUDINESCO, E. *Jacques Lacan* – Esboço de uma vida, história de um sistema de pensamento. São Paulo: Companhia das Letras, 1994.

ROUSTANG, F. *Um destino tão funesto*. Rio de Janeiro: Taurus, 1987.

SCHNEIDER, M. "A proximidade em Lévinas e o *Nebenmensch* freudiano". *Cadernos de Subjetividade*, n. 5, 1º sem./1997, p. 71-90. PEPG em Psicologia Clínica, PUC-SP/Educ.

SCHOPENHAUER, A. "O mundo como vontade e representação. III Parte". In: *Schopenhauer*. 2. ed. São Paulo: Abril, 1985 [Col. Os Pensadores].

SCHORSKE, C. *Viena fin-de-siècle* – Política e cultura. São Paulo/Campinas: Companhia das Letras/Unicamp, 1988.

SPENCE, D. *A metáfora freudiana* – Para uma mudança paradigmática na psicanálise. Rio de Janeiro: Imago, 1992 [publicação original, 1987].

STAROBINSKY, J. "Psychanalyse et connaissance littéraire". In: *Loeil vivant 2*. Paris: Gallimard, 1970.

STRENGER, C. "The Classic and the Romantic vision in Psychoanalysis". *International Journal of Psychoanalysis*, n. 70, 1989.

TARSKY, A. *La concepción semántica de la verdade y los fundamentos de la semántica.* Buenos Aires: Nueva Visión, 1972 [publicação original, 1944].

TOULMIN, S. *Cosmopolis* – The hidden agenda of Modernity. Chicago University Press, 1992.

VERMOREL, H.; CLANCIER, A. & VERMOREL, M. *Freud*: judeité, lumières et romantisme. Lausanne/Paris: Delachaux et Niestlé, 1995.

VIDERMAN, S. *A construção do espaço analítico.* São Paulo: Escuta, 1990 [publicação original, 1982].

WAELDER, R. "Psychoanalysis, Scientific Method and Philosophy". *J. American Psychological Association*, X (19), 1962, p. 617-637.

WURMSER, L. "A defense of the use of metaphor in analytic theory formation". *Psychoanalytical Quaterly* 46 (3), 1977, p. 466-498.

Guia para a Obra Completa de C.G. Jung

Robert H. Hopcke

A influência de C.G. Jung se estende além da área da psicologia analítica e vai até o campo das artes, das ciências e da religião.

Esse livro apresenta um mapa, há muito tempo necessário, que torna a Obra Completa de Jung acessível às diversas pessoas que são fascinadas pelas ideias do grande psiquiatra suíço, mas que ficam intimidadas diante do tamanho e a densidade de seus livros.

Dividido em quatro partes e organizado por temas, o livro fornece uma introdução a cada um dos importantes conceitos junguianos por meio de uma breve explanação, seguida de uma lista de textos para leitura, iniciando pelos volumes da Obra Completa e sugerindo, em seguida, obras relacionadas e secundárias para aprofundamento. Além de ser uma valiosa obra de referência, é, ao mesmo tempo, uma introdução fundamental de fácil leitura para as principais ideias da psicologia junguiana.

CULTURAL

Administração
Antropologia
Biografias
Comunicação
Dinâmicas e Jogos
Ecologia e Meio Ambiente
Educação e Pedagogia
Filosofia
História
Letras e Literatura
Obras de referência
Política
Psicologia
Saúde e Nutrição
Serviço Social e Trabalho
Sociologia

CATEQUÉTICO PASTORAL

Catequese
Geral
Crisma
Primeira Eucaristia

Pastoral
Geral
Sacramental
Familiar
Social
Ensino Religioso Escolar

TEOLÓGICO ESPIRITUAL

Biografias
Devocionários
Espiritualidade e Mística
Espiritualidade Mariana
Franciscanismo
Autoconhecimento
Liturgia
Obras de referência
Sagrada Escritura e Livros Apócrifos

Teologia
Bíblica
Histórica
Prática
Sistemática

VOZES NOBILIS

Uma linha editorial especial, com importantes autores, alto valor agregado e qualidade superior.

REVISTAS

Concilium
Estudos Bíblicos
Grande Sinal
REB (Revista Eclesiástica Brasileira)
SEDOC (Serviço de Documentação)

VOZES DE BOLSO

Obras clássicas de Ciências Humanas em formato de bolso.

PRODUTOS SAZONAIS

Folhinha do Sagrado Coração de Jesus
Calendário de mesa do Sagrado Coração de Jesus
Agenda do Sagrado Coração de Jesus
Almanaque Santo Antônio
Agendinha
Diário Vozes
Meditações para o dia a dia
Encontro diário com Deus
Guia Litúrgico

CADASTRE-SE
www.vozes.com.br

EDITORA VOZES LTDA.
Rua Frei Luís, 100 – Centro – Cep 25689-900 – Petrópolis, RJ
Tel.: (24) 2233-9000 – Fax: (24) 2231-4676 – E-mail: vendas@vozes.com.br

UNIDADES NO BRASIL: Belo Horizonte, MG – Brasília, DF – Campinas, SP – Cuiabá, MT
Curitiba, PR – Fortaleza, CE – Goiânia, GO – Juiz de Fora, MG
Manaus, AM – Petrópolis, RJ – Porto Alegre, RS – Recife, PE – Rio de Janeiro, RJ
Salvador, BA – São Paulo, SP